本书系国家社会科学基金项目"面向知识创新的企业知识利用行为研究"（项目编号：13CTQ044）研究成果之一

Mianxiang Zhishi Chuangxin De
Qiye Zhishi Liyong Xingwei Yanjiu

面向知识创新的企业
知识利用行为研究

张 勤 / 著

人民出版社

序

习近平总书记强调:"创新是一个民族进步的灵魂,是一个国家兴旺发达的不竭动力,也是中华民族最深沉的民族禀赋。在激烈的国际竞争中,惟创新者进,惟创新者强,惟创新者胜。""实施创新驱动发展战略,根本在于增强自主创新能力。"当前,我国正贯彻"创新、协调、绿色、开放、共享"的新发展理念,大力实施创新驱动发展战略,建设创新型国家、创新型社会。知识创新是技术创新、制度创新、管理创新的基础和源头,知识利用则是知识创新的前奏和关键环节。西方学术界从 20 世纪 20 年代以来在知识利用领域进行了深耕细作,产生了丰硕的成果,并逐渐形成了知识利用的 4 次社会化浪潮,聚集成创新扩散、技术转移、公共政策辅助决策、循证医学等知识利用的 4 个主要研究领域,揭示出知识的工具性利用、概念性(启发性)利用和符号性(说服性)利用 3 种模式;尽管早在 20世纪 80 年代初,我就专门介绍了英国著名情报学家布鲁克斯(Bertrom C.Brokes)的"知识结构方程理论"(详见拙文《论布鲁克斯情报学基本理论》,《情报学报》1983 年第 4 期),但国内对知识利用的研究一直未引起足够重视,迄今为止出版的著作、发表的论文屈指可数,一定程度上制约、影响着我国的自主创新、原始创新。

正是敏锐地、前瞻性地捕捉到这个热点焦点问题,张勤博士于 2013年以《面向知识创新的企业知识利用行为研究》为题成功申请了国家社会科学基金青年基金项目。经过 6 年的潜心研究,克服平台、团队、支撑不足等困难,于 2019 年以良好等次顺利结项,再经过一年的精心打磨、雕琢,最终由权威的人民出版社出版,可喜可贺!

张勤同志曾师从我攻读博士学位,参加了我主持的国家社会科学基金项目"IRM-KM 范式与情报学发展模式研究"等课题,积累了比较丰富的研究经验。博士研究生毕业后,她又到武汉大学工商管理博士后流动站做博士后,并主持完成了中国博士后科学研究基金面上项目和特别资助项目。博士后出站后,她进入北京物资学院商学院,于 2014 年获评教授,先后主持完成了教育部人文社会科学研究一般项目、北京市属高等院校青年拔尖人才培育项目等。在此期间,她先后在《管理科学学报》《管理工程学报》《情报学报》《财经研究》等权威期刊上发表了高水平论文,出版专著 2 部(含合著 1 部)、译著 1 部。作为具有跨学科背景的高校教师、专业研究人员,她视野开阔、思路敏捷、思维活跃、创新意识强,将工商管理学、图书情报学的理论与方法较好地融合起来,她的这本学术专著与个人的研究理路一脉相承。

通读全书,不难发现有以下五个鲜明的特色:

一是选题的前瞻性。大数据时代,科学技术加速迭代,新产业、新业态、新模式不断涌现,为经济社会发展提供了新的动能。另外,当今世界正面临百年未有之大变局,国际环境日趋复杂,单边主义、保护主义思潮盛行,美、英等国动辄退群、脱欧,中兴、华为等民族高科技企业屡遭技术霸凌、极限打压,这一切警示国人坚持自主创新、原始创新的极端重要性和紧迫性。揭示知识利用促进知识创新的机理、探讨知识利用过程中的影响因素及其与知识创新行为、知识创新绩效的内在关系,对于促进我国自主创新、原始创新具有十分重要的理论意义和现实价值。

二是方法的科学性。作者基于创新扩散理论、理性行为理论、两团体文化差异理论、技术接受模型等理论,综合运用结构方程模型、社会网络分析、问卷调查、文献分析等方法,实证地研究了创新驱动下企业知识接受行为的影响因素和绩效目标下企业知识执行行为的影响因素。不可否认,这些理论和方法都是管理学中比较经典且具有代表性的方法,综合运用于本研究是比较适当的,并得出了令人信服的结论,取得了不错的效果。

三是逻辑的严密性。本书共分为四个部分:第一部分即"绪论",交代研究的缘起、总体研究思路、主要研究内容、研究方法、技术路线等,起到引言的作用。第二部分以文献分析(包括文献计量分析、文献可视化分析等)的方法,梳理回顾了学术界关于知识创新的动力、过程与结果,关于知识利用的形式、过程和影响因素两个课题的研究进展,明确本研究的历史方位,起到基础梁柱的作用,为下一步的研究提供理论支撑。第三部分包括三章,其中第四章利用第二部分分析结果构建了知识利用促进知识创新的概念模型,在全书起着承上启下的桥梁作用;第五章、第六章作为本书的重点,分别从创新驱动下企业知识接受行为、绩效目标下企业知识执行行为的影响因素的实证分析入手,运用结构方程模型的方法,将问卷调查得来的数据加以实证研究。尤为难得的是,作者还运用扎根理论,以自身在企业挂职为契机,运用在该企业调查、访谈的数据加以检验,进一步增强了结论的可信度。第四部分是结论、对策建议与展望部分。全书内容安排合理、层次分明、环环相扣、逻辑严密、论证充分,尤其是图文并茂,图片表格文字相辅相成,增加了本书的丰富性。

四是内容的创新性。本书开创性地将知识利用行为过程分为知识采纳(接受)和知识实施(执行)两个阶段,针对学术界偏重于知识采纳(接受)过程研究的现状,探讨了知识实施(执行)过程中的工具性、符号性、概念性三种形式,弥补了过往研究的不足;作者还将公共组织中的两团体文化差异理论移植到企业知识利用的环境中并加以深化;揭示了知识利用促进知识创新的机理。此外,本书还基于 WOS 数据库,运用 Bibexcel、Ucinet、Netdraw 等软件,首次绘制了近十五年来知识利用研究的进展与深化的知识图谱……以上内容,具有较强的创新性。

五是实践的指导性。本书通过量化分析找到知识利用的影响因素,并进而从建立健全科研工作者社会接触机制、提高企业知识利用水平、完善商会与协会的社会服务机制三个大的方面提出对策建议,具有较强的现实借鉴意义和指导性、实操性。

当然,正如作者在本书最后一章清醒地认识到的那样,该研究还是存在一些不足或疏漏之处,如仅选取了企业的横断面,未能长期、持续观察企业在不同成长阶段中知识利用的影响因素;再如,未能区分企业的不同属性、科技运用的不同程度等……下一步,建议作者专门针对高科技企业的知识利用、知识创新进行深入、持续研究,以便为国家自主创新作出更大的贡献。

不过,瑕不掩瑜,总体而言,这是一本上乘之作,既可供研究人员参考借鉴,也可作为企业管理人员学习交流。

"长风破浪会有时,直挂云帆济沧海。"在此,也诚挚祝愿张勤同志继续在教学科研岗位上秉持初心、负重前行、埋头耕耘、莫问回报,早日取得更多的累累硕果!

爰为序。

武汉大学人文社会科学资深教授　马费成

2023 年 10 月于武昌珞珈山

前　言

　　在大数据时代,创新日益成为引领发展的第一动力和建设现代化经济体系的战略支撑。当前,我国正在大力实施创新驱动发展战略,提高经济增长的质量和效益、加快转变经济发展方式。习近平总书记强调:"实施创新驱动发展战略,必须着力构建以企业为主体、市场为导向、产学研相结合的技术创新体系,政府要搭建平台、创造环境、提供相关政策支持、保护知识产权。"企业知识创新是其技术创新、管理创新、服务创新的源泉。企业知识创新与知识利用之间存在着密切的关系,应在分析企业知识利用的前置影响因素的基础上,深入探讨如何围绕知识利用来促进知识创新,构建知识创新与知识利用之间的联结机制,从而有效地推动企业知识创新的实施与理论发展。

　　本书是国家社会科学基金项目"面向知识创新的企业知识利用行为研究"(项目编号:13CTQ044)的最终成果。本书基于创新扩散理论、理性行为理论、两团体文化差异理论、技术接受模型等理论,综合运用结构方程建模、问卷调查、社会网络分析等方法,对开放式创新背景下的企业知识创新过程和知识利用过程进行了详细分析。在此基础上探讨了二者之间的内在联结关系,构建了知识利用促进知识创新的概念模型框架,并据此从企业的知识接受和知识执行等知识利用两个重要阶段,实证研究了创新驱动下企业知识接受行为的影响因素和绩效目标下企业知识执行行为的影响因素,构建了从知识接受外生变量到知识创新行为结果变量

— 1 —

的结构模型,以及从知识执行外生变量到知识创新绩效结果变量的结构模型,并通过调查数据加以验证。

本书共分为四个部分:

第一部分:"绪论",交代研究背景,知识的概念、分类、来源与去向,总体设计思路,主要研究内容,采用的研究方法和研究目标,开展研究的技术路线。

第二部分:主要是概念界定和文献分析,包括两章。第一章"企业知识创新的动力、过程与结果"主要从文献分析的角度归纳知识创新的过程,这一过程是以企业开放式创新为背景,揭示外部知识进入企业内部发生知识转化、产生知识创新的过程,这一过程包括外部知识搜寻、知识吸收和知识的转化及创新等三个主要阶段。第二章"知识利用的形式、过程与影响因素"从文献分析(包括文献计量分析)的视角揭示知识利用研究的主要内容,包括知识利用的三大功能形式:工具性、概念(启发)性和符号(说服)性功能;知识利用过程:知识接受和知识执行阶段;知识利用的影响因素等。

这两章内容在整个研究设计中起到基础梁柱的作用,为后面的研究提供理论支撑。

第三部分:围绕知识利用促进知识创新的机理分析和实证研究展开,是本书的核心内容,由三章组成。第三章"知识利用促进知识创新的机理分析框架"主要是揭示知识创新与知识利用的内在联结关系,通过从理论上和实践中梳理、发现知识创新和知识利用之间的联结机制,架起了知识创新和知识利用之间的沟通桥梁,利用第二部分研究结果构建了知识利用促进知识创新的概念模型框架,将知识利用过程的知识接受阶段和知识执行阶段分别作为外生变量,设计了知识接受行为到知识创新行为、知识执行行为到知识创新绩效两条分析路径,以期揭示知识利用促进知识创新的微观机理,该章在全书起着承上启下的桥梁作用。第四章"创新驱动下的企业知识接受行为影响因素实证分析"是总体研究设计的路径之一,在理性行为理论的指导下,结合技术接受模型、社会认知理论、创新氛围理论和扎根理论,选取了外部知识的有用性、易用性、自我效能、结果预期、企业创新氛围五大因素作为企业知识接受行为的前置关键影响因素,构建从知识接受外生变量到知识创新行为结果变量的结构模型,并通过调查的数据来验证假设。还结合知识创新与知识利用过程中的交融节点,将知识搜寻能力作为知识接受行为的调节变量加以验证。第五章"绩效目标下的企业知识执行行为影响因素实证分析"是总体研究设计的另一路径,以创新扩散理论和两团体文化差异理论为理论指导,结合扎根理论,选取外部知识类型、组织需求、文化沟通、联结机制四大因素作为企业知识执行行为的前置关键影响因素,构建从知识执行外生变量到知识创新绩效结果变量的结构模型,并通过调查的数据来验证假设。还结合知识创新与知识利用过程中的交融节点,将知识吸收能力作为知识执行行为的调节变量加以验证。

第四部分:第六章"研究结论与展望"。通过上述论证分析,得出以下研究结论:知识利用是包含了知识接受和知识执行两个关键阶段的复杂行为过程,每个阶段的行为受到不同的因素影响,产生的创新结果也有所差异。其中外部知识的有用性、易用性、自我效能、结果预期、企业创新氛围是企业接受外部知识的重要影响因素,这些因素会改变企业解决问题的思维模式和行为方式,从而导致企业的创新行为;知识类型、文化沟通、联结机制是企业知识利用实施阶段的重要影响因素,这些因素决定了企业对知识的工具性、概念性和符号性利用方式的选择,知识实施(执行)后的产出表现为企业的管理创新、产品创新、市场创新等方面的绩效。

在此基础上,提出了提高企业知识利用效率的对策建议,并对下一步研究方向做了前瞻与展望。

本书对企业围绕知识创新的知识利用行为提出了新的学术视角和理论参考,同时也为国内相关企业的知识创新乃至技术创新、管理创新、服务创新、产品创新实践提供了有一定借鉴意义的参考模型和对策建议。

由于数据获取和处理、研究方法和手段、作者学识和水平等方面的局限,本书一定存在诸多不足甚至错误,在此诚挚恳请专家学者、读者朋友不吝赐教,批评指正。

张　勤

2023 年 10 月 18 日

目　　录

图 目 录

表 目 录

绪　　论

一、研究背景

创新是一个民族发展的不竭动力。知识经济背景下,知识日益成为企业、组织乃至国家实施创新发展的重要战略资源。但在大数据时代,数据、知识愈加海量、庞杂,如何在创新的过程中优化配置知识资源,最大限度地利用知识资源以实现创新目标,成为引人深思与亟待解决的难题。

创新始于模仿,止于创造,创造发明是创新的最高级形式。中国即将走出"中国制造"的模仿时代,正在努力迈进"中国创造""中国智造"的自主创新时代。李克强总理先后在 2014 年夏季达沃斯论坛开幕式致辞和 2015 年《政府工作报告》中提出"大众创业,万众创新",2015 年国务院印发了《关于大力推进大众创业万众创新若干政策措施的意见》。"大众创业,万众创新"成为新常态下经济发展的"双引擎"之一。

在这样的时代背景下,激发民族的创业精神和创新基因、营造全社会的创新氛围固然重要;而作为国家创新体系主体的企业,如何提高其自主创新能力,更成为国家创新驱动发展战略的关键环节。为引导、鼓励企业自主创新,国家出台了一系列政策措施加以扶持,然而其实际效果还有待进一步推进。据国家统计局 2017 年发布的政策对企业创新影响的调查报告显示:政策效果不明显,企业对各项政策的认可度平均值不足 40%,

其中 70% 的企业是因为不具备享受政策的资格而不认可政策支持。① 由此可见,国家政策的制定与企业创新的现实需求存在巨大鸿沟。

究竟是什么原因影响企业的创新活动? 国家需要如何制定出具有针对性、实操性的政策以支持企业的自主创新? 本研究尝试从企业创新的源头——知识创新的视角,通过揭示企业知识利用导致知识创新的机理,发现企业知识利用的前置影响因素和导致的创新结果,以期为企业提高创新绩效、国家制定企业创新政策提供参考借鉴。

二、知识的概念、分类、来源与去向

(一) 知识的概念

研究知识利用、知识创新问题,首先必须廓清知识的内涵与分类。尽管知识是一个耳熟能详的名词,但在不同的语境中却是仁者见仁,智者见智。在知识论当中,从柏拉图以降的哲学传统主张所谓知识就是“得到辩护的真信念”,即“真”、“信念”与“辩护”合起来构成了知识的充分必要条件。盖梯尔(Gettier,1963)针对柏拉图等人的知识概念提出了反驳,形成了“盖梯尔悖论”②。卡尔·波普尔提出了“三个世界”的理论:世界 1 是物理客体或物理状态;世界 2 是意识状态或精神状态的世界;世界 3 是人类精神活动的产物。③ 它包括客观的知识和客观的艺术作品。达文波特认为:“知识是结构性经验、价值观念、关联信息与专家见识的流动组合。知识为评估和吸收新的经验和信息提供了一种框架。知识产生并运用于知者的大脑里。在组织机构里,知识往往不仅仅存在于文件或文

① “2014 年全国企业创新调查资料开发”课题组:《政策对企业创新的影响分析——2014 年全国企业创新调查资料开发系列分析报告之三》,《调研世界》2017 年第 1 期。
② Gettier E.L.,“Is Justified True Belief Knowledge?”,*Analysis*,1963,23(6),pp.121-123.
③ 参见[英]卡尔·波普尔:《客观知识:一个进化论的研究》,舒炜光、卓如飞、周柏乔等译,上海译文出版社 1987 年版。

库中,也根植于组织机构的日常工作、程序、惯例及规范中。"①野中郁次郎(1994)指出:"知识是一种被确认的信念,通过知识持有者和接收者的信念模式和约束来创造、组织和传递,在传递知识的同时也传递着一整套文化系统和相关的背景系统。"②Leonard(1998)认为:"知识是相关的、可行动化的信息,它至少部分基于经验;知识是信息的一个子集,它是主观的,和有意识的行为有关,拥有经验中的隐性成分。"③美国著名管理学大师德鲁克强调:"知识是一种能够改变某些人或事物的信息——这既包括了使信息成为行动的基础方式,又包括了通过对信息的运用使某个个体(或机构)有能力进行改变或进行更为有效的行为方式。"④Long 和Fahey(2000)认为:"知识是人们的思考和精神的一种产品,它是一种根植于某个人或某个集体,或嵌入在某个过程中的资源,它是情景化的,知识嵌入在语言、故事、概念、规则和工具之中。"⑤Bhagat(2002)在比较数据、信息与知识的基础上强调:"知识是从不相关或相关的信息中变化、重构、创造而得的,比信息或数据更广、更深、更丰富。"⑥Wiig 认为,"知识包括一些事实(Truth)、信念(Faith)、观点(Perspective)、观念(Concept)、判断(Judgment)、期望(Expectation)、方法论(Methodology)与实用知识(Know-how)等"⑦,并强调了知识在心智模式内的组成元素。

---

① [美]达文波特·普鲁萨克:《营运知识:工商企业的知识管理》,王者译,江西教育出版社 1999 年版,第 7 页。

② Nonaka I. A., " Dynamic Theory of Organizational Knowledge Creation ", *Organization Science*,1994,5(1),pp.14-37.

③ Leonard D., Sensiper S., "The Role of Tacit Knowledge in Group Innovation", *California Management Review*,1998,40(3),pp.112-132.

④ [美]彼得·德鲁克:《大变革时代的管理》,赵干城译,译文出版社 1999 年版。

⑤ De Long W.D., Fahey L., "Diagnosing Cultural Barriers to Knowledge Management", *The Academy of Management Executive*,2000,14(4),pp.113-127.

⑥ Bhagat R.S.,Kedia B.L., Harveston P.D., et al., "Cultural Variations in the Cross-border Transfer of Organizational Knowledge:An Integrative Framework", *Academy of Management Review*, 2002,27(3),pp.204-225.

⑦ Wiig K.M., " Integrating Intellectual Capital and Knowledge Management ", *Long Range Planning*,1997,30(3),pp.399-405.

刘运通将知识定义为用以制定决策的事实（Facts）、模式（Schemas）、概念（Concepts）、思想（Ideas）和直觉（Intuition）的综合体，并基于知识的确定性（Certainty）对其进行分类。① 苏新宁、任皓、吴春玉等将知识界定为：知识＝事实＋信息＋启发式。② 艾米顿将数据、信息、知识、智慧纳入到一种金字塔形的层次体系中，称为"信息体系"或"信息金字塔"③。与此相类似，张勤认为，在信息链中，数据、信息、知识、智能存在着包含和递进的关系。④ 默顿认为，科学的制度性目标是"扩展被证实了的知识"。默顿进一步对知识进行了界定："知识是经验上被证实的和逻辑上一致的规律（实际是预言）的陈述。"⑤《简明社会科学辞典》对知识定义作了如下界定："人类的认识成果，来自人们的生产斗争、阶级斗争和科学实验。"知识和才能一样属于人的认识范畴。

马克思主义的辩证唯物主义和历史唯物主义认为实践是认识的根源，理论从实践中来，回到实践中去，而理论是系统化的知识体系。从这个意义上讲，知识也从实践中来，回到实践中去。马克思哲学实践论的观点回答了知识的来源与去向的问题。综合起来，本书接受以下知识的定义："知识是人类对于自然界、人类社会和思维领域运动规律的认识，知识从实践中来，到实践中去。"

（二）知识的分类

尽管知识的分类有多种标准，但显性知识与隐性知识的分类，是知识从哲学范畴内的最基本分类标准，是对人类认识世界的实践活动和实践

---

① 参见刘运通：《产品设计过程知识配送服务关键技术研究》，浙江大学博士学位论文，2011 年。
② 参见苏新宁、任皓、吴春玉等：《组织的知识管理》，国防工业出版社 2004 年版，第 3 页。
③ ［美］戴布拉·艾米顿：《知识经济的创新战略：智慧的觉醒》，金周英译，新华出版社1998 年版。
④ 参见张勤：《信息链与我国情报学研究路径探析》，《图书情报知识》2005 年第 4 期。
⑤ ［美］R.K.默顿：《科学社会学——理论与经验研究》，鲁旭东、林聚任译，商务印书馆2003 年版，第 365 页。

经验的最基本的认识。

1958 年,英国哲学家迈克尔·波兰尼(M.Polanyi)在《个人知识:朝向后批判哲学》(*Personal Knowledge:Towards a Post-Critical Philosophy*)从哲学认识论的角度,率先提出隐性知识与显性知识的概念,并重点强调了隐性知识的优先性。他指出,人类的知识分为两类。用书面文字、图表、数学公式方式表述出来的知识,只是知识的一种类型;未被表述的知识则是另一种知识,比如人类在从事某项行动所拥有的知识。他把第一类称为明晰知识(explicit knowledge),能够用各种文字、符号表述出来的知识,也称为显性知识;而把第二类称为隐性知识(tacit Knowledge),也称为未明言知识(inarticulate knowledge),指那种人类知道但难以言传或不言而喻的知识。波兰尼认为,就其本质而言,隐性知识实际上是一种领会与把握经验,并重组经验,以便理智控制经验的能力,即理解力。所有知识要么是隐性知识,要么是根植于隐性知识。波兰尼认为,隐性知识是存在于私人、个体,具有独特背景的知识,它以个体自身携带的"意会模型"为中心。这些"意会模型"包括概念、形象、信仰、观点、价值体系以及人类定义主观世界的指导原则。隐性知识还包括具体技能和专门技术,以及来源于实践的经验。他认为隐性知识是人类一切行动的基础,在人类认识的各个层面均发挥着主导性作用。[①]

(三) 知识的来源与知识创新的契合

知识来源于人类的社会实践,人类的社会生产实践和科学研究实践是知识产生的两种方式。

1.人类的生产实践活动产生知识

人类在认识和改造世界的劳动实践活动中总结经验发现规律习得知识,人类又把这些规律性的认识从具体的劳动过程中分离出来,产生出关

---

① 参见[英]迈克尔·波兰尼:《个人知识:朝向后批判哲学》,徐陶译,上海人民出版社2017 年版。

于生产对象的知识,知识用于有目的的实践活动形成操作的技艺,这种知识、技艺可以在生产者之间交流与传授,成为不用重复生产却可以重复使用的资源,结果导致生产力不断提高。随着生产实践活动不断向广度和深度发展,知识领域也在不断地扩充和深化,一部生产实践史也就是一部知识发展史。随着人的需要的扩大与提高,原有的知识已不能满足人的需要,于是就要把知识发展到新的领域与新的高度,这就使得知识创新成为一个永无止境的过程。

2. 人类的科学研究实践活动产生知识

科学研究是劳动分工的一种形式。伴随着知识创新不断发展,人类的生产力水平不断提高,劳动分工也悄然发生,出现了各类独立化、专业化的劳动机构,形成了不同的劳动关系组织,最终导致社会分工的发生。因此劳动创造了人类,创造了人类社会,归根结底是知识发展了社会。

科学研究是探求反映自然、社会、思维等客观规律的实践活动。科学研究的内涵包含整理、继承知识和创新、发展知识两部分。科学研究的结果是知识生产的另一种重要形式。当今时代往往被称为科学技术时代和知识社会时代,通过科学研究发现科学知识,已经成为人类知识生产的新常态,通过知识使用导致技术进步,技术进步促进社会的发展。

3. 显性知识与隐性知识的转化过程是知识创新的过程

波兰尼最早提出知识分为显性知识和隐性知识,此后,隐性知识和显性知识的概念被广泛接受并不断得到发展。在管理学界,德鲁克、温特、尼尔逊、斯班德、野中郁次郎等都对隐性知识进行过不同程度的论述。

1995 年,日本学者野中郁次郎和竹内广孝合作出版《知识创造型公司》一书,借用并发展了波兰尼隐性知识的概念,把隐性知识的概念带到了管理学的领域,并明确提出了知识转化的 SECI 模型。该模型将隐性知识与显性知识的相互转化分为四个阶段。其中,社会化是一个共同分享个人的经历、经验,进而创造新的隐性知识的过程;外化是把隐性的知识表达成显性的概念的过程,借助于归纳、演绎等逻辑手段,进行概念抽象;综合化即把外化产生的概念转变为一个知识系统,这一过程揭示把不同的显性知识结合起来,通过各种媒介传递和交流知识,并对已获得的信息和知识进行分析处理。这个过程能够产生新的、更加系统的知识;内化是显性知识转变成隐性知识的过程,实质是一个学习的过程。①

在知识转化的四个阶段将会经历四个“场”,分别为原始场、互动场、电脑场、练习场。其中,原始场是个人基于感情从而排除自我与他人之间的障碍,彼此之间相互表露感觉、情绪、经验与心态。互动场是将拥有特殊知识与能力的一群人组成“计划小组”、特案小组,或跨越业务部门的小组。小组的成员在互动场彼此交换观点,并对自己的想法进行分析与反省。电脑场是利用虚拟而非现实的空间与时间来进行互动。在组织内部将新的显性知识与已有的信息和知识组合,从而产生更为崭新的显性知识,并使之系统化。练习场适用于内化阶段,可促使显性知识转化为隐性知识。例如,在资深教师与同事的指导下,以观摩或实际演练等方式不断地练习,应用现实或模拟的显性知识,并持续将这些知识内化。四个“场”中所对应的四个知识转化过程前后连贯,形成了一系列不断的自我超越,知识转化的螺旋式演进也随之显现,如图0-1所示。

我们认为:显性知识和隐性知识的相互转化是一个螺旋状的循环过程,两种知识的每一轮运动,都会促使更高级形式的知识产生,这是知识发展和创新的过程。知识创新的过程本质上是隐性知识和显性知识的转化过程。

---

① 参见 Nonaka I.,Toyama R.,Konno N.,“SECI,Ba and leadership:An Unified Model of Dynamic Knowledge Creation”,*Long Range Planning*,2000,33(1),pp.5-34。

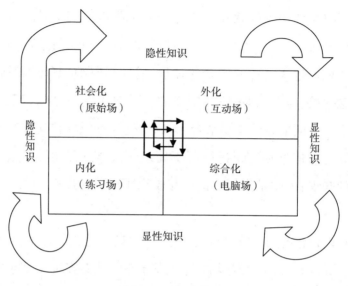

图 0-1　SECI 模型

（四）知识的去向与知识利用的契合

知识从实践中来又回到实践中去。从知识的归宿上看，知识最终会回到实践中去，去指导人类的社会实践，知识指导实践的过程就是知识利用的过程，因此，知识利用研究关注的是知识去向。

在西方，知识利用的重要思潮就是用知识改良社会，正是由于知识在现代社会发展中所扮演的重要角色，因而现代社会才被称为知识社会。[①]当代中国，在知识经济背景下，知识更是被作为创新的战略资源，知识通过转化利用实现全社会创新的目标。"大众创业，万众创新"的时代背景也正是基于知识在现代社会中的战略性作用而提出。

现代社会，随着科学技术的飞速发展，科学技术研究成果成为解决社会问题的主要知识来源，科学技术的进步与社会的发展共栖共生。纵观人类社会的发展历史，科学技术的每一次重大突破，都会引起人类社会的

---

① 参见 Stehr N., Volker M., "Modern Societies as Knowledge Societies", Luigi T., *New Horizons in Sociological Theory and Research*: *The Frontiers of Sociology at the Beginning of the Twenty-First Century*, Aldershot: Asgate, 2001, pp.127-146。

巨大进步;而在社会的每一次科技进步中,人类创造和生产科学知识的行为都异常活跃,尤其是作为科学技术先驱的科学共同体在知识生产中起着中流砥柱的作用。现代社会的诸多方面更是越来越依靠科学技术的支撑,而科学技术从来也离不开由科学共同体引领与培育的社会环境的土壤,科学技术、科学共同体与社会变革同呼吸共命运。① 知识既是科学技术的结晶,也是科学技术发展的原动力,科技发展不断产生新的知识,社会也会在不断利用这些新知识的过程中得到加速发展,人类社会就是在知识创新和知识利用的螺旋式发展过程中不断进步。因此,归根结底,知识的生产和利用是推动社会进步的内在动因。

　　然而知识的生产和知识的利用往往不是对等的矛盾体,如何将科学研究获得的研究成果有效付诸实践解决人类的社会问题一直是人类社会需要解决的矛盾。知识生产和知识利用存在的矛盾问题有多种形式,主要包括理论与实践之间的鸿沟②;研究发现与吸收利用之间有较大的时滞③;技术创新不能有效地向市场转化④;循证医学发现不能被专业机构所采用⑤;等等。这些问题在不同的学科领域有不同的特点;不同的环境目标下,知识生产者与知识利用者之间的类型也不同。而且不同环境下对知识的概念化定义也不同。学者们在阐述上述问题时一般都冠以知识利用的标签,并存在创新扩散、知识转移、研究成果利用、知识流动、技术转移等多种术语。

---

① 参见 Stehr N.,"A World Made of Knowledge",*Society*,2001,39(1),pp.89-92;Gibbons M.,"Science's New Social Contract with Society",*Nature*,1999,402(6761S),C81-84。

② 参见 Weiss C.H.,"The Many Meanings of Research Utilization",*Public Administration Review*,1979,39(5),pp.426-431。

③ 参见 Beyer J.M.,"Research Utilization:Bridging a Cultural Gap Between Communities",*Journal of Management Inquiry*,1997,6(1),pp.17-22。

④ 参见 Beyer J.M.,Trice H.M.,"The utilization process:A conceptual framework and synthesis of empirical findings",*Administrative Science Quarterly*,1982,27(4),pp.591-622。

⑤ 参见 Estabrooks C.A.,Derkson L.,Winther C.,et al.,"The Intellectual Structure and Substance of the Knowledge Utilization Field:A Longitudinal Author Co-citation Analysis,1945 to 2004",*Implementation Science*,2008,3(1),pp.49-71。

学者 Estabrooks 等(2008)运用作者共被引分析方法(ACA),通过对 1945—2004 年间知识利用文献的内容分析,概括得出一个较为广阔的知识利用领域集合,其主要元素包括科学研究成果利用、创新扩散、技术转移、循证医学,并指出这些领域的研究有一个相近的核心宗旨——用知识解决社会问题,并进一步指出了知识利用研究存在的不足:过于依赖理性行为理论,缺乏合理解释知识利用行为的因果关系模型;对知识利用绩效评估的研究比较薄弱等。

基于知识生产与知识利用的不平衡,我们的研究在厘清知识、知识创新、知识利用概念的基础上,探索以科学研究成果为表现形式的知识如何在企业的创新中发挥作用,企业利用它的前置影响因素有哪些,知识利用诱发知识创新的机理是什么,期待研究成果能为科技政策的决策、企业的知识利用与知识创新有所裨益。需要特别指出的是如下两个方面。第一,本书的研究思路见图 0-2:①知识、知识创新、知识利用是研究中涉及的三个基本概念,围绕三个基本概念建立研究的基本框架。②根据创新扩散理论、企业内部知识转化模型等理论,揭示企业知识创新的过程和结果。③根据创新扩散理论定义知识利用的四大要素:知识、时间、沟通渠

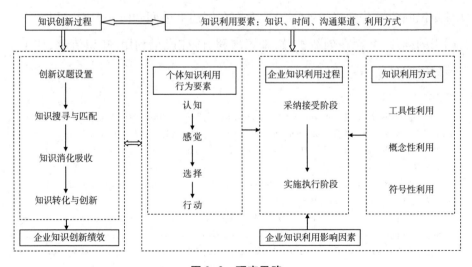

图 0-2　研究思路

道、利用方式。其中时间表达的是知识利用是一个过程;企业知识利用过程源于企业员工的行为要素的作用,在企业组织的目标指引下,员工的行为规范与企业的行为规范达成一致;利用方式表示知识利用的功能作用,在知识利用的过程中通过知识利用功能的发挥,实现知识利用的目标。④揭示知识创新和知识利用之间的内在关联。

第二,本书的技术路线见图0-3。

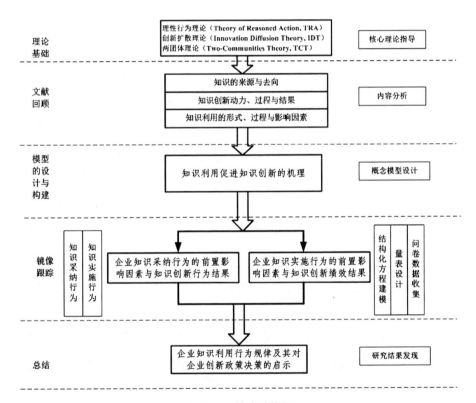

图0-3　技术路线图

第一章 企业知识创新的动力、过程与结果:基于文献的分析

　　创新是企业关键竞争优势的重要来源,尤其是面对不断变化的环境时。[①] 1912 年约瑟夫·熊彼特(Joseph Alois Schumpeter)在《经济发展理论》中率先指出:创新是建立一种新的生产函数,就是一种从来没有过的关于生产要素和生产条件的"新组合"。即企业家利用一种新产品、新方法、新市场、新原料和新组织等来创造一种新的组合方式,建立一种新的生产函数运用于经济发展中,促进经济不断发展前进。这种创新理论把技术要素引入经济,强调发明家发明的新技术只有被应用于经济活动中才能称为"创新"。此后,逐步发展为以技术推广和技术变革为对象的技术创新经济理论,成为科技与经济密切结合的当代最重要的综合性理论。目前,越来越多的来自于不同领域的学者研究创新,其学术成果较为丰富[②],为研究知识创新的机理提供了理论基础[③]。

　　1991 年,Nonaka 和 Takeuchi 首次提出了企业的"知识创新",并提出

---

　　① 参见 Dess G.,Picken J.,"Changing Roles:Leadership in the 21st Century",*Organizational Dynamics*,2000,28(3),pp.18-34。

　　② 参见 Fagerberg J.,Fosaas M.,Sapprasert K.,"Innovation:Exploring the Knowledge Base",*Research Policy*,2012,41(7),pp.1132-1153。

　　③ 参见[美]约瑟夫·熊彼特:《经济发展理论》,何畏、易家祥等译,商务印书馆 1990 年版。

了显性知识和隐性知识相互转化的 SECI 模型。[①] 1993 年,美国战略专家戴布拉·艾米顿在《知识经济的创新战略:智慧的觉醒》一书中详细阐述了知识创新的内涵,她认为知识创新是通过创造、交流等方式将新思想与经济服务等活动相融合以促进企业获得收益、国家发展、社会进步的一种手段和过程。[②] 国内对知识创新的研究起步较晚。1997 年底,中国科学院提交《迎接知识经济时代,建设国家创新体系》报告,拉开了国内知识创新研究的序幕。[③] 此后,越来越多的国内学者开始投身到知识创新的研究中。如唐五湘(1999)认为,知识创新是指通过科学研究获得基础科学和技术知识的过程,其目的是追求新发现、探索新规律、创立新学说、创造新方法、积累新知识[④];毕玉(2005)提出知识创新是知识产生、创造和应用的过程,它是将新的要素或观念运用到生产、管理等经济或社会活动中,从而为企业或社会带来价值的活动[⑤]。由此可看出,知识创新的核心在于新知识的产生,并通过商业化实现经济价值的转化。但新知识的产生离不开对已有知识的继承,即在已有知识的搜寻、吸收基础上,产生新思想、新观点,从而创造新知识。研究表明,2008—2017 年间我国知识创新论文数量呈下降趋势,研究主题呈多元化,知识创新应用集中在企业、高校、图书馆、区域集群等领域。[⑥]

---

① 参见 Nonaka I.,Takeuchi H.,*The Knowledge Creating Company:How Japanese Companies Create the Dynamics of Innovation*,New York:Oxford University Press,1995。

② 参见[美]戴布拉·艾米顿:《知识经济的创新战略:智慧的觉醒》,金周英等译,新华出版社 1998 年版,第 75—80 页。

③ 参见中国科学院"国家创新体系"课题组:《迎接知识经济时代,建设国家创新体系》,《中国科学院院刊》1998 年第 13 期。

④ 参见唐五湘编著:《创新论》,中国盲文出版社 1999 年版。

⑤ 参见毕玉:《知识创新理论分析及企业知识创新"房屋模型"》,《中国轻工教育》2005 年第 2 期。

⑥ 参见王文婷:《2008—2017 年我国知识创新领域研究现状分析》,《情报探索》2019 年第 3 期。

一、企业知识创新的动力

随着信息技术的发展,知识的搜寻和利用愈加便利,知识的整合、创新也呈现出蓬勃发展的态势。企业实施知识创新策略的动力来自于内外两个方面。

(一) 外部动力

1. 国家发展的创新驱动战略推动着知识创新

人类社会发展过程中,面对着新形势、新问题、新矛盾,迫切需要引进新思想、新方法、新思路加以解决。目前越来越多的国家认识到知识创新的重要性。我国改革开放的实践有力地证明,创新驱动有利于提高经济质量、效益及转变经济增长方式。党的十七大、十八大、十九大报告中先后提出了"提高自主创新能力,建设创新型国家""实施创新驱动发展战略""加快建设创新型国家";2015 年《政府工作报告》提出了"大众创业,万众创新"的口号;2016 年 5 月中共中央、国务院印发《国家创新驱动发展战略纲要》;李克强总理在 2017 年《政府工作报告》中 59 次提到"创新",以上均表明了党和国家对创新的高度重视。我国全社会 R&D(Research and Development)经费占 GDP 比重由 2000 年的 0.9%增长至 2017 年的 2.15%。各省(自治区、直辖市)都将 R&D 经费占 GDP 的比重作为未来发展规划的一个重要指标。可见,国家和地方层面的创新导向愈加明确。在自主创新上升到国家战略的背景下,企业作为自主创新的主体,加强知识创新是大势所趋。

2. 市场竞争迫切需要知识创新

随着我国创新型国家战略的实施,创新在市场竞争中的重要性日益

凸显出来。创新能力是企业绩效最重要的决定因素(Mone, et al.,
1998①)。创新是企业核心动态能力,是企业获取和保持竞争优势的必要
因素(Brown & Eisenhardt,1995②)。当今,随着环境的变化,顾客、市场以
及竞争者都发生了巨大的变化,产品及服务的更新速度不断加快、新型竞
争对手和竞争态势在创新驱动环境中不断涌现。企业只有通过知识创新
才能最大限度降低激烈竞争中的不确定性,提高核心竞争力,获得可持续
的发展。

与发达国家相比,我国企业占领国际市场所必需的自主创新能力
比较欠缺,也是很大程度上制约我国的科技与经济发展的主要因素。
由于核心技术受制于人,很多国内企业要将产品的销售所得按照一定
比例支付给国外的专利持有者,沦为“为他人作嫁衣”的境地。美国对
中兴、华为等高科技公司的制裁,从反面证明必须坚定不移走自主创新
的道路。可喜的是,近年来国内企业尤其是科技型企业加大了科技投
入力度。2017 年,我国各类企业科研经费支出 13660.2 亿元,比上年增
长 12.5%;同时,我国企业所拥有的专利数量也有了大幅提升。2017
年,我国发明专利申请量为 138.2 万件,同比增长 14.2%,是同年美国国
内企业所获专利数量的近两倍,连续多年位居全球首位。但 2017 年美国
专利获得最多的 IBM 共有 9043 项③,而我国专利获得前两位的国家电
网、华为分别为 3622 项、3293 项专利(见表 1-1),与 IBM 公司相比还有
不小的差距。

---

① 参见 Mone M.,Mc Kinley W.,Barker V.,“Organizational Decline and Innovation:A Con-
tingency Framework”,*Academy Management Review*,1998,23(1),pp.115-132。
② 参见 Brown S.,Eisenhardt K.,“Product Development:Past Research,Present Findings,and
Future Directions”,*Academy Management Review*,1995,20(2),pp.343-378。
③ 参见周舟:《报告显示:美国专利商标局 2017 年批准的发明专利数量再创新高》,《人
民日报》2018 年 1 月 17 日。

表 1-1　2017 年中国发明专利授权排名前十的企业（不含港澳台）

排名	申请人名称	发明专利授权量（件）
1	国家电网公司	3622
2	华为技术有限公司	3293
3	中国石油化工股份有限公司	2567
4	京东方科技集团股份有限公司	1845
5	中兴通讯股份有限公司	1699
6	联想(北京)有限公司	1454
7	珠海格力电器股份有限公司	1273
8	广东欧珀移动通信有限公司	1222
9	中国石油天然气股份有限公司	1008
10	中芯国际集成电路制造(上海)有限公司	862

数据来源:国家知识产权局:《权威发布! 2017 中国专利统计数据》,见 http://www.cipnews.com. cn/Index_NewsContent.aspx? NewsId = 105310,2018 年 1 月 18 日。

美国福特汽车公司的创立者亨利・福特在经营企业的实践中总结出至理名言:"不创新,就灭亡";美国最负有盛名的管理学大师托马斯・彼得斯也得出"要么创新,要么死亡"的结论。无数个企业生命周期的实践昭示:创新是企业生存的不二法则,持续创新是企业发展的唯一途径,企业要想保持竞争优势,必须在其生命周期的每个阶段不断进行创新。在知识经济时代,通过知识的创新,不断提高产品与服务的知识含量与经济价值,进而提升企业核心竞争力[1],是企业发展的必经之路。

3. 市场需求迫切需要知识创新

需求是创新之母,洞悉并创新性地满足市场需求是企业立足之本。市场需求涵盖面非常广,消费者对产品和服务的质量、数量、价格、效用等需求错综复杂,且瞬息万变。许多产品的市场需求并非都是与生俱来,随

---

① 参见薛晶晶:《国内外知识创新比较研究》,南京航空航天大学,2011 年;Chou S.W.,He M.Y.,"Facilitating Knowledge Creation by Knowledge Assets",*IEEE*,*Proceedings of the 37th Annual Hawaii International Conference on System Sciences*,2004,pp.3805-3814。

着科学的发展和技术的进步,企业作为市场的弄潮儿不仅一直在探索着满足市场需求之道,也在推动着新需求的产生,而这离不开创新。

随着消费升级成为大势所趋,庞大的市场容量亟待企业去满足,因此,面对市场需求的变化,企业只有坚持"创新导向",从面对的变化和问题入手,找到满足市场需求的新思路和新方法。其中,不论是对新需求的探索,还是满足新需求的产品、商业模式、服务方式,都离不开知识的创新。

(二) 内部动力

企业知识创新的内部动力既有来自于企业利润要求的内发动力,也有来自于利润驱动之下的内部激励的继发动力。

1.利润驱动的内发动力

企业必须通过为市场提供有竞争力的产品和服务的方式获取利润,才能维持其存在。企业的根本动力是追求利润最大化。为了追求利润,企业可以采取很多措施,包括改进或创新工艺、流程以降低成本,革新技术、寻找创新的原材料等以满足需求实现产品的销售获取利润,改善或创新管理方式方法以提升管理效率等。这些都离不开创新。知识创新的成果往往能为企业创造、实现利润起着强大的推动作用。同时,企业的知识创新超越竞争对手,还可以通过专利保护等方式获得持续不断的利润。因此,对利润的追求是企业进行知识创新的重要内部驱动因素。

2.内部激励的继发动力

鉴于知识创新的重要价值,企业越发重视对创新的投入,并建立了对知识创新的保障措施和激励机制。企业只有通过激励的方式,想方设法调动员工积极性,员工才能将创新潜力转化为动力,为企业创新贡献聪明才智。

企业对知识创新的激励措施包括:一是物质激励,是在必要的工资收入之外对知识创新成果的一种鼓励和保护,一般通过产权激励、奖金激励等方式实现。二是精神激励,对于较高层次的研发人员来说,精神激励具有重要的作用。他们进行技术创新的动机就是最大限度地发挥自己的潜能,实现个人的价值。如美国 IBM 公司的"百分之百俱乐部"制度,当员工完成年度任务时,公司就会批准他成为"百分之百俱乐部"会员,他和家人将被邀请参加隆重的庆典。因此,员工无不将获得该会员资格作为奋斗目标。三是政策激励,在不少城市和地区会为人才提供一些政策激励,如北京实行的高新技术人才优先落户政策等。这对企业激励从事或者参与知识创新的人才也具有很强的推动力。此外,企业还应努力建设以创新为导向的企业文化。

知识创新不仅是当前知识管理的研究热点,也是组织创新研究的重要领域。面对日益复杂的国际形势、市场环境和需求情况,挑战与机遇同在,而对知识的探索创新和利用是保障企业基业长青的重要途径。[①]

二、企业知识创新的过程

(一) 企业开放式知识创新过程的提出

关于知识创新过程的观点可分为两类。一类是日本学者野中郁次郎(Nonaka)等提出的显性知识、隐性知识相互转化的 SECI 模型,知识的"社会化、外在化、组合化、内隐化"是一个动态的、成长的过程。[②] Petrash(1996)认为,在企业知识创新的过程中有三种知识的载体:一是作为知

---

① 参见 Morgan R. E., Berthon P., " Market Orientation, Generative Learning, Innovation Strategy and Business Performance Inter-relationships in Bioscience Firms", *Journal of Management Studies*, 2008, 45(8), pp.1329-1353。

② 参见 Nonaka I., "The Knowledge-creating Company", *Harvard Business Review*, 2007, 85(7/8), pp.162-171。

识拥有者的人员载体;二是以企业文化、组织机构为主要内容表现的组织载体;三是作为企业的供应商或者客户的客户载体。① 它们的关系直接影响着企业知识创新的过程和效果。

第二类具有代表性的观点以美国学者艾米顿(1998)为代表,他把知识创新过程简化为创造、转化、商业化,以及基础研究、发明和创新三个阶段。我国学者芮明杰等(2004)在 Nonaka 研究成果的基础上,把高技术企业的知识创新过程划分为知识获取、知识选择、知识整合、知识创造、知识转移和知识分享六个阶段。②

此后,对 Nonaka 的 SECI 模型的修正研究以及对两类基本观点的结合研究成果越来越多。如耿新等(2004)以 SECI 模型为基础,同时考虑到外部环境力量,提出了知识转化的 IDE-SECI 模型③;褚建勋等(2006)基于顿悟学习提出了量子知识创造(Q-SECI)模型④;张鹏等(2017)提出了供应链企业知识转化模型⑤;刘小平(2004)将知识创新过程划分为创新构思的产生、难题解答的产生、创新知识的扩散三个阶段⑥;史丽萍等(2011)指出,知识创新的动态过程存在着知识的流动和资源重新配置,并且通过知识的激活、扩散和整合,产生新思维或思想,最终实现企业价值增值⑦;王玉梅(2010)得出知识创新过程包括知识创新构思、构思评

---

① 参见 Petrash G., "Dow's Journey to a Knowledge Value Management Culture", *European Management Journal*, 1996, 14(4), pp.365-373.

② 参见芮明杰、李鑫、任红波:《高技术企业知识创新模式研究——对野中郁次郎知识创造模型的修正与扩展》,《外国经济与管理》2004 年第 5 期。

③ 参见耿新、彭留英:《企业知识的分类、分布与转化机制研究——系统化视角下对 SECI 模型的一个扩展》,《管理科学》2004 年第 4 期。

④ 参见褚建勋、汤书昆、肖向兵等:《量子知识创造(Q-SECI)模型构建及机制初探——基于顿悟学习对 SECI 模型的一种拓展》,《科学学与科学技术管理》2006 年第 12 期。

⑤ 参见张鹏、李全喜、刘岩等:《基于 SECI 模型的供应链企业知识转化模型研究》,《科技管理研究》2017 年第 2 期。

⑥ 参见刘小平:《企业知识创新体系研究》,《管理观察》2004 年第 9 期。

⑦ 参见史丽萍、唐书林:《基于玻尔原子模型的知识创新新解》,《科学学研究》2011 年第 12 期。

价、成果的研发、商业化、反思五个阶段的结论①；李军等（2015）提出，项目团队的创新过程分为知识的寻找匹配、交流共享、整合创造以及知识库增加四个阶段②；杜丹丽等（2015）将服务型制造模式下供应链知识创新过程分为知识共享、知识整合、知识创造、知识更新、显性知识扩散五个阶段③；Wiig（1993）提出知识创新的三支柱模型，知识创新需经过创造出新知识、评估知识价值、控制和应用的过程④；张玉珍等（2006）认为，知识创新是知识信息的获取、吸收、整合、应用、创新、外溢，最终实现知识增量的过程，知识运动贯穿于其中⑤。徐璞等（2012）提出了新的知识创新活动的 IR-SI-SD 模型，包括个体碎片知识—个体内化知识—个体显性知识—团队碎片知识—团队内化知识—团队显性知识六个阶段⑥；王馨（2014）提出，跨学科团队通过知识表述、解释、涌现与建构实现新知识的协同创造⑦；李全喜等（2015）强调企业知识协同包括知识的共享、转移、获取、整合、应用与创新阶段⑧。此外，罗杰斯提出，组织的创新需要经过议题设置、匹配、重新定义或者重新组合、阐明问题、常规化五个阶段。⑨

综上所述，知识创新的过程是在一定的创意目标指导下，进行的知识搜寻与获取，并在此基础上对知识进行消化吸收，进而进行知识转化和固

---

① 参见王玉梅：《基于技术创新过程的知识创新运行机理分析与网络模型的构建》，《科学学与科学技术管理》2010 年第 9 期。

② 参见李军、程馨梅：《科技型企业项目团队知识创新过程研究》，《东岳论丛》2015 年第 1 期。

③ 参见杜丹丽、何杨、赵洪岩：《供应链知识创新过程演化模型研究——基于服务型制造模式下的分析》，《情报科学》2015 年第 5 期。

④ 参见 Wiig KM., *Knowledge Management Foundations: Thinking about Thinking: How People and Organizations Create, Represent and Use Knowledge*, Arlington TX: Schema Press, 1993, pp.15-23。

⑤ 参见张玉珍、包虹：《基于知识创新的知识运动机制研究》，《现代情报》2006 年第 7 期。

⑥ 参见徐璞、戴昌钧：《企业内知识创新活动的过程研究》，《科技进步与对策》2012 年第 3 期。

⑦ 参见王馨：《跨学科团队协同知识创造中的知识类型和互动过程研究——来自重大科技工程创新团队的案例分析》，《图书情报工作》2014 年第 3 期。

⑧ 参见李全喜、张鹏、王楠：《供应链企业知识协同过程研究》，《情报科学》2015 年第 7 期。

⑨ 参见[美]E.M.罗杰斯：《创新的扩散》，唐兴通、郑常青、张延臣译，电子工业出版社2016 年版，第 443—455 页。

化的过程(见图1-1)。知识的搜寻与获取即知识的社会化,就是通过向外界学习将企业将外部关于生产、管理等方面的新知识不断地融入组织内部中;知识的吸收和消化相当于知识的外化,即把搜集的有用知识在企业内部的传播与共享,使其与企业内部的知识相结合,促进知识的转化;而知识的转化(创新)和固化(创新成果的巩固)则与知识的整合和知识的内化有异曲同工之处,即企业对获得的知识进行整合、重构为新知识的产生创造条件,同时促进员工的学习和落实,促进创新成果的诞生。

因此,为了更好地研究企业开放式知识创新的过程,需继续重点对外部知识的搜寻与匹配、外部知识的消化与吸收、外部知识的转化与创新进行研究。

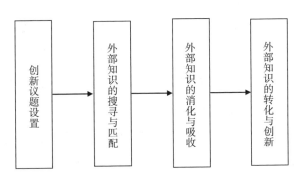

图 1-1　企业开放式知识创新过程示意图

(二) 创新议题的设置

企业创新的起点是设置创新议题,其出发点是解决特定的问题。组织创新的议题设置包括对创新需求或问题的确认,也包括对问题重要程度的排序。就开放式创新而言,把握企业的生存环境是议题设置的重要内容,是以创新的方式适应企业发展的需要。议题设置的关键在于问题的明确和提出,然后找到解决该问题的创新知识源。在开放式创新中,很多时候是外界创新知识的传播而促使企业追赶行业或者社会潮流所作出的选择。

（三）知识搜寻

创新议题一旦设置,就需要搜寻相应的知识,它是知识创新的必备环节。

1. 知识搜寻的概念

在市场竞争日渐激烈、外部环境变化多端的今天,企业核心竞争优势已逐渐由传统的资源转变为其拥有的知识,以及对知识的整合与利用能力,即知识创新能力。为确保创新的顺利实施,企业必须跨越现有的组织边界去外部找寻具有潜在应用价值的知识,并带入企业内部,贡献于企业创新(Foss, Lyngsie & Zahra, 2013[①])。这就是开放式创新的核心内容。Sofka 和 Grimpe(2010)将有关连接与利用外部知识资源的活动与行为都视为企业的知识搜寻战略。[②] 由此可见,知识搜索不仅关系企业的知识创新,还关乎着企业的发展与市场竞争。

1963 年,Cyert 和 March 在《企业行为理论》中率先提出了知识搜寻的概念,强调知识搜寻企业为解决问题或者发现新机会而进行的活动,其目标为企业的绩效反馈问题和组织冗余。[③] 依据该理论,企业生产经营过程中出现的问题推动了企业的搜寻行为。当实际绩效小于预期时,企业就会审视问题并寻找解决之道,直至搜寻到满意的方法为止。这属于问题驱动型搜寻。当企业拥有较多的冗余资源时,就会搜寻新的增长机会,以提升绩效、促进企业发展(Lu & Fang, 2013[④]; Gavetti, et al., 2012[⑤])。

---

① 参见 Foss N.J., Lyngsie J., Zahra S., "The Role of External Knowledge Sources and Organizational Design in the Process of Opportunity Exploitation", *Strategic Management Journal*, 2013, 34 (12), pp.1453-1471。

② 参见 Sofka W., Grimpe C., "Specialized Search and Innovation Performance – evidence Across Europe", *R & D Management*, 2010, 40(3), pp.310-323。

③ 参见 Cyert R.M., March J.G., A Behavioral Theory of the Firm, Englewood Cliffs, NJ: Prentice-Hall, 1963。

④ 参见 Lu Lin-Hua, Fang Shih-Chieh, "Problematic Search, Slack Search and Institutional Logic in Corporate R&D Strategy: An Empirical Analysis of Taiwanese Electronics Firms", *Journal of Technology and Organization*, 2013, 19(6), pp.659-678。

⑤ 参见 Gavetti G., Greve H.R., Levinthal D.A., et al., "The Behavioral Theory of the Firm: Assessment and Prospects", *Academy of Management Annals*, 2012, 6(1), pp.1-40。

这属于冗余驱动型搜寻。即当企业面临问题时，可以通过在组织边界内部和外部寻找解决问题的知识，然后通过重构和创造知识来帮助企业处理运营过程中所要面对的各种问题（Katila，2002[①]；Li－Ying，et al.，2014[②]）。

Nelson 等（1982）[③]、张文红等（2014）[④]将知识搜寻定义为：组织为了解决问题或者发现机会而在不确定的环境中从事的信息搜集过程。所搜寻的知识来源包括客户、供应商、竞争者等。Zang 等（2014）提出开放搜寻战略是从外部搜寻渠道或外部知识源获得知识与思想的方式。[⑤] Grimpe 和 Sofka（2014）认为，外部知识搜寻是企业所开展的确认与识别有潜在应用价值的知识源，并从中转移知识的活动。[⑥] 也有学者将知识搜寻定义为企业的一个可控制的和具有倾向性的获取、检验与评估新知识和新信息从而寻找新的运营方式的过程，使组织成员相信新方式可以使组织实现绩效目标（Nigam，et al.，2016[⑦]）。唐朝永等（2014）将知识搜寻界定为组织以提升知识与技术为目的的解决问题的活动。[⑧] 陈力田、许庆瑞（2014）认为，知识搜寻是组织为适应环境变化而进行快速有效的配置资

---

① 参见 Katila R.，"New Product Search Over Time：Past Ideas in their Prime？"，*Academy of Management Journal*，2002，45（5），pp.995-1010。

② 参见 Li-Ying J.，Wang Yuandi，Salomo S.，"An Inquiry on Dimensions of External Technology Search and their Influence on Technological Innovations：Evidence From Chinese Firms"，*R & D Management*，2014，44（1），pp.53-74。

③ 参见 Nelson P.R.，Winter S.G.，*An Evolutionary Theory of Economic Change*，Cambridge，MA：Harvard University Press，1982。

④ 参见张文红、唐彬、赵亚普：《地理跨界搜索对企业创新影响的实证研究》，《科学学与科学技术管理》2014 年第 11 期。

⑤ 参见 Zang Jinjuan，Zhang Chenlu，Yang Pianpian，et al.，"How Open Search Strategies Align with Firms' Radical and Incremental Innovation：Evidence From China"，*Technology Analysis & Strategic Management*，2014，26（7），pp.781-795。

⑥ 参见 Grimpe C.，Sofka W.，*Markets for Technology and the Importance of Firm-specific Search for Innovation Performance*，Academy of Management Annual Meeting Proceedings，2014。

⑦ 参见 Nigam A.，Huising R.，Golder B.，"Explaining the Selection of Routines for Change During Organizational Search"，*Administrative Science Quarterly*，2016，61（4），pp.551-583。

⑧ 参见唐朝永、陈万明、彭灿：《外部创新搜寻、失败学习与组织创新绩效》，《研究与发展管理》2014 年第 5 期。

源搜寻、选择创新所需知识源的行为。[①] 吴航和陈劲(2015)将企业外部知识搜寻界定为一项受控的、主动的检测、评估知识与信息的认知活动。[②] 孙婧和沈志渔(2014)认为，外部知识搜寻是组织搜寻不同的外部知识源，得到新的想法与知识，进而整合企业内部的活动，其目的是为发现新技术、开发新产品、实现新流程。[③] 缪根红等(2014)认为，外部知识搜寻是企业为整合现有知识和提高产品技术而从事的一项活动。[④] 另外，张晓棠和安立仁(2015)[⑤]认为，外部知识搜寻是企业为解决问题而进行的跨越时空、组织与认知边界，搜寻、获取、整合与运用知识资源的活动集合。

综上所述，知识搜寻是企业为了解决其所面对的问题或者发现新的发展机会，而从企业外部或者内部进行的信息与知识的搜集、整理和为解决问题所进行的一系列活动。

2. 知识搜寻能力的影响因素

West 等(2014)把知识搜寻作为开放式创新的一个重要环节，认为利用外部资源创新的首要步骤是公司必须从外部识别和搜寻创新所需要的知识。[⑥] 企业能否搜寻到所需的知识并为自己所用，取决于其知识搜寻能力，即企业为解决特定问题搜寻内外部知识的效率及效能问题，包括信息检索能力、信息处理能力和信息的归纳整理能力等多方面。知识搜寻

---

① 参见陈力田、许庆瑞：《知识搜寻跨边界协同对自主创新能力结果类型影响的实证研究》，《科学学与科学技术管理》2014 年第 10 期。

② 参见吴航、陈劲：《企业外部知识搜索与创新绩效：一个新的理论框架》，《科学学与科学技术管理》2015 年第 4 期。

③ 参见孙婧、沈志渔：《权变视角下外部搜索对产品创新绩效的影响：组织冗余的调节作用》，《南方经济》2014 年第 9 期。

④ 参见缪根红、陈万明、唐朝永：《外部创新搜寻、知识整合与创新绩效关系研究》，《科技进步与对策》2014 年第 1 期。

⑤ 参见张晓棠、安立仁：《双元创新搜索、情境分离与创新绩效》，《科学学研究》2015 年第 8 期。

⑥ 参见 West J.，Bogers M.，"Leveraging External Sources of Innovation：A Review of Research on Open Innovation"，*Social Science Electronic Publishing*，2014，31(4)，pp.814-831。

能力的强弱直接影响企业的知识吸收能力和效果。很多学者探讨了知识搜寻能力的影响因素和理论基础。Wang 和 Li（2008）认为，企业知识搜索能力的理论基础包括演化理论、组织理论、资源基础理论和社会资本理论。① Jansen 等（2006）发现正式组织的等级结构对企业知识搜索能力带来不同影响，组织集中度会削弱外部知识搜索能力，而组织正规化会提升内部知识搜索能力。② Yli-Renko 等（2001）提出，企业知识搜索能力取决于企业间社会互动水平、信任与互惠程度、网络规模。③ 倪自银等（2016）从宏观环境层、中观情境层和微观主体层三个方面归纳了影响外部知识搜索能力的因素。④

综上所述，知识搜寻能力受个体、组织和环境三个层面因素的影响。就个体而言，企业员工在实施知识搜寻时其积累的知识、经验和方法等起着重要作用。⑤ 就组织层面而言，企业战略、组织结构、企业文化、组织绩效、冗余资源等都会影响组织的知识搜寻能力。例如，罗芳（2010）以我国制造业数据验证成本领先战略倾向与外部知识搜索宽度、深度均呈负相关关系。⑥ 李伟等（2010）指出，鼓励员工相互交流，强调组织成长性和外部性的学习型文化，将有利于创建知识共享机制，可以促进企业外部知

---

① 参见 Wang H.，Li J.，"Untangling the Effects of Overexploration and Overexploitation on Organizational Performance：The Moderating Role of Environmental Dynamism"，*Journal of Management*，2008，34（5），pp.925-951。

② 参见 Jansen J.J.P.，Van Den Bosch F.A.J.，Volberda H.W.，"Exploratory Innovation，Exploitative Innovation，and Performance：Effects of Organizational Antecedents and Environmental Moderators"，*Management Science*，2006，52（11），pp.1661-1674。

③ 参见 Yli-Renko H.，Autio E.，Sapienza H.J.，"Social Capital，Knowledge Acquisition，and Knowledge Exploitation in Young Technology-based Firms"，*Strategic Management Journal*，2001，22（6/7），pp.587-613。

④ 参见倪自银、熊伟：《企业外部知识搜索能力影响因素研究——一个交互效应模型》，《科技进步与对策》2016 年第 4 期。

⑤ 参见 Dosi G.，Malerba F.，Teece D.，"Twenty years after Nelson and Winter's An Evolutionary Theory of Economic Change：A Preface on Knowledge，the Nature of Organizations and the Patterns of Organizational Changes"，*Industrial and Corporate Change*，2003，12（2），pp.147-148。

⑥ 罗芳：《外部知识搜索策略影响因素研究》，浙江大学硕士学位论文，2010 年。

识搜索能力。① 叶江峰等(2015)指出,拥有高异质性知识企业的创新意识和创造能力更为优秀,实施外部知识搜索的力度更大。② Ahuja(2002)认为出现冗余资源时,企业管理人员会放松对搜索行为的控制,员工就会搜索新的知识。③ 但也有学者认为当组织出现冗余资源时,表明其具有良好的绩效,管理者更倾向于保持现状,缺乏探索新知识的欲望。非主动的知识搜寻意愿会直接削弱知识搜寻能力。Gulati(1996)认为太多和太少的冗余都不利于知识搜索。④

就外部环境而言,企业所处市场的特性决定了其技术创新战略选择。市场竞争激烈说明产品同质化现象比较严重,唯有采取差异化战略开发新产品,才能获得持续竞争优势,这是提升外部知识搜寻能力的重要驱动力。⑤ 相反,缺乏市场竞争行业内的企业数量较少,获益稳定,技术领先企业专注于现有技术即可获得丰厚的利润,缺乏外部知识搜寻以求创新的动力;当市场上产品供不应求时,企业倾向于利用现有技术扩大生产,获得规模效益,因而缺乏创新意愿以及知识搜寻意愿和能力。因此,为提升知识搜寻能力,企业应该建立起与促进知识搜寻意愿和能力相适应的结构、机制以及文化等,从而使企业的外部搜寻战略与环境达到一个较好的协调状态。

3. 知识搜寻能力与企业创新绩效的关系

知识搜寻对企业创新绩效的影响研究成果比较丰富。学者们对不同

---

① 参见李伟、聂鸣、李顺才:《组织文化、外部知识管理能力与网络嵌入性收益》,《管理科学》2010年第3期。

② 参见叶江峰、任浩、郝斌:《企业内外部知识异质度对创新绩效的影响——战略柔性的调节作用》,《科学学研究》2015年第4期。

③ 参见 Ahuja K. G., "Something Old, Something New: A Longitudinal Study of Search Behavior and New Product Introduction", *The Academy of Management Journal*, 2002, 45(6), pp. 1183–1194.

④ 参见 Gulati N. R., "Is Slack Good or Bad for Innovation?", *The Academy of Management Journal*, 1996, 39(5), pp.1245–1264.

⑤ 参见 Griffith R., Blundell R., "Dynamic Count Data Models of Technological Innovation", *Economic Journal*, 1995, 105(429), pp.333–344.

类型的知识搜寻(本地搜寻和远程搜寻、利用式搜寻和探索式搜寻、搜寻深度和搜寻广度等)进行探索,研究知识搜寻对创新绩效的关系。如Laursen 和 Salter(2010)对英国制造企业进行实证分析,得出知识搜寻深度对全新产品创新绩效有积极影响、对改进型产品创新的影响不显著的研究结论。① Chen 等(2011)探讨了在显性知识获取、隐性知识获取模式下搜索宽度与深度对企业创新的影响。② 谭狄溪(2011)认为,知识搜寻的宽度、深度和新颖性构成组织知识搜寻的三个维度,发现探索性学习对知识搜寻深度、新颖性与创新绩效的关系起正向调节作用,对知识搜寻宽度与创新绩效的关系起负向调节作用,利用性学习的调节作用恰恰与之相反。③ 奉小斌等(2015)发现不同的知识搜索渠道对中小企业创新的影响效果不同。④ Guo 等(2015)发现深度搜索更有利于创新。⑤ 赵立雨(2016)从外部知识搜寻视角探讨企业开放式创新绩效问题。⑥ 孙耀吾等(2018)的研究表明,知识搜索广度和深度对创新能力均呈倒"U"形影响,知识互补性负向调节知识搜索广度对创新能力的影响,知识替代性负向调节知识搜索深度对创新能力的影响。⑦

　　知识搜寻只是企业知识创新的基础,能否实现知识创新还需要知识

---

　　① 参见 Laursen K.,Salter A.,"Open for Innovation:The Role of Openness in Explaining Innovation Performance Among U.K.Manufacturing Firms",*Strategic Management Journal*,2010,27(2),pp.131-150。

　　② 参见 Chen J.,Chen Y.,Vanhaverbeke W.,"The Influence of Scope,Depth,and Orientation of External Technology Sources on the Innovative Performance of Chinese Firms",*Technovation*,2011,31(8),pp.362-373。

　　③ 参见谭狄溪:《基于组织学习视角对知识搜寻与创新绩效关系的研究》,《科技管理研究》2011 年第 22 期。

　　④ 参见奉小斌、陈丽琼:《外部知识搜索能提升中小微企业协同创新能力吗? ——互补性与辅助性知识整合的中介作用》,《科学学与科学技术管理》2015 年第 8 期。

　　⑤ 参见 Guo B.,Wang Y.,Xie X.Y.,et al.,"Search more deeply or search more broadly? An empirical study of external knowledge search strategy in manufacturing SMEs",*Asian Journal of Technology Innovation*,2015,23(1),pp.87-106。

　　⑥ 参见赵立雨:《基于知识搜寻的开放式创新绩效研究》,《中国科技论坛》2016 年第 3 期。

　　⑦ 参见孙耀吾、秦毓、贺石中:《高技术中小企业知识搜索对创新能力的影响》,《科学学研究》2018 年第 3 期。

吸收、利用等环节。

（四）知识吸收

知识吸收是知识创新过程中非常关键的一个环节,只有对搜寻到的知识进行了吸收,才能结合企业实际情况使知识创新得以实现。

1.知识吸收的概念

知识吸收及吸收能力一直以来都是学者们的研究重点。Cohen 等在1989 年首次提出知识吸收能力(Absorptive Capacity)的概念,认为企业投资于识别、消化和利用外部知识的能力可以有效地减少获取外部知识的成本。[①] 翌年,他们从认知角度提出知识吸收能力是企业识别、消化和应用外部新知识的能力。[②] 此后对知识吸收能力的研究成果不断涌现(见表 1-2)。

表 1-2 知识吸收主要概念一览表

观点	学者	年份
吸收能力是一系列技能的集合,包括将隐性知识转化为显性知识,将外部技术转化为内部所用等。[③]	Mowery 和 Oxley	1995
吸收能力也可以理解为学习和解决问题的能力,学习能力是通过知识整合来模仿和创造新知识的创新能力。[④]	Kim	1997
吸收能力是企业评价、消化、整合和应用外部知识的能力。[⑤]	Bosch 等	1999

[①] 参见 Cohen W.M., Levinthal D.A., "Innovation and Learning: The Two Faces of R&D", *Economic Journal*, 1989, 99(397), pp.569-596。

[②] 参见 Cohen W.M., Levinthal D.A., "Absorptive Capacity: A New Perspective on Learning and Innovation", *Administrative Science Quarterly*, 1990, 35(1), pp.128-152。

[③] 参见 Mowery D.C., Oxley J.E., "Inward Technology Transfer and Competitiveness: The Role of National Innovation Systems", *Cambridge Journal of Economics*, 1995, 19(1), pp.67-93。

[④] 参见 Kim L., "The Dynamics of Samsung's Technological Learning in Semiconductors", *California Management Review*, 1997, 39(3), pp.86-100。

[⑤] 参见 Bosch FAJVD, Volberda H.W., Boer M.D., "Co-evolution of Firm Absorptive Capacity and Knowledge Environment: Organizational Forms and Combinative Capabilities", *Organization Science*, 1999, 10(5), pp.551-568。

续表

观点	学者	年份
吸收能力是由知识获取、知识消化、知识转换、知识应用四种具体能力之间的相互作用共同构成的。①	Zahra 和 George	2002
吸收能力是企业应用外部知识(学生企业向老师企业)的能力,包括对外部新知识的识别和理解,将有价值的新知识进行内化,最终应用已内化的外部新知识 3 个连续过程。②	Lane 等	2006
吸收能力是包括价值评估、知识获取、内化转换和知识利用 4 个阶段,企业利用知识的过程是不断反馈的动态过程。③	Todorova 和 Durisin	2007
知识吸收能力包括获取、消化、转化和利用四个维度。④	金丽	2017
从个人层面出发,将知识吸收分为识别、同化和应用三个阶段。⑤	秦佳良、张玉臣	2018

由上表可见,学者们普遍认同知识吸收是一个多种能力交错的过程。对此,我们比较认同 Zahra 和 George 的观点。

2. 知识吸收能力的影响因素

学术界对知识吸收能力的影响因素进行了较为全面的梳理。如刘常勇等(2003)认为,企业吸收能力受先验知识存量和内涵、研发投入程度、学习强度和方法、组织学习机制等四种因素的影响。⑥ 崔志等(2008)通过实证研究发现,企业内部的人力资本水平、组织管理因素、先验知识、研

---

① 参见 Zahra S.A.,George G.,"Absorptive Capacity:A Review,Reconceptualization,and Extension",*Academy of Management Review*,2002,27(2),pp.185-203。

② 参见 Lane P.J.,Koka B.R.,Pathak S.,"The Reification of Absorptive Capacity:a Critical Review and Rejuvenation of the Construct",*Academy of Management Review*,2006,31(4),pp. 833-863。

③ 参见 Todorova G.,Durisin B.,"Absorptive Capacity:Valuing a Reconceptualization",*The Academy of Management Review*,2007,32(3),pp.774-786。

④ 参见金丽:《知识吸收能力维度构成及内涵分析》,《合作经济与技术》2017 年第 9 期。

⑤ 参见秦佳良、张玉臣:《个人知识吸收能力与双元创新关系研究》,《科技进步与对策》2018 年第 8 期。

⑥ 参见刘常勇、谢洪明:《企业知识吸收能力的主要影响因素》,《科学学研究》2003 年第 3 期。

发水平、外部社会资本五种因素影响我国企业的知识吸收能力。① 刘璐（2010）认为，知识吸收能力的影响因素包括知识积累、组织机构、研发投入、学习能力、人力资源、企业文化、沟通渠道、制度支持和企业网络关系九个维度。② 陈劲等（2011）通过实证研究发现，企业获取外部知识的渠道、企业在社会网络中的位置、企业联系外界的频率和密切程度，是其潜在吸收能力的关键因素；企业社会资本的关系维度、企业外部知识属性对实际吸收能力具有比较重要的影响。此外，企业知识基础、企业研发活动强度、企业学习机制、开放的组织文化、员工的学习强度和方法对提高潜在吸收能力和实际吸收能力发挥了重要作用。③ 金丽（2016）指出，影响知识吸收能力的因素包括先验知识、个体吸收能力、研发投入、知识性质、组织要素等。④

此外，Tsai（2001）通过实证调查研究，发现内部业务单元网络关系可显著地影响吸收能力。⑤ Jansen 等（2005）以欧洲大型金融服务企业为对象，发现员工决策参与度对企业获取外部知识具有积极影响，员工决策参与度、部门之间协调能力、员工岗位轮换程度与知识转化能力呈正相关；部门之间协调能力和员工岗位轮换程度能够影响潜在吸收能力。⑥ 于双等（2008）运用实验研究的方法分析了先验知识对知识吸收的作用。⑦ 肖

---

① 参见崔志、于渤、崔崑:《企业知识吸收能力影响因素的实证研究》,《哈尔滨工业大学学报(社会科学版)》2008 年第 1 期。

② 参见刘璐:《知识吸收能力研究述评与展望》,《图书情报工作》2010 年第 18 期。

③ 参见陈劲、蒋子军、陈钰芬:《开放式创新视角下企业知识吸收能力影响因素研究》,《浙江大学学报(人文社会科学版)》2011 年第 5 期。

④ 参见金丽:《知识吸收能力影响因素分析》,《合作经济与科技》2016 年第 10 期。

⑤ 参见 Tsai W., "Knowledge transfer in intra-organizational networks:Effects of network position and absorptive capacity on business unit innovation and performance", *Academy of Management Journal*,2001,44(5),pp.996-1004。

⑥ 参见 Jansen J.J.P., Bosch FAJVD, Volberda H.W., "Managing potential and realized absorptive capacity:How do organizational antecedents matter?", *Academy of Management Journal*,2005,48(6),pp.999-1015。

⑦ 参见于双、陈智高:《个体层面先验知识对知识吸收能力的影响研究》,《科学学与科学技术管理》2008 年第 9 期。

志雄等（2011①、2014②）分别探讨了知识冗余以及知识宽度距离、知识深度距离对知识吸收能力的影响。

我们认为影响企业知识吸收的主要因素包括：个体及企业的先验知识，组织研发投入、企业文化、管理制度等组织因素以及知识类型和来源等知识性质因素三大方面。

（1）先验知识

Brown 等（1997）认为，吸收能力由先验知识、沟通网络、沟通氛围组成，先验知识是企业管理者、员工所拥有的工作技能、技术、管理实践以及观点。③ 企业的先验知识内涵影响着对新知识潜在价值的判断和吸收新知识的意愿，决定着组织吸收能力的高下。一般来说，先验知识的广度决定企业评价外部知识范围的能力，而深度影响企业知识吸收能力的速度。

企业吸收能力以个体吸收能力为基础。个体先验知识可影响对外部知识的评估和认知能力，从而影响知识吸收能力的高下；个体的教育水平和知识背景能影响知识的消化水平，从而影响企业的吸收能力。因此，要提高企业的吸收能力，必须加大员工培训力度，从而提升其个体吸收能力。

（2）组织因素

组织因素包括组织结构、研发投入、管理制度、企业文化、学习氛围等方面。如黄本新（2007）指出，矩阵式、直线职能式组织结构分别可正向、负向影响吸收能力，事业部组织结构对吸收能力的影响比较适中。④ 张

---

① 参见肖志雄、秦远建：《知识冗余对外包服务企业知识吸收能力的影响》，《图书情报工作》2011 年第 10 期。

② 参见肖志雄：《知识距离对知识吸收能力影响的实证研究——以服务外包企业为例》，《情报科学》2014 年第 10 期。

③ 参见 Brown S. L., Eisenhardt K. M., "The art of continuous change: Linking complexity theory and time - paced evolution in relentlessly shifting organizations", *Administrative Science Quarterly*, 1997, 42(1), pp.1-34.

④ 参见黄本新：《关于企业吸收能力的国外研究文献述评》，《科技进步与对策》2007 年第 8 期。

收能力正向影响绩效。Stock 等（2001）认为，吸收能力与新产品开发绩效呈倒"U"形关系，即吸收能力在达到一定程度时其收益会递减。[①] Rindfleisch 等（2001）通过实证调查，发现吸收能力显著正向影响着知识获取、知识创造和创新绩效。[②] Nicholls 和 Woo（2003）在对美国生物技术行业的实证研究中，发现吸收能力与多种创新产出具有正向影响关系。[③] Nieto 和 Quevedo（2005）发现吸收能力在相当程度上决定企业的创新努力，并在技术机会与创新努力的关系中起着中介作用。[④] Cockburn 和 Henderson（2010）通过实证研究得出吸收能力对产品创新有重要正向影响的结论。[⑤] Su 等（2013）着重研究了影响产品创新的知识创造能力以及吸收能力对创新的影响。[⑥] 吕世生和张诚（2004）以天津市 103 家企业时间序列数据为样本，发现企业的技术吸收能力是 FDI 技术溢出效应最为关键和根本的影响因素。[⑦] 王国顺和李清（2006）发现本土企业的吸收能力对企业知识转移与创新绩效产生关键的影响。[⑧] 王立生和胡隆基（2007）分析总结出子公司从母公司获取知识须经知识的理解、消化、转化与应用开发四个步骤；并强调子公司只有增强自身的吸收能力才能获

　　① 参见 Stock G.N., Greis N.P., Fischer W.A., "Absorptive capacity and new product development", *Journal of High Technology Management Research*, 2001, 12(1), pp.77-91。

　　② 参见 Rindfleisch A., Moorman C., "The acquisition and utilization of information in new product alliances: A strength-of-ties perspective", *Journal of Marketing*, 2001, 65(2), pp.1-18。

　　③ 参见 Nicholls-Nixon C.L., Woo C.Y., "Technology sourcing and output of established firms in a regime of encompassing technological change", *Strategic Management Journal*, 2003, 24(7), pp. 651-666。

　　④ 参见 Nieto M., Quevedo P., "Absorptive capacity, technological opportunity, knowledge spillovers, and innovative effort", *Technovation*, 2005, 25(10), pp.1141-1157。

　　⑤ 参见 Cockburn I.M., Henderson R.M., "Absorptive capacity, coauthoring behavior, and the organization of research in drug discovery", *Journal of Industrial Economics*, 2010, 46(2), pp. 157-182。

　　⑥ 参见 Su Z., Ahlstrom D., Jia L., et al., "Knowledge creation capability, absorptive capacity, and product innovativeness", *R & D Management*, 2013, 43(5), pp.473-485。

　　⑦ 吕世生、张诚：《当地企业吸收能力与 FDI 溢出效应的实证分析——以天津为例》，《南开经济研究》2004 年第 6 期。

　　⑧ 王国顺、李清：《基于吸收能力的跨国公司知识转移过程研究》，《武汉大学学报（哲学社会科学版）》2006 年第 6 期。

取和消化更多的知识。① 田庆锋和郭建民（2008）通过实证研究,发现知识共享与知识吸收能力呈显著的正相关关系,吸收能力在知识共享与创新能力之间充当中介变量。② 陶锋（2011）发现吸收能力可有效增强外部知识溢出对企业创新绩效的促进作用。③ 张德茗等（2011）发现科技型中小企业潜在吸收能力、现实吸收能力与创新绩效均呈显著正相关关系。④ 王国顺等（2011）发现吸收能力以中介作用的方式促进创新绩效。⑤ 李贞等（2012）发现吸收能力通过知识整合的路径对创新绩效产生影响。⑥ 张洁等（2012）的实证研究表明,吸收能力在其前因变量和创新绩效中起着部分中介作用。⑦ 付敬等（2014）发现企业内部研发投入对其潜在和现实吸收能力具有直接影响,外部研发合作虽可提高其潜在吸收能力,但未直接影响其现实吸收能力;企业潜在吸收能力只对创新财务绩效有显著的影响;现实吸收能力促进创新绩效的作用十分显著。⑧

（五）知识的转化及创新

知识吸收的最终目的是实现知识的利用,即把吸收的知识进行转化为企业所用,并实现创新目标。按照我国《促进科技成果转化法》的定

① 王立生、胡隆基:《吸收能力及其在跨国公司子公司知识获取过程中的作用分析》,《科技管理研究》2007 年第 5 期。

② 田庆锋、郭建民:《知识密集型企业创新能力影响因素实证研究》,《生产力研究》2008 年第 7 期。

③ 陶锋:《吸收能力、价值链类型与创新绩效——基于国际代工联盟知识溢出的视角》,《中国工业经济》2011 年第 1 期。

④ 张德茗、李艳:《科技型中小企业潜在知识吸收能力和实现知识吸收能力与企业创新绩效的关系研究》,《研究与发展管理》2011 年第 3 期。

⑤ 王国顺、杨昆:《社会资本、吸收能力对创新绩效影响的实证研究》,《管理科学》2011 年第 5 期。

⑥ 李贞、杨洪涛:《吸收能力、关系学习及知识整合对企业创新绩效的影响研究——来自科技型中小企业的实证研究》,《科研管理》2012 年第 1 期。

⑦ 张洁、戚安邦、熊琴琴:《吸收能力形成的前因变量及其对企业创新绩效的影响分析——吸收能力作为中介变量的实证研究》,《科学学与科学技术管理》2012 年第 5 期。

⑧ 付敬、朱桂龙:《知识源化战略、吸收能力对企业创新绩效产出的影响研究》,《科研管理》2014 年第 3 期。

义："科技成果转化，是指为提高生产力水平而对科技成果所进行的后续试验、开发、应用、推广直至形成新技术、新工艺、新材料、新产品，发展新产业等活动。"①由此可见，知识的转化和创新既是知识创新的最终目标，也是知识创新的最终环节。科技成果转化的形式包括技术转让、技术许可，以及与企业共同承担科研项目、共建研究中心等。

在企业内部，日本学者 Nonaka 提出的 SECI 模型综合了个人、团队和组织三个层次的知识转化，对研究企业的知识转化和知识创新问题具有参考意义。因此，对知识转化和创新环节的研究，我们将主要参考 Nonaka 的研究成果以及后期学者对 SECI 模型的修正研究成果。我们认为，知识的整合以及不同类型、主体之间的知识转化是时刻存在，随时发生的。知识转化和创新是在知识搜寻获得有价值知识，并对知识进行吸收基础上的，知识在隐性和显性之间、在员工个体和组织之间的相关转化，以及转化之后的创新成果的达成。具体机制如图 1-2 所示。

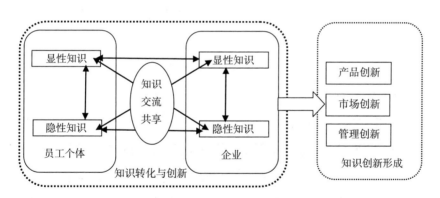

图 1-2　知识转化与创新机制示意图

由上图可以看出，员工个体的显性知识和隐性知识之间互相转化、组织内部的显性知识和隐性知识之间也互相转化、员工个体和企业之间的各类知识也互相转化，在多元的知识类型和知识主体转化中，知识的创新

① 杨国梁、刘文斌、徐芳等：《知识创新过程中知识转化与科技政策学研究》，《科学学与科学技术管理》2013 年第 12 期；另参见《中华人民共和国促进科技成果转化法（2015 年修正）》第二条。

得以形成,并体现为产品、市场和管理等方面的创新。

三、企业知识创新的结果

知识创新的目标在于追求新发现、探索新规律、创立新学说、创造新方法、积累新知识。对于企业来说,知识创新的目标在于解决其生产发展过程中的现实问题。依据熊彼特的创新理论,企业的可持续发展有赖于产品创新、市场创新和管理创新三者的有效协同。马宁等(2000)通过实证、定量分析,发现影响我国工业企业技术创新绩效的关键因素是:研发投入、对创新作用的认同、产业政策、技术合作、外资引进、人员素质、创新策略和竞争冲击。[①] 李庆东(2005)从技术创新人力资源、科技投入、技术创新产出三方面对企业知识创新的评价指标进行了梳理和测量。[②]

根据学术界研究成果,我们将企业知识管理创新的结果分为产品创新、市场创新和管理创新三个方面。

(一)产品创新

1. 产品创新的内涵界定

王东武(2007)认为,技术创新包括发明新工艺、新材料和新产品。[③] 也有学者认为,技术可视为一种产品,是创新的结果。[④] 我们认为,对企业来说,获取新工艺、新材料如同获取新产品一样,都会进行商业化。而且,由

[①] 参见马宁、官建成:《企业技术创新能力审计内容及审计基准》,《中国软科学》2000年第5期。

[②] 参见李庆东:《技术创新能力评价指标体系与评价方法研究》,《现代情报》2005年第9期。

[③] 参见王东武:《知识创新、技术创新与管理创新的协同互动模式研究》,《华中农业大学学报(社会科学版)》2007年第3期。

[④] 参见卢中华、李岳云:《企业技术创新系统的构成、演化与优化分析》,《科技进步与对策》2010年第24期。

于产品创新关系着企业的生存和发展，产品开发是企业重要的核心能力。[①]
因此，我们将新工艺和新材料都视为新产品的推出，重点研究产品创新问
题。产品创新包括产品线延伸、仿制产品和全新产品三种类型。其中，产
品线延伸是企业所熟悉的，对市场而言却是新的产品；仿制产品对企业而
言是新的，但对市场是熟悉的；全新产品对企业和市场都是新的。[②] 根据创
新程度，学术界将产品创新分为渐进性创新和突破性创新。[③] Dahlin 和 Be-
hrens 认为，渐进性创新是利用新技术对现有产品或者工艺进行的扩展；而
突破性创新是使产品、工艺或服务具有前所未有的性能特征或者创造出一
种全新的产品，以改变现有的市场和产业或创造出新的市场和产业。[④]

2. 产品创新效果评价内容

企业产品创新的主要目的是开发出适应市场需求、满足人民需要的
产品，使企业增加盈利，以便在激烈的市场竞争中站稳脚跟。因此，在评
价产品创新的效果时，直接的市场效果、经济效益和社会效益是较为重要
的三个方面。此外，产品的技术水平也是较为重要的考核指标。

（1）市场效果

产品是企业的核心竞争力。产品创新是否成功，首先要看企业开发
的新产品在市场上是否受欢迎、是否有销路、是否有发展前途。市场的评
判是最客观公正的，市场效果是检验产品创新效果的首要指标。

（2）经济效益

经济效益主要指企业由产品创新活动所带来的直接和间接经济收

---

① 参见 Brown S.L.，Eisenhardt K.M.，"Product development：Past research，present findings，
and future directions"，*Academy of Management Review*，1995，20(2)，pp.343-378。

② 参见 Olson E.M.，Walker O.C.，Ruekert R.W.，"Organizing for effective new product devel-
opment：The moderating role of product innovativeness"，*Journal of Marketing*，1995，59(1)，pp.
48-62。

③ 参见 Jerry W.，Mahajan V.，"Issues and opportunities in new product development：An in-
troduction to the special issue"，*Journal of Marketing Research*，1997，34(1)，pp.1-12。

④ 参见 Dahlin K.B.，Behrens D.M.，"When is an invention really radical？Defining and meas-
uring technological radicalness"，*Research Policy*，2005，34(5)，pp.717-737。

益。产品创新成果为企业带来的经济效益表现为新增产值、新增利税,也表现为省工省时、节能节材等成本节约及生产效率提升等方面。随着市场经济的发展和竞争的日趋激烈,企业一切活动的目的都是将生产出来的产品销售出去并获得经济效益,以使企业不断地发展壮大。因此,经济效益是产品创新的重要目的。

（3）社会效益

企业社会效益指企业对社会、环境、居民等带来的综合效益,是对就业、增加财政收入、提高生活水平、改善环境等社会福利方面所作出贡献的总称。产品创新的成果价值并不仅仅反映在经济效益的具体数据上,而且对于促进国家安全、社会发展、人类进步和环境保护具有重要作用。比如微信从无到有,深刻影响着我们的沟通方式、社交方式,甚至影响着政府机关等部门的工作方式。还有些企业的产品创新极大地提升了国家的竞争力,比如华为。社会效益的评价不是具体的数字可以刻度的,其影响却是巨大的。

（4）技术水平

产品创新的技术效果是企业产品创新过程中解决各种技术难题、攻克各种技术难关后取得的,它反映了新产品的技术水平。技术水平直接反映了企业的竞争实力和经济效益。拥有高技术水平且难以被竞争对手模仿的高技术水准的产品,产品的生命周期和市场竞争力都会比较强,产生的经济效益也较大。

（二）市场创新

企业的生存和发展离不开市场,产品创新必须通过市场才能真正得到实现,因此,企业产品创新的发展必须有市场创新的跟进。尤其是随着技术的发展、知识经济时代的到来和消费升级的大趋势,人们的生活、消费等活动进入了一个异常复杂的新时期,市场竞争的日趋激烈,市场创新关乎着企业在市场上的命运。

1. 市场创新的内涵界定

学术界对市场创新还没有形成明确和统一的认识。Johne(1999)指出,市场创新需要企业通过对市场进行细分辨认,选择最佳潜在市场,同时研究顾客偏好以更好地为顾客提供服务、创造价值。[①] 黄恒学(1998)主要从市场创新源、市场创新点、市场创新域、市场创新度以及市场创新阻力和风险等方面提出了企业市场创新的基本方式和方法。[②] 徐进(2002)认为,市场创新就是根据企业使命,在企业总体经营战略的指导下,通过改变企业原有的经营要素,或者引入新的经济要素,从而开辟新的市场,以促进企业生存和发展的新市场研究、开发、组织和管理过程。[③] 杜建耀(2002)认为,市场创新不能仅仅理解为销售方法的改进、销售网络的建立,其真正重要的在于经营策略和经营思想的创意、新市场的开拓,即谋求占有一个新市场。[④] George 等(2010)认为,市场创新是企业通过挖掘和提供不同于主流市场的顾客价值,开拓新的顾客群体或者细分市场。[⑤] 王勇(2011)指出,市场创新是指企业促进市场构成的变动和市场机制的创造,以及伴随着开发新产品,开拓、占领新市场,从而满足新需求的行为。[⑥] 张振刚等(2014)认为,市场创新的本质是开发新市场,是企业为了适应和利用市场环境、遵循和运用市场发展规律而进行新市场开发的创新活动。[⑦]

综上所述,我们认为,市场创新是企业依据自身的特点和市场经济规律,开拓市场、创造市场,激发新需求,并通过新产品、新服务、新手段等创

[①]　参见 Johne A., "Using market vision to steer innovation", *Technovation*, 1999, 19(4), pp. 203–207.

[②]　参见黄恒学:《市场创新》,清华大学出版社 1998 年版。

[③]　参见徐进:《对企业市场创新的几点思考》,《经济体制改革》2002 年第 6 期。

[④]　参见杜建耀:《市场创新与我国产业结构的调整》,《科学管理研究》2002 年第 4 期。

[⑤]　参见 George D., Christine M., *Strategy from the outside in: How to profit from customer value*, New York: McGraw Hill, 2010, pp.89–126.

[⑥]　参见王勇:《市场创新的三个视角》,《企业管理》2011 年第 3 期。

[⑦]　参见张振刚、张小娟:《企业市场创新概念框架及其基本过程》,《科技进步与对策》2014 年第 1 期。

新的营销方式满足市场需求的活动。市场创新不仅包括新市场需求的识别和市场开发,还包括满足新市场所需要的产品、服务、营销手段等。

2. 市场创新效果的评价内容

市场创新主要体现在新市场开发、新需求挖掘、新产品或新服务的提供以及创新的营销执行活动四个方面。

(1)新市场开发

新市场包括地域意义上的新市场区域、需求层次上的潜在需求、产品意义上的新买主。衡量一个企业新市场开发的业绩,主要看其在原有市场基础上,采用怎样的方式寻求新用户,开辟新市场区域。

(2)新需求挖掘

新需求是消费者潜在的以及尚未得到充分满足的需求。当下,人民对美好生活的向往激发了新需求,消费者的消费观发生了很大的变化,个性化、特色化的需求越来越多。有的需求已经被挖掘出来,而有的需求尚未被挖掘出来。因此,挖掘新需求是企业市场创新的应有之内容,也是产品创新之基础。

(3)新产品或新服务的提供

新产品或新服务是能够满足消费者需求的新产品或新服务方式的组合,新产品(新服务)的开发和设计构思来自于对新需求的分析。在性能上、工艺上、材料上等任何一个方面得以改进,能满足消费者新需求的产品或服务都是可以视为新产品。在当前消费升级的背景下,必须时刻关注市场需求的变化,深入进行市场调研和市场预测,不断发现和创造具有新特点的新产品或新服务。

(4)创新的营销执行活动

营销执行活动是为了让潜在顾客识别、接受并采用新产品或新服务方式,而进行的配套营销活动在某一方面或某一系列的突破或变革的过程。新营销执行包括新渠道的采用、新价格策略的执行、创新的广告方式和促销策略的推出等。在营销创新的过程中,只要能够赢得消费者的青振刚等(2003)通过研究指出,组织文化能够对企业吸收能力产生影响。[①]此外,企业研发活动既可解决问题也可提升企业的吸收能力,研发投入规模与企业吸收能力关系密切。研发投入越多,必然激发更多的部门或者员工积极投身知识活动,从而提升知识吸收能力。学习型组织和组织的学习文化也属于企业吸收能力的重要影响因素。组织学习包括内部学习与外部学习,外部学习是技术模仿、转移与引进的活动,内部学习是组织内部的知识扩散与知识创新活动;组织学习机制则影响着企业与外部知识源的沟通交流以及企业内部各部门之间、成员之间的知识交流和分享。开放式的组织文化具有友好宽容的特征,可以容忍错误,鼓励员工学习知识、共享知识,促进知识流动,推动各个部门协调一致,并鼓励跨部门、跨组织的团队合作,进而提高企业的吸收能力。

(3)知识渠道、来源及知识性质

对于企业来说,不同渠道或来源的知识,其吸收的效果和能力均有差异。Lane 和 Lubatkin(1998)通过对学习企业与传授企业的实证研究,发现双方在传授企业提供的知识类型、知识基础、组织结构和薪酬实施、知识处理过程、知识利用等因素方面的相似度越高,吸收知识的能力也越强。[②] Dyer 和 Singh(1998)发现,知识接收方与知识提供方的共同知识基础能够影响吸收能力。[③] 而隐性知识的获取和利用需要主体之间的密切联系和互动,与之相比,显性知识更容易被获取和利用。

3.知识吸收与企业知识创新绩效之间的关系

知识吸收效果和能力对知识创新的绩效具有直接影响,其中,知识吸

---

① 参见张振刚、陈蕾:《知识型企业吸收能力的识别和发展研究》,《科技进步与对策》2003 年第 5 期。

② 参见 Lane P.J., Lubatkin M., "Relative absorptive capacity and interorganizational learning", *Strategic Management Journal*, 1998, 19(5), pp.461-477。

③ 参见 Dyer J.H., Singh H., "The relational view: Cooperative strategy and sources of interorganizational competitive advantage", *Academy of Management Review*, 1998, 23(4), pp.660-679。

睐,同时能被企业所接受,且不触犯法律法规和风俗民情,即为成功的营销创新。

(三) 管理创新

继重视技术创新之后,管理创新成为企业发展的又一个重要驱动力。多年来,我国企业的管理体系总体都是借鉴西方的管理思想、管理理论、管理方法、管理技术,随着我国经济技术水平的发展,对我国企业的管理进行创新也显得日益迫切。

1. 管理创新的内涵

管理创新包括对企业管理活动各个方面的创新。梁镇(1998)认为,企业管理创新是指企业家用新思想、新技术、新方法对企业管理系统或者企业战略、组织、技术、文化管理的某一方面进行重新设计、选择、实施与评价,以不断提高其综合效能的过程。[①] 刘建青(2000)认为,管理创新是为使企业资源的利用更为合理、企业系统运行更为高效和谐、企业生产能力得以更充分发挥,而进行的企业组织结构、管理体制、运作方式以及管理方法与技术等创新。[②] 冯务中(2001)则认为,管理创新包括管理思想、管理组织以及管理模式的创新。[③] 陈复强(2009)认为,管理创新是企业用非传统、非常规的手段,解决企业在生产经营活动中出现的管理问题的过程与方法。[④] 郝志华(2011)认为,管理创新是指企业的管理思维、方式和技术的变革与完善,包括管理理念、组织机构、营销、战略、知识管理和企业文化等方面的创新。[⑤] 梅姝娥等(2013)认为,管理创新是企业为了更好适应市场环境,通过制度设计、政策制定、协同机制、运行方式、组织

[①]　参见梁镇:《关于企业管理创新的思考与探索》,《管理世界》1998 年第 6 期。

[②]　参见刘建青:《关于企业技术创新和管理创新的辩证思考》,《甘肃社会科学》2000 年第 1 期。

[③]　参见冯务中:《管理创新:企业创新体系的神经》,《科学管理研究》2001 年第 2 期。

[④]　参见陈复强:《管理创新是企业持续发展的动力》,《经济问题探索》2009 年第 2 期。

[⑤]　参见郝志华:《关于企业管理创新的思考》,《中国商论》2011 年第 15 期。

结构、资源整合范式和评价体系等形成更为科学有效的管理模式,从而提高其效率与效益、增强竞争力的过程。①

综上所述,企业的管理创新是指在特定的内外部条件下,为了适应企业发展新的需求,通过计划、组织、指挥、协调、控制、反馈等手段,对企业原有的管理理念、制度设计、组织结构、运行方式等方面进行变革和创新的活动。管理创新是对过去管理实践的继承与发展,而不是完全否定与根本抛弃。②

2. 管理创新效果评价内容

企业管理创新主要体现在管理思想、组织结构、管理制度、管理方法和技术四个方面。

(1)管理思想创新

管理思想是管理活动的灵魂,管理创新的先决条件是管理思想创新。管理思想理论创新是以现代的管理理论代替已落后于时代的现有管理理论,并进行创新性变革。具体包括管理的效率观念、人本观念、权变观念等。

(2)组织结构创新

企业的组织结构通常是层级化、职能化、金字塔形的。其管理层次多,效率低下,越来越难于适应信息社会的要求。当前,随着信息技术的发展和市场竞争的日趋激烈,企业必须纵向减少层次、横向打破部门壁垒,将多层次、细分工的管理模式转变为平行网络式的组织结构。组织结构创新的小型化、简单化和柔性化既有利于调动员工的自主性和工作积极性,节约管理成本,提高管理效益;也有助于促进企业的发展和成长。

---

① 参见梅姝娥、仲伟俊:《企业管理创新及其过程模型研究》,《科技与经济》2013 年第 4 期。
② 参见韩岫岚:《关于企业管理创新的认识与实施》,《技术经济与管理研究》1996 年第 5 期。

（3）管理制度的创新

现代企业制度是以市场经济为基础，以企业法人制度为主体，以公司制度为核心，以产权清晰、权责明确、政企分开、管理科学为条件的新型企业制度。现代企业制度是社会主义经济体制的基本制度，是从国家层面对我国企业制度进行创新的结果。从企业层面来看，管理制度创新主要在于解决企业资源市场配置的微观机制问题，通过制度创新使企业成为富有活力的、能较好适应市场竞争需求的制度体系；并解决企业内部资源如何组合，如何形成更具活力的管理机制，如何形成富有激励效力的行为激励体系和运作机制。

（4）管理方法和技术的创新

管理方法和技术的创新是指企业引进新的管理方法、管理手段、管理模式以更有效地实现组织目标的创新活动。企业可以结合自身实际情况，因地制宜、因时制宜地对管理方法和技术进行革新。

产品创新、市场创新以及管理创新三者之间是相互影响和相互联系的，只有三者协同起来才能促进企业更好地发展。所有的创新都离不开知识的搜寻积累、吸收和转化，无论是产品创新还是市场创新和管理创新都是企业知识创新的最终成果。

第二章 知识利用的形式、过程与影响因素:基于文献的分析

一、知识利用研究的四次社会浪潮

美国学者 Backer(1991)将知识利用定义为:人们为了增加利用知识解决所面临的问题并达到改良社会目标而进行的研究性、学术性、计划性的干预活动,即把知识有效运用于不同环境中以解决不同社会问题的策略设计。[①] 他还根据社会发展不同时期面临的社会问题,描述了 20 世纪 20 年代至 90 年代期间知识利用所经历三次浪潮。

(一) 1920—1960 年的第一次浪潮

知识利用的焦点是技术和实践创新如何被社会个体接受和采用的问题。以农业创新在农民中的扩散、新的教育理念在学校教育工作者中的扩散研究最为典型,其中 Ryan 和 Gross(1943)[②]关于农民接受杂交玉米种子的问题的研究产生了较大社会影响,并形成了个体层面的创新接受

---

① 参见 Backer T.E., "Knowledge utilization:The third wave", *Knowledge:Creation*, *Diffusion*, *Utilization*, 1991, 12(3), pp.225–240。

② 参见 Ryan B., Gross N.C., "The diffusion of hybrid corn seed in two Iowa communities", *Rural Sociology*, 1943, 8, pp.15–24。

的概念和理论框架,为后来的创新扩散理论(Rogers,2003①)奠定了基础。1929 年美国还成立了社会潮流研究委员会,系统研究政策形成过程中如何有效利用科学知识,以提高科学知识在社会需求中的运用。第二次世界大战后,知识生产、传播和应用得到了空前的关注,信息时代诞生,人类健康、教育和人类服务领域产生了大量的知识,从而促进了知识利用的发生。

(二) 1960—1980 年的第二次浪潮

知识利用研究的焦点是创新接受,一是研究从个体到组织和个人两个层面,二是社会研究成果在人类健康、社会服务教育及其相应的公共政策方面的运用。在利用知识解决面对的社会问题过程中,创新扩散理论和两团体文化差异理论(Caplan,1979②)应运而生,它们共同认为知识生产者与利用者之间的文化鸿沟是导致知识不能有效利用的重要影响因素。

(三) 1990—2000 年的第三次浪潮

在进入第三次知识利用浪潮之前的 10 年中,由于涉及第二次浪潮中有关人类健康、社会服务、教育领域大量研究项目的爆炸式增长,研究成果无法得到有效利用的问题日益严重,知识利用研究暂时处于低潮阶段。1990 年之后,知识利用研究以更加复杂和理性的态势发展,创新扩散理论日臻完善,奠定了该领域一枝独秀的理论范式。科学研究成果的决策支持作用不断加强,尤其是社会科学研究成果在公共政策决策中的作用研究不断凸显。

---

① 参见 Rogers E.M., *Diffusion of Innovations*, New Yorks: Free Press, 5th ed, 2003。
② 参见 Caplan N., "The two-communities theory and knowledge utilization", *American Behavioral Scientist*, 1979, 22(3), pp.459-470。

（四）2000 年之后进入第四次浪潮

Jacobson(2007)在总结 Backer(1991)三次浪潮的基础上,认为 2000 年以来的知识社会发展中出现了第四次知识利用研究浪潮[①],社会认知理论成为第四次知识利用浪潮中的支柱理论。创新扩散、技术转移、循证医学、公共政策创新扩散等领域均取得突飞猛进的发展:社会网络、复杂网络的研究热潮为创新扩散理论提供了新方法和新视角,创新扩散理论在产业集群、媒体信息、政府部门等得到了广泛应用。[②] 针对互联网及在线社交媒体的发展,张竞文提出了以"注意—接纳—再传播"作为因变量的创新扩散模型。[③] 许可等(2019)由中美贸易摩擦引发了对技术转移理论的反思:技术差距论、需求资源论、技术转移选择论、技术从属适应论以及知识转移论、人才流动论等构成了技术转移的理论基础——但在技术转移机制方面大多是国外经典理论,针对新世纪国际贸易形势发生的变化、世界各国发展的态势和我国的高速崛起,近年来没有新的理论提出;在技术转移模式方面,几乎没有学者对技术转移的组织模式进行理论上的深入探讨,更没有学者针对国际技术转移提出专门的有效率的组织模式;在技术转移模式的创新方面,只有很少学者深入思考各方主体之间的关系。[④] 张克(2017)认为,西方公共政策创新扩散研究进入了整合理论发展时期。[⑤] 赵晨等(2019)认为,当前,循证医学的概念已优化为综合考虑最优证据、医生经验和患者意愿的"三要素"共同决策机制,循证

---

① 参见 Jacobson N.,"Social epistemology:Theory for the'fourth wave'of knowledge transfer and exchange research",*Science Communication*,2007,29(1),pp.116-127。

② 参见魏文欢:《罗杰斯"创新扩散"理论评析》,《传播与版权》2018 年第 10 期;吕翱菲、程珂、孙美玲:《创新扩散理论的研究与发展》,《信息技术与信息化》2017 年第 3 期。

③ 参见张竞文:《从接纳到再传播:网络社交媒体下创新扩散理论的继承与发展》,《新闻春秋》2013 年第 2 期。

④ 参见许可、肖冰、贺宁馨:《技术转移理论演进与前沿——由中美贸易战引发的思考》,《财经论丛》2019 年第 1 期。

⑤ 参见张克:《西方公共政策创新扩散:理论谱系与方法演进》,《国外理论动态》2017 年第 4 期。

医学已发展成一门成熟的学科。① 陈衍泰(2007)通过实证研究发现,在全球知识创新、知识流动加剧的背景下,企业利用外部知识的能力是企业最重要的能力之一;特定的知识平台特征通过影响企业利用外部知识的能力,而影响企业的长期绩效。②

二、知识利用研究的四大领域

加拿大学者 Estabrooks(2008)用作者共被引的文献计量分析方法,对 1945—2004 年共 60 年间知识利用研究的文献进行了系统梳理、计量和分析,发现知识利用的研究主要涉及创新扩散、公共政策辅助决策、技术转移、循证医学四个领域,其中创新扩散是知识利用研究的根领域,其他三大领域研究都是在不同的历史时期从其分化出来的。

(一) 创新扩散领域

Rogers 是创新扩散领域的权威作者,所著《创新的扩散》是知识利用研究的经典著作,提出的创新扩散理论代表了知识利用的主流范式。Rogers 的创新扩散理论研究始于其在 20 世纪 50 年代追溯 Ryan 和 Gross 关于杂交水稻的接受问题,此后近 10 年间,他一直专注于俄亥俄州农产品创新扩散问题的研究,并于 1962 年出版了学术专著《创新的扩散》(第一版)。该书梳理了当时扩散研究的成果,构建了普遍的创新扩散模型。此后,Rogers 逐步跳出了农业的范畴,运用传播学理论作为支撑,涉足不同领域的创新扩散问题,比如研究印度的保健和计划生育创新、泰国中学

---

① 参见赵晨、田贵华、张晓雨等:《循证医学向循证科学发展的内涵和思考》,《中国循证医学杂志》2019 年第 5 期。

② 陈衍泰:《企业利用外部知识能力与企业绩效的关系研究——基于知识平台与知识资产经营的视角》,复旦大学博士学位论文,2007 年。

教育创新的扩散、非洲终结艾滋病计划、恐怖活动的网络和运作模式、互联网的扩散等。40 年间,该书又出了 1971 年版、1983 年版、1995 年版、2003 年版,记录了 Rogers 对创新扩散研究的足迹和创新扩散理论体系的形成历史。

在 Rogers(2003)的创新扩散理论体系中,扩散被定义为创新在特定的时间、通过特定的渠道、在特定的社群中传播的过程,创新扩散包括创新、沟通渠道、时间和社会体系四大要素。

1. 创新

创新是指当一个观点、方法或物体被某个人或某个团体认为是"新的"的时候,它就是创新。创新具有典型的认知属性,包括相对优势、兼容性、复杂度、可试性、可见性,社会成员对创新的认知直接影响创新被采用的程度。创新在采用和实施的过程中会被再创新。

2. 沟通渠道

沟通渠道是信息从一方传递到另一方的手段和方法。大众媒体和人际关系是创新沟通的两种重要渠道。创新传播过程中沟通效率受同质化和异质化因素影响,同质化人群的沟通效率更高,异质化人群会让创新的扩散非常困难。

3. 时间

时间体现在创新扩散的过程、创新精神、采用率。其中过程是个人或决策单位从认知创新到对其形成态度的过程,包括采用或反对该创新、执行该创新、确认自己的态度。更具体而言,创新—决策过程分为五个阶段:认知—说服—决策—执行—确认。创新—决策过程是通过信息搜集和信息处理以达到减少创新带来的不确定性的过程,该过程会产生采用创新和拒绝创新两种结果。创新精神是指在特定的体系内,某些个体或团体比其他成员更早采用创新的能力。根据创新精神,可以把受众分为创新先驱者、早期采用者、早期大众、后期大众、落后者五大类;采用率是指某创新被体系内成员采用的速度,通常用体系内成员采用创新的百分比达到某数值所花费的时间来衡量，将体系内采用创新的成员人数按照时间维度分布，他们将呈"S"形分布。创新扩散研究中的一个重要议题就是为什么有些创新采用速度非常快，而另一些却很慢。

4. 社会体系

社会体系是指一组需要面对同样的问题、有着同样目标的团体的集合。在这个社会体系中，社会结构、体系规则、意见领袖与推广人员、创新决策类型、创新结果等因素影响着扩散的过程。社会结构分为正式和非正式两种，其中前者指社会体系中各群体按照一定规则的排列，这种结构下的个体行为有一定的规则性和稳定性，使他们的行为在很大程度上可以预测。后者指流动在某体系中具有不同可辨识特征的群体，这种结构下的群体会形成一个社会网络，出现不同的沟通结构，也可以预测个体成员的行为。社会体系下的结构会促进或阻碍创新的扩散。规则指的是体系成员之间约定俗成的行为规范，规则定义了可容忍的行为范围、成员的行为指引和标准，一个体系中的规则可能是创新的壁垒。意见领袖是指可以通过非正式的渠道、比较频繁地影响他人的态度和公开行为的人。他们是一个体系结构的缩影，依靠个体的专业素养、社会亲和力、对社会规则的理解获得和维系。意见领袖具备以下特征：与外界接触较多，具备世界公民特征；具有较高的社会经济地位；规则体系约束下有更强的创新精神；处于人际关系网络的中心位置，其行为具有标杆作用。创新推广人员是指为了实现创新推广机构设定的目标，而通过直接的方式影响用户作出创新决策的人。意见领袖属于在体系内部发挥影响力的人，而创新推广人员则是在体系外发挥影响的人。创新推广人员往往具备很强的专业知识，他们的专业素养、社会地位意味着他们和客户属于异质化沟通，从而会对创新的推广起到反作用。因此，创新推广人员通常会通过收揽社会体系内的意见领袖作为自己的推广助理，通过意见领袖与客户的同质化沟通搭起创新推广人员和客户之间的沟通桥梁。创新决策类型通常有三种模式:个人决策模式、意见收集决策模式、权威决策模式,表达了体系中的个体和全体对创新被采用的态度。其中个人决策模式代表的是体系中个体自由独立地决策采用或拒绝某项创新;意见收集决策模式由体系中所有成员的意见来决策,一旦决策形成,其他成员也将遵守;权威决策模式由体系内少数权威来决策是否采用某创新,权威性一般来自权力、社会地位、专业技能等,个体在此模式中话语权较小,他们只能执行决策。不同的决策模式对创新扩散的速度影响不同,一般来说,权威决策模式对扩散影响最快,个人决策模式次之,意见收集决策模式最慢。创新结果指采用或拒绝一项创新对社会体系或个人所造成的影响,这些影响表现在:合意与不合意的结果,体现在创新对社会功能建设起到积极还是消极的作用;直接和间接的结果,体现在创新的结果是否第一时间内对个人或社会体系产生作用;预期和非预期结果,体现在社会成员是否认可这个创新结果。客户一般期望创新结果是合意的、直接的、可预期的结果,但创新往往会带来相反的结果。①

Rogers(2003)的创新扩散研究范式提供了知识利用研究领域独立的、完整的概念及理论体系,为该科学共同体的成员提供了连贯的研究方向,同时也为后期的研究者提供了突破的机遇与挑战。Rogers 的创新扩散研究范式中,最突出的特点是研究的对象是个人,主要关注了个人接受创新观念决策和实施创新的行为规律。而对组织层面的扩散研究作出较大贡献的学者是 Zaltman,正如 Rogers(2003)所评价的:"Zaltman 等人在1973 年发表的《创新与组织》(*Innovations and Organization*)一书是组织创新研究史上的重要转折点,他们在书中特别指出了当创新出现在组织中时表现出来的明显特征,在这项研究中,主要因变量是创新的实施即创新的使用,而不是采纳的决策即决定接受创新,在此之前,研究组织创新方面都是选择一定数量的公司为样本,然后考察这些公司采纳或者拒绝

---

① 参见[美]E.M.罗杰斯:《创新的扩散》(第五版),唐兴通、郑常青、张延臣译,电子工业出版社 2016 年版。

采纳创新的情况,在20世纪70年代之后,组织内创新研究转为考察影响创新在一个或多个组织内发生和采纳的过程。"

Zaltman(1979)认为创新是知识利用的核心,一项创新是一种观点、一项实践或是物质产品被潜在的使用者或采纳者感知是新的事物,一项知识有可能被潜在的使用者感知是新的,在这个意义上,知识本身就是创新。① 在Zaltman看来,知识创新就是一种思想被感知是有效的,有效性的含义是指知识利用带来的社会改革。知识通过转移给潜在的使用者,使用者学习新知识接受新观点;通过实施新知识发生行为变化,最终知识通过在社会群体中的扩散,影响社会系统的结构和功能,此时知识利用的过程被看作是有效的社会变化过程。Zaltman关于知识利用的研究,主要从过程和结果两个视角开展。从过程看,他将知识利用的过程分为两个阶段:知识接受和知识执行;从结果看,知识利用带来变革,这种变革包括社会个体行为变化、社会组织变革和社会变革。由于变革意味着不确定性,因此知识利用是一个时间过程,这个过程中包含有不同的阶段,每个阶段又会受到不同的因素影响,知识或者说创新会被接受也会被拒绝,知识利用的结果可能是积极的也可能是消极的,但有效的知识利用过程就是社会变革的过程,变革往往意味着创新。

(二) 公共政策辅助决策领域

社会科学研究辅助公共政策决策是知识利用的另一个领域。在这个领域中,知识被定义为各类社会科学的研究成果。这一领域于20世纪70年代中期从创新扩散的根领域分化出来,形成了一个界限较为分明的研究分支——决策过程中的知识利用,逐步形成了一个鲜明的科学共同体交流的无形学院,诞生了一批高被引作者及其作品,引领该领域其他成员开展深入的研究。这一领域主要有三个分支:

---

① 参见Zaltman G.,"Knowledge utilization as planned social change",*Knowledge：Creation，Diffusion，Utilization*,1979,1(1),pp.82-105。

（1）以 Weiss①、Caplan②、Rich③ 为代表的公共政策辅助决策研究。三位学者的系列研究成果是该领域的高被引核心，表明其学术观点产生了基础性影响。他们探讨的共同课题是社会科学的研究成果在公共政策决策中的辅助作用。其中，Weiss 是该领域被引频次最高的作者，主要是研究决策制定中的知识利用问题，探讨了政府机构在公共政策制定中为什么和如何运用社会科学研究成果，探讨了知识的概念性（启发性）利用。在 *Using Social Research in Policy Making* 中，她认为利用是指为了减少决策中的不确定性而进行的信息与信息之间的联结。Weiss（1979）提出了科学研究成果利用的知识驱动、问题驱动、相互影响、政治需求、策略性、启发性、社会智力组成七种模式。④ 在另一部高被引作品 *Knowledge Creep and Decision Accretion* 中，她通过访谈和开放式问卷调查各级政府相关人员，发现概念性利用方式是最常见的知识利用方式，而工具性利用相对较少。Weiss（1998⑤、2007⑥）运用量化评估的方式测度知识利用对提高政府项目决策过程和结果的贡献效率，并提出了建设性的建议。

Caplan 认为，联邦高层管理人员在决策中对知识的利用分为微观层面的工具性利用和宏观层面的概念性利用，前者指面对常规化的内部行政政策的决策，知识利用表现为工具性利用，需要专有的、内部惯例性、经验性

① 参见 Weiss C. H., "Knowledge creep and decision accretion", *Knowledge：Creation, Diffusion, Utilization*, 1980, 2(1), pp.381-404。

② 参见 Caplan N.S., Morrison A.S., Stambaugh R.J., "The Use of Social Science Knowledge in Public Policy Decisions at the National Level：A Report to Respondents", Ann Arbor, Michigan, *Institute for Social Research*, University of Michigan, 1975。

③ 参见 Rich R.F., "Uses of social science information by federal bureaucrats：Knowledge for action versus knowledge for understanding", Weiss C.H., *Using Social Research in Public Policy Making*, Lexington：DC Heath, 1977, pp.199-211。

④ 参见 Weiss C. H., "The many meaning of research utilization", *Public Administration Review*, 1979, 39(5), pp.426-431。

⑤ 参见 Weiss C.H., "Have we learned anything new about the use of evaluation?", *The American Journal of Evaluation*, 1998, 19(1), pp.21-33。

⑥ 参见 Weiss C.H., "Theory-based evaluation：Past, present, and future", *New Directions for Evaluation*, 2007, (76), pp.41-55。

的知识,目标是提高机构内部的运作效率;后者指涉及联邦政府的重大项目、一项新的社会化的或重大的行政政策、立法建议、技术创新政策等,决策者需要各个方面的信息支持,通过收集外部、吸收各个方面的相关知识和信息,作出综合的合理的评估和判断,才能最后决策,此时的知识利用主要是概念性利用,是通过启发和渗透融合形成最一般的知识信息帮助正确决策。

(2)以 Glaser、Havelock、Yin 为代表的面向创新设计与变革设计的知识利用研究。Havelock 涉及的领域主要是教育和医学领域,其早期研究主要是调查社会科学研究成果如何在创新计划中使用,他还提出了具有广泛适用性的知识利用连接模型,将研究者和成果的最终使用者通过双向信息交换的渠道建立相互交流机制,提高利用知识解决问题的效率。Glaser 主要探索社会科学研究成果在变革计划执行中的利用。Yin 主要探索组织的创新实践如何成为常规行为以及社会网络在知识利用中的作用。

(3)以 Vall、Mitroff、Merton 为代表的社会科学研究成果利用过程中的理论与方法问题研究。Vall 探讨社会科学研究成果在产业组织运用中的模式、功能、理论和方法。① Mitroff 研究社会科学研究成果生产与利用之间的鸿沟。② Merton 的研究主要是从社会理论与社会结构的视角,揭示社会科学研究成果的社会作用。③

(三)技术转移领域

技术转移也是从创新扩散根领域演化出来的另一个领域。这一领域并未形成统一的概念体系,但有三位高被引作者:Mansfield、Allen 和 Ma-

---

① 参见 Vall M.,"Utilization and methodology of applied social research:Four complementary models",*The Journal of Applied Behavioral Science*,1975,11(1),pp.14-38。

② 参见 Mitroff I.I.,*The Subjective Side of Science:A Philosophical Inquiry into the Psychology of the Apollo Moon Scientists*,New York:Elsevier,1974。

③ 参见 Merton R.K.,*Social Theory and Social Structure*,New York:Free Press,1st edition,1957;Merton R.K.,*Social Theory and Social Structure*,Glencoe:Free Press,Enlarged edition,1968;Merton R.K.,Fiske M.,Kendall P.L.,*The Focused Interview:A Manual of Problems and Procedures*,New York:Free Press,1990。

hajan，他们的学术思想奠定了技术转移领域的知识基础和研究方向。

Mansfield 主要研究组织中技术变革的经济学要素。[①] Allen 等主要研究实验室研发产品的市场扩散问题。[②] Allen 研究了距离对信息交流的影响，并发明了描述距离和交流频率之间呈现反向关系的艾伦曲线；Allen 还研究了组织中正式和非正式团体对知识扩散的贡献，识别出组织中"守门人"角色的重要性。Mahajan 等的研究集中于市场战略、新产品扩散等。[③] Mahajan 在 Blackman 技术替代的市场动力学模型[④]基础上加入了时间要素，改进其解释力度，更好地解释了技术替代的发生机理。Mahajan 研究了发展中国家的产品扩散过程。Lynch 和 West 提出了中介团队的知识利用与创新绩效的概念模型。[⑤]

20 世纪 80 年代以来，技术转移领域的研究得到了空前的重视，许多发达国家和发展中国家都把技术转移上升为国家政策的高度，发达国家的技术出口和发展中国家的技术引进是一个重要的政策问题。20 世纪 90 年代以来，技术转移领域的一个研究热点是信息技术接受问题。围绕这个主题，学者们在理性行为理论的基础上，开发出各种技术接受模型，

---

① 参见 Mansfield E.，"Technical change and the rate of imitation"，*Econometrica*，1961，29（4），pp.741-766；Mansfield E.，*Industrial Research and Technological Innovation：An Econometric Analysis*，New York：W.W.Norton，1968；Mansfield E.，*The Economics of Technological Change*，New York：W.W.Norton，1st edition，1968。

② 参见 Allen T.J.，Cohen S.I.，"Information flow in research and development laboratories"，*Administrative Science Quarterly*，1969，14（1），pp. 12 - 19；Allen TJ.，*Managing the Flow of Technology：Technology Transfer and the Dissemination of Technological Information within the R & D Organization*，Cambridge：MIT Press，1977；Cooney S.，Allen TJ.，"The technological gatekeeper and policies for national and international transfer of information"，*R & D Management*，1974，5（1），pp. 29-33；Allen TJ.，Hyman DB.，Pinckney DL.，"Transferring technology to the small manufacturing firm：A study of technology transfer in three countries"，*Research Policy*，1983，12（4），pp.199-211。

③ 参见 Mahajan V.，Peterson R.A.，*Models for Innovation Diffusion*，Beverly Hills：Sage，1985；Mahajan V.，Peterson R.A.，"Integrating time and space in technological substitution models"，*Technological Forecasting and Social Change*，1979，14（3），pp.231-241。

④ 参见 Blackman A.W.，"The market dynamics of technological substitutions"，*Technological Forecasting and Social Change*，1974，（6），pp.41-63。

⑤ 参见 Lynch J.，West D.C.，"Agency creativity：Teams and performance—A Conceptual Model Links Agency Teams' Knowledge"，*Journal of Advertising Research*，2017，57（1），pp.67-81。

揭示技术接受的微观机理。

（四）循证医学领域

循证医学是 20 世纪八九十年代从创新扩散根领域演化出来的另一领域。由于其研究对象的专业性，这里我们不展开阐述，但其理论基础依然是创新扩散理论。Estabrooks（1997[①]、1998[②]、1999[③]）本人在这一领域作出了重要贡献，他将创新扩散领域的相关理论引入循证医学领域，研究了医学研究成果在护理和健康管理、医生护士工作实践中的工具性利用、概念性利用和说服性利用。Wang 等（2013）通过对中国注册护士的调查，探讨了知识利用的障碍和促进因素。[④]

三、近十五年来知识利用研究的进展与深化

Estabrooks（2008）截取了 WOS 数据库中 1945—2004 年 10 月知识利用领域的数据。为探寻知识利用研究的进展与深化情况，我们借鉴 Estabrooks（2008）的研究方法，下载了 2004—2018 年十五年间 WOS 数据库中 6229 条知识利用领域论文"全记录与引用的参考文献"，利用文献计量工具 Bibexcel 进行去重处理，共得到 6118 条文献。利用 Bibexcel 统计作者被引频次，选取被引用超过 100 次的前 71 名作者，删除 WHO、OECD 等集体作者，共得到 63 名高被引的个人作者。利用 Bibexcel 生成其共被引矩阵，并在 SPSS 转换为 Spearman 相关系数矩阵，然后利用社会网络分

---

①　参见 Estabrooks C.A.，*Research utilization in nursing：An examination of formal structure and influencing factors*，Edmonton：University of Alberta，1997。

②　参见 Estabrooks C.A.，"Will evidence-based nursing practice make practice perfect？"，*Canadian Journal of Nursing Research*，1998，30（1），pp.15-36。

③　参见 Estabrooks C.A.，"The conceptual structure of research utilization"，*Research in Nursing & Health*，1999，22（3），pp.203-216。

④　参见 Wang L.，Jiang X.，Wang L.，et al.，"Barriers to and facilitators of research utilization：A survey of registered nurses in China"，*PLOS ONE*，2013，8（11），pp.1-9。

析软件 Ucinet 和 Netdraw 生成可视化图谱,并结合因子分析、聚类分析结果,形成十五年间国际知识利用研究的学术流派图谱(见图 2-1)。

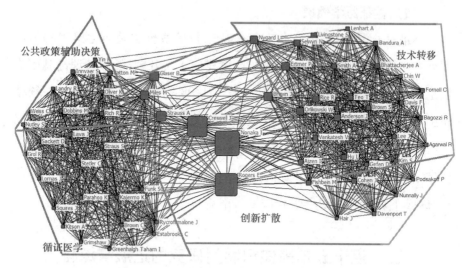

图 2-1　近 15 年来知识利用研究学术流派

从图 2-1 可以看出,近 15 年来国际知识利用研究依然分为创新扩散、技术转移、公共政策辅助决策、循证医学(Estabrooks 直接以"knowledge utilization"命名之)四个领域。

(一) 创新扩散领域

作为知识利用的根领域,创新扩散领域占据着网络的中心位置,且节点普遍较大,表明它们与各领域的高频被引作者共被引次数较高。除旗帜性人物 Rogers 外,提出知识转化 SECI 模型的日本学者 Nonaka 的位置更靠近中心,节点大小也超过 Rogers,大有后来居上之势;从事定性与定量方法研究、出版了 *Qualitative Inquiry and Research Design: Choosing among Five Traditions* 等著作的 Creswell① 共被引频次位居第三,节点大小仅次于

① 参见 Creswell J.W.,Clark V.P.,*Designing and Conducting Mixed Methods Research*,Thousand Oaks,CA:Sage,2017;Creswell J.W.,*Research Design: Qualitative & Quantitative Approaches*,Thousand Oaks,CA:Sage,2014。

Rogers。此外,提出扎根理论的 Glaser、Strauss 等节点也较大,共被引频次较高。研究组织学习与工作社群、教育领域创新扩散的 Brown 也是 Estabrooks(2008)中创新扩散领域的重要作者,但在此 15 年中位置向技术转移领域靠拢,有成为两个领域的中介与桥梁的趋势。值得注意的是,Davenport、Ajzen、Fishbein、Cohen、Nunnally、Podsakoff 等人在网络中的位置也比较接近技术转移领域,表明其研究具有跨领域的特征。

总体上看,近 15 年来本领域知识管理理论、扎根理论、计划行为理论、心理测量理论以及定性定量分析方法论等成为研究热点,从一个侧面反映出创新扩散理论研究与实践的进展。

(二) 技术转移领域

研究痴呆症患者和老年人信息技术采用和特殊症状问题的 Nygard 等[1]、关注教师技术采用问题的 Ertmer 等[2]、探讨组织中信息技术问题的 Orlikowski 等[3]、从事技术采纳研究的 Rice[4] 和 Venkatesh[5] 等组成了技术转移研究子群,他们主要从事技术采纳研究,并向老年人、青少年、妇女、教

[1] 参见 Malinowsky C., Nygard L., Tanemur R., et al., "Everyday technology use among older adults in Sweden and Japan: A comparative study", *Scandinavian Journal of Occupational Therapy*, 2018, 25(6), pp.446-456。

[2] 参见 Ertmer P., Koehler A., "Facilitated versus non-facilitated online case discussions: comparing differences in problem space coverage", *Journal of Computing in Higher Education*, 2015, 27(2), pp.69-93。

[3] 参见 Orlikowski W., Scott S., "What Happens When Evaluation Goes Online? Exploring Apparatuses of Valuation in the Travel Sector", *Organization Science*, 2014, 25(3), pp.868-891; Orlikowski W., "The Duality of Technology: Rethinking the Concept of Technology in Organizations", *Organization Science*, 1992, 3(3), pp.398-427。

[4] 参见 Rice R., "Influences, usage, and outcomes of Internet health information searching: Multivariate results from the Pew surveys", *International Journal of Medical Informatics*, 2006, 75(1), pp.8-28; Rice R., Hoffmann Z., "Attention in Business Press to the Diffusion of Attention Technologies, 1990-2017", *International Journal of Communication*, 2018, (12), pp.3227-3252。

[5] 参见 Venkatesh V., Rai A., Maruping L., "Information Systems Projects and Individual Developer Outcomes: Role of Project Managers and Process Control", *Information Systems Research*, 2018, 29(1), pp.127-148; Venkatesh V., Davis F., "A theoretical extension of the Technology Acceptance Model: Four longitudinal field studies", Management Science, 2000, 46(2), pp.186-204。

师、特殊症状患者等特殊人群延伸,从不同侧面验证和发展技术采纳模型。

(三) 公共政策辅助决策领域

曾在 Estabrooks(2008)出现过的三人(Weiss、Yin、Rich)依然是公共政策辅助决策领域的核心人物,他们近年来新著较少①,高频被引作品主要还是 20 世纪 80 年代以前发表的。此外,主要从事公共卫生政策研究的 Oliver②、Innvaer③、Nutley④(Nutley 还研究公共政策、公共服务评估⑤)、Dobbins⑥,广泛涉猎公共政策决策利用高校学术成果⑦、公共卫生政策⑧、创新扩散⑨、技术转移⑩等领域的 Landry,从事定性研究与评价方

---

① 参见 Weiss C.H., Marabini V., "Merging mind-sets: Training as a traditional Chinese scroll mounter within the British Museum, London, UK", *Studies in Conservation*, 2014, 59 (S1), pp. S277-S278; Yin RF., "Validity and generalization in future case study evaluations", *Evaluation*, 2013, 19(3), pp.321-332。

② 参见 Oliver K., Cairney P., "The dos and don'ts of influencing policy: A systematic review of advice to academics", *Palgrave Communications*, 2019, 5: 21; Oliver K, Innvar S, Lorenc T, et al. A systematic review of barriers to and facilitators of the use of evidence by policymakers[J]. *BMC Health Services Research*, 2014, 14:2。

③ 参见 Oliver K., Lorenc T., Innvaer S., "New directions in evidence-based policy research: A critical analysis of the literature", *Health Research Policy and Systems*, 2104, 12:34。

④ 参见 Nutley S., Morton S., Jung T., et al., "Evidence and policy in six European countries: Diverse approaches and common challenges", *Evidence & Policy*, 2010, 6(2), pp.131-144。

⑤ 参见 Martin S., Nutley S., Downe J., et al., "Analysing Performance Assessment in Public Services: How Useful Is the Concept of A Performace Regime?", *Public Administration*, 2016, 94(1), pp.129-145。

⑥ 参见 Dobbins M., Traynor R.L., Workentine S., et al., "Impact of an organization-wide knowledge translation strategy to support evidence-informed public health decision making", *BMC Public Health*, 2018, 18:1412。

⑦ 参见 Landry R., Lamari M., Amara N., "The extent and determinants of the utilization of university research in government agencies", *Public Administration Review*, 2003, 63(2), pp.192-205。

⑧ 参见 Ziam S., Landry R., Amara N., "How Knowledge Brokers Promote Research Findings: Theory and Evidence From Canadian Health Services", *Proceedings of the 13th European Conference on Knowledge Management*, 2012, pp.1312-1320。

⑨ 参见 Halilem N., Amara N., Landry R., "Exploring the relationships between innovation and internationalization of small and medium-sized enterprises: A nonrecursive structural equation model", *Canadian Journal of Administrative Sciences*, 2014, 31(1), pp.18-34。

⑩ 参见 Landry R., Amara N., Cloutier J., et al., "Technology transfer organizations: Services and business models", *Technovation*, 2013, 3(12), pp.431-449。

法研究的 Patton[①] 等是近 15 年来公共政策辅助决策领域新涌现的研究者。其中，Patton 从事科学研究方法论的研究，是创新扩散领域与本领域的桥梁和中介。

值得注意的是，"询证决策"（evidence-based policy making）受到了越来越多的重视，OECD、世界银行以及美、英等西方发达国家都在加以推荐或应用于医疗、社会保障、劳动政策、教育等领域。

（四）循证医学领域

除 Lomas 外，其余作者均为循证医学领域新近涌现出来的，如 Grol[②]、Sackett[③]、Straus[④]、Stetler[⑤]、Squires[⑥]、Parahoo[⑦]、Kajermo[⑧]、Funk[⑨]、

---

① 参见 Patton M., "Evaluative research methods：Managing the complexities of judgment in the field", *American Journal of Evaluation*, 2018, 39(3), pp.430-438。

② 参见 Grol R., Grimshaw J., "From best evidence to best practice：effective implementation of change in patients' care", *Lancet*, 2003, 362(9391), pp.1225-1230。

③ 参见 Sackett D., Rosenberg W., Gray J., et al., "Evidence based medicine：What it is and what it isn't – It's about integrating individual clinical expertise and the best external evidence", *British Medical Journal*, 1996, 312(7023), pp.71-72。

④ 参见 Albarqouni L., Hoffmann T., Straus S., et al., "Core competencies in evidence-based practice for health professionals consensus statement based on a systematic review and Delphi survey", *JAMA Network Open*, 2018, 1(2)：e180281。

⑤ 参见 Ullrich P., Sahay A., Stetler C., "Use of implementation theory：A focus on PARIHS", *Worldviews on Evidence-Based Nursing*, 2014, 11(1), pp.26-34。

⑥ 参见 Squires J., Aloisio L., Grimshaw J., et al., "Attributes of context relevant to healthcare professionals' use of research evidence in clinical practice：A multi-study analysis", *Implementation Science*, 2019, 14, p.52。

⑦ 参见 Parahoo K., McKenna S., Prue G., et al., "Facilitators' delivery of a psychosocial intervention in a controlled trial for men with prostate cancer and their partners：A process evaluation", *Journal of Advance Nursing*, 2017, 73(7), pp.1620-1631。

⑧ 参见 Kajermo K., Alinaghizadeh H., Falk U., et al., "Psychometric evaluation of a questionnaire and primary healthcare nurses' attitudes towards research and use of research findings", *Scandinavian Journal of Caring Sciences*, 2014, 28(1), pp.173-185。

⑨ 参见 Brooks S., Funk S., Young S., et al., "The role of working memory for cognitive control in Anorexia Nervosa versus Substance Use Disorder", *Frontiers in Psychology*, 2017, 8, p.1651。

Kitson①、Brown②、Grimshaw③、Graham④、Estabrooks⑤、Rycroft‑Malone⑥等。而 Greenhalgh 横跨循证医学⑦、创新扩散⑧两个领域;Lavis 则属于循证医学、公共政策辅助决策两个领域的桥梁⑨。

　　总体来看,知识利用四大领域的研究交叉、融合的趋势更加明显,领域之间的边界并非泾渭分明,不少学者都是横跨两个甚至更多领域,有一批学者同时从事创新扩散与技术转移领域的研究,而循证医学与公共政策辅助决策领域的研究也是密不可分,不少学者是先从事循证医学研究,再投身于医疗卫生政策研究。

①　参见 Kitson A.,Brook A.,Harvey G.,et al.,"Using complexity and network concepts to inform healthcare knowledge translation",*International Journal of Health Policy and Management*,2018,7(3),pp.231-243。

②　参见 Kim S.,Ecoff L.,Brown C.,et al.,"Benefits of a regional evidence-based practice fellowship program:A test of the ARCC model",*Worldviews on Evidence-Based Nursing*,2017,14(2),pp.90-98。

③　参见 Zavalkoff S.,Shemie S.,Grimshaw J.,et al.,"Potential organ donor identification and system accountability:Expert guidance from a Canadian consensus conference",*Canadian Journal of Anesthesia-Journal Canadien D Anesthesie*,2019,66(4),pp.432-447。

④　参见 Tingley K.,Coyle D.,Graham I.,et al.,"Using a meta-narrative literature review and focus groups with key stakeholders to identify perceived challenges and solutions for generating robust evidence on the effectiveness of treatments for rare diseases",*Orphanet Journal of Rare Diseases*,2018,13,p.104。

⑤　参见 Hoben M.,Estabrooks C.,Squires J.,et al.,"Factor structure,reliability and measurement invariance of the Alberta context tool and the conceptual research utilization scale,for German residential long term care",*Frontiers in Psychology*,2016,7,p.1339。

⑥　参见 Rycroft-Malone J.,Seers K.,Eldh A.,et al.,"A realist process evaluation within the Facilitating Implementation of Research Evidence(FIRE)cluster randomised controlled international trial:An exemplar",*Implementation Science*,2018,13,p.138。

⑦　参见 Greenhalgh T.,Howick J.,Maskrey N.,"ESSAY Evidence based medicine:a movement in crisis?",*British Medical Journal*,2014,348:g3725。

⑧　参见 Greenhalgh T.,Papoutsi C.,"Spreading and scaling up innovation and improvement",*British Medical Journal*,2019,365:l2068。

⑨　参见 Shearer J.,Lavis J.,Abelson J.,et al.,"Evidence-informed policymaking and policy innovation in a low-income country:does policy network structure matter?",Evidence & Policy,2018,14(3),pp.381-401。

四、知识利用的三种形式

早期学者研究知识利用的主要目的是探究公共和私人组织中的决策者和政策制定者为何、如何使用社会科学研究成果（Weiss & Bucuvalas，1980[①]）。Beyer 等学者认为，社会科学的研究成果有多种社会功能，但在知识利用领域主要围绕科学研究成果的工具性利用、概念性利用、符号性利用三种形式展开深入探讨（Anderson，1999；Beyer，1982、1997；Innvaer，2002；Lavis，2003）。Estabrooks（2008）的文献计量学研究结果表明，正是这些早期的研究者奠定了知识利用领域研究范式的"基质"，吸引着更多的学者加入研究，并为后来的研究者指引了研究的方向，奠定了研究基础。知识利用的三大形式——工具性利用、概念性（启发性）利用和符号性（说服性）利用，在人类利用科学知识解决社会问题、改良社会的过程中发挥着重要作用。

（一）知识利用形式的演化过程

20 世纪 60 年代以前，知识与社会之间的关系主要以知识的生产导向为主，以科学研究成果为表现形式的知识一般能够直接被组织和个人所利用，即工具性利用。第一次知识利用浪潮中，主要发挥的是工具性利用功能。

随着社会的发展变革，科学研究成果的生产不断扩大，社会对知识的需求发生了变化，知识利用的工具性功能受到挑战，知识利用的概念性（启发性）功能和符号性（说服性）功能被逐步开发出来。知识利用的第二次浪潮中，工具性功能的唯一性受到质疑。比如在 OECD"社会研究与

---

① 参见 Weiss C.H.，Bucuvalas M.J.，"Truth tests and utility tests: Decision-makers' frames of reference for social science research"，*American Sociological Review*，1980，45（2），pp.302-313。

公共政策"主题大会上,Caplan(1974)作了题为《社会科学研究成果在联邦高管中的使用》报告,阐述了社会科学研究成果的工具性利用和概念性利用形式。Pelz(1978)论述了社会科学发挥作用的三种形式——工具性利用、概念性利用、符号性利用,认为符号性利用比概念性利用更为流行。Beyer(1982、1997)在总结前人研究的基础上,总结了工具性利用、概念性利用、符号性利用的具体概念,指出工具性利用是研究成果以具体的和直接的方式运用于决策的实际行动中;概念性利用是研究成果通过启发人的思维而影响人的决策行动,是间接性和非具体化的利用方式;符号性利用是研究成果作为决策者用以维持决策的合法性和既定地位的引证根据而被利用的形式。以此为基础,学者们一直沿着知识利用的三大社会功能不断开展深入的研究,也不断向其他领域渗透,比如 Estabrooks(1999)将知识利用的三大功能引进循证医学领域,研究医院护士对于医学研究成果在病人看护中的运用情况。Strandberg 等(2014)研究了瑞典护士三种知识利用形式的边界。①

  21 世纪以来,知识经济成为时代的主旋律,知识的生产导向演化为社会需求导向(Gibbons, et al., 1994②; Guston & Keniston, 1994③; Martin, 2003④; Rich, 2002⑤),科学研究成果需要适应社会变革的需求。大学和科研机构的科学研究目标要越来越多地贴近社会的需求而把越来越少

① 参见 Strandberg E., Eldh A., Forsman H., et al., "The concept of research utilization as understood by Swedish nurses: Demarcations of instrumental, conceptual, and persuasive research utilization", *Worldviews on Evidence-Based Nursing*, 2014, 11(1), pp.55–64。

② 参见 Gibbons M., Limoges C., Nowotny H., et al., *The New Production of Knowledge*, London: Sage, 1994。

③ 参见 Guston D.H., Keniston K., "Updating the social contract for science", *Technology Review*, 1994, 97(8), pp.61–68。

④ 参见 Martin B.R., "The changing social contract for science and the evolution of the university", Geuna A., Salter AJ., Steinmueller WE., *Science and Innovation: Rethinking the Rationales for Funding and Governance*, Cheltenham, UK: Edward Elgar, 2003, pp.7–29。

⑤ 参见 Rich R.F., The knowledge inquiry system: Critical issues and perspectives. Keynote address at the Centre for Knowledge Transfer. 2002, Edmonton, Canada。

的精力投入到"为了自己目的"而生产知识(Martin,2003)。Amara 等(2004)发现了大学研究成果在政府机构决策中的工具性利用、概念性利用、符号性利用三种形式的新证据。[1] Cummings 等(2018)测试了养老院管理者和员工知识利用三种形式的理论模型。[2]

(二) 知识利用形式在决策过程中的作用分析

科研成果在决策中的使用频率成为学者们争论的焦点(Albaek,1995[3])。自第二次世界大战以后,知识利用研究领域一直存在着一种争论:社会组织利用学院派的科学研究成果的目的是什么? 评估机构抱怨科学研究成果对决策者没有起到直接的作用(Caplan,1980;Weiss,1986[4])。研究者期望他们的成果能够为决策者提供工具性利用功能。但在 20 世纪七八十年代,一些学者对研究成果的工具性功能作用提出质疑(Caplan,1980;Cohen & Garet,1975[5];Feldman & March,1981[6];Lindblom & Cohen,1979[7];Rich,1975[8]),认为大学研究成果除了直接的工具性功能作用以外还有一般的启发作用(概念性利用)功能、为了某种

① 参见 Amara N., Ouimet M., Landry R., "New evidence on instrumental, conceptual, and symbolic utilization of university research in government agencies", *Science Communication*, 2004, 26 (1), pp.75-106。

② 参见 Cummings G., Hewko S., Wang M., et al., "Impact of managers' coaching conversations on staff knowledge use and performance in long-term care settings", *Worldviews on Evidence-Based Nursing*, 2018, 15(1), pp.62-71。

③ 参见 Albaek E., "Between knowledge and power: Utilization of social science in public policy making", *Policy Sciences*, 1995.28(1), pp.79-100。

④ 参见 Weiss C.H., "Research and policy-making: A limited partnership", Heller F., *The Use and Abuse of Social Science*, London: Sage, 1986, pp.214-235。

⑤ 参见 Cohen D.K., Garet M.S., "Reforming educational policy with applied social research", *Harvard Educational Review*, 1975, 45(1), pp.17-43。

⑥ 参见 Feldman M.S., March J.G., "Information in organizations as signal and symbol", *Administrative Science Quarterly*, 1981, 26(2), pp.171-186。

⑦ 参见 Lindblom C.E., Cohen D.K., *Usable Knowledge: Social Science and Social Problem Solving*, New Haven, CT: Yale University Press, 1979。

⑧ 参见 Rich R.F., "Selective utilization of social science related information by federal policy makers", *Inquiry*, 1975, 12(3), pp.239-245。

目的而起到的引经据典的作用(符号性利用)功能。Amara 等(2004)对政府机构政策决策的过程中利用科学研究成果的三种形式进行了系统的调查研究,结果显示:科学研究的工具性利用、概念性利用、符号性利用三种形式在政府的政策决策中同时起到了重要作用;研究成果的三种作用形式在政府的不同层级机构中的利用程度有明显的区别。Moore 等(2018)对 139 家卫生政策机构的调研发现,委托快速审核存在工具性利用和概念性利用两种形式,符号性利用较少。①

1. 工具性利用方式中的决策过程

工具性利用相当于决策制定过程中的问题驱动模式(Weiss,1979)。在这种模式下,问题出现、决策在即,而决策中缺乏能够产生解决方案和备选方案的信息和认知能力,研究成果则提供了所需要的知识,填补了需求缺口,决策顺利达成。工具性利用解决的是预先设定好的明确的问题,推断的是理性决策过程中实际存在的问题(Albaek,1995)。Caplan(1975)发现,在美国的国家政策决策层面,只有 40% 的是工具性利用。对研究成果工具性利用的质疑,促使研究者发现了决策制定过程中研究成果还发挥着其他的功能(Weiss 和 Bucuvalas,1980)。

2. 概念性利用方式下的决策过程

社会科学研究结果在政策制定过程中还存在收纳箱作用模式(Amara,2004;Cohen,March & Olsen,1972②)。这种模式下,问题、解决方案和选择机会与组织中的决策行动者可以独立地分析他们的行为(Albaek,1995)。因此,这些决策行动者在决策过程中往往不能够完全按照自己的方式去指导决策过程。相对于工具性直接利用方式来说,决策者使用社会科学研究成果是分散的、非直接的方式,是潜移默化的效果。

---

① 参见 Moore G.,Redman S.,Rudge S.,et al.,"Do policy-makers find commissioned rapid reviews useful?",*Health Research Policy and Systems*,2018,16,p.17。

② 参见 Cohen M.,March J.,Olsen J.,"A garbage can model of organizational choice",*Administrative Science Quarterly*,1972,17(1),pp.1-25。

尽管有学者发现研究成果在私人部门决策中的利用更多是工具性利用(Deshpande 和 Zaltman,1983①),但多数学者认为在公共机构中的决策过程中概念性利用比工具性利用更常见。比如,Caplan 等(1975)的研究发现,在政府公共机构决策中研究成果的概念性利用比例达到60%。

3. 符号性利用方式下的决策过程

决策者还会以研究成果的符号性(说服性)利用方式去支持决策过程,以达到他们所期望的决策目标(Amara,2004;Knorr,1977;Lavis,2003)。符号性利用所定义的决策过程是谈判冲突模式(Albaek,1995),也叫政治防御模式(Weiss,1979)。这种方式是决策者用以维持决策的合法性和维持既定地位的引证根据而利用研究成果的形式,比如为了取代由目前的研究成果支持的决策行动而采取其他的决策行动,或者是用研究成果去支持现在的行动选择或扭曲现在的可选择行动,为其他的行动找到执行的根据(Pelz,1978;Beyer,1997、1982),也有学者将研究成果的符号性利用称为说服性利用(Estabrooks,1999②)。Souchon 和 Diamantopoulos(1994)进一步认为,符号性利用信息反映知识利用的坏的方面,而工具性利用和概念性利用却没有好与坏的区分。③

(三)公共组织与私营机构中的知识利用模式

科研成果的工具性利用、概念性利用、符号性利用在不同组织中存在一定差异。

1.公共组织中的知识利用模式

许多早期学者对公共组织在决策中利用社会科学研究成果的方式进

---

① 参见 Deshpande R.,Zaltman G.,"Patterns of research use in private and public sectors",*Science Communication*,1983,4(4),pp.561-575。

② 参见 Estabrooks C.,"Modeling the individual determinants of research utilization",*Western Journal of Nursing Research*,1999,21(6),pp.758-772。

③ 参见 Souchon A.L.,Dianmantopoulos A.,"A conceptual framework of export marketing information use:Key issues and research propositions",*Journal of International Marketing*,1994,4(3),pp.49-71。

行了研究,其中 Caplan(1975)的研究最为典型,其主要结论为:1. 社会科学研究成果在政策决策中利用水平较低;2. 社会科学知识对政策决策需求的满足度不高;3. 社会科学知识的工具性利用功能方式较少,在即时决策和短期决策中不能提供使用;4. 政策决策中社会科学知识的使用主要是概念性利用方式,发挥的是启发性功能而不是行动指南;5. 知识不能被利用的原因包括科学研究成果本身违背决策者直觉以及决策者认为其缺乏客观性、所提出的建议可行性不高;6. 两团体文化差异理论很好地解释了知识利用低效的原因,主要是政策决策者和社会科学家之间的认知冲突所导致的。

Amara 等(2004)对该问题进行了深入研究,结果表明:三种类型的利用在政府机构的决策中是协同发挥作用的,其中概念性利用在政府专家和管理者的专业性日常工作中比符号性利用更为重要,概念性利用和符号性利用又比工具性利用更为重要。越是复杂多样的决策环境,越需要三种利用功能的互补性使用。

2. 私营机构中的知识利用模式

Zaltman(1983)对美国私营公司的市场营销经理和私人研究机构的市场研究人员进行了调查。结果表明:1. 工具性利用比较普遍;2. 对研究成果本身整体上是满意的;3. 私营机构的营销管理者和研究者需要行动的知识而不是启发性的知识;4. 营销管理者和研究者仍是两个团体,对知识利用的偏好有较大不同。私营机构依然存在知识生产者与知识利用者两个团体间的认知差异,两团体理论依然有很强的解释力。

3. 公共组织与私营部门间决策过程的比较

公共组织与私营机构在工具性知识利用方式方面表现出的反差,是多种原因造成的,但最关键的原因在于两个组织之间决策特点的不同。首先,私营组织中,决策目标是基于经济利益,为公司的决策者提供了一个看得见摸得着的评价标准;而公共组织中的决策者的评价标准却是看不见的无形的指标。其次,私营公司的决策目标可以量化,而公共组织的决策目标却主要是定性的。最后,私营公司更能够满足利益相关者的诉求,而公共组织却很难满足所有公民的利益诉求。私营公司的利益相关者数量相对较少,决策环境相对简单;而公共政策决策却是面对不同的选区,人口众多,决策环境复杂。

Bergen 和 Haas(2015)在综合考虑公共组织和私人部门的不同特点的基础上,提出了一个新的知识利用概念模型,该模型首次涵盖了公共部门和私人组织,并从知识来源、转移渠道、利用对象、知识接受方四个广义维度,知识发送方背景、使用者背景、传播努力、联结机制、组织因素五个自变量,工具性、概念性、符号性三种知识利用方式,接收、认知、参考、采纳、尝试、影响、应用七个阶段等内容出发,调和了公共组织和私人部门知识利用的差异,使知识利用从政府机关拓展到企业成为一种顺理成章、水到渠成之事。①

五、知识利用过程研究

知识利用的研究存在两种思路:1.结果导向设计思路。将知识利用作为影响决策结果的不连续事件去考察,这种研究设计中,研究样本中的受试者通常要回答某一项科学研究成果是如何对其相应的某项具体决策事件直接产生影响(Dunn,1980②)。2.过程导向设计思路。由于科学研究成果产生的作用是多方面的,知识利用工具性功能导致的离散式决策模式过于简单(Mandell & Sauter,1984③),而且决策形成也不是受某一项

① 参见 Bergen M.,Haas J.,"Kortzfleisch. Knowledge and research utilization in public and private sectors:A conceptual model",*Asia Pacific Journal of Innovation and Entrepreneurship*,2015,9(1),pp.5-30。

② 参见 Dunn W.,"The two-communities metaphor and models of knowledge use:An exploratory case survey",*Science Communication*,1980,1(4),pp.515-536。

③ 参见 Mandell M.B.,Sauter V.L.,"Approaches to the study of information utilization in public agencies:Problems and pitfalls",*Science Communication*,1984,6(2),pp.145-164。

研究成果的影响,而是受一系列研究成果的综合影响(Booth,1990[①];Lomas,1997[②]),"知识利用过程论"因而成为知识利用研究者们关注的焦点。在这种研究设计中,受试者需要确定知识利用的各种功能如何在决策过程中的每个阶段发挥作用。也就是说,这种研究设计是根据知识利用的三种形式去考察科学研究成果在决策过程中发挥作用的一般规律(Landry,2003;Rich,1991;Cherney 和 McGee 2011[③])。知识利用过程论的研究有两条主要路径:一条是知识在公共组织决策中的利用过程(Yin,1981;Amara,2004);另一条是知识在个人决策过程中的利用过程,以创新扩散的决策过程为典型代表(Rogers,2003)。

(一)组织中知识利用的过程

Beyer 等(1982)在系统梳理回顾前人研究成果的基础上,提出了组织中知识利用过程的概念化框架,Landry(2003)、Amara(2004)等提出了组织知识利用过程的测量要素。

1. 知识利用过程中四种个体行为要素

Beyer 认为知识利用实际上是一种复杂的行为过程。Beyer 从 Parsons(1951)[④]的社会行动理论中萃取出四种个体行为——认知(cognition)、感觉(feeling)、选择(choice)、行动(action),构建知识利用过程的概念化框架,揭示用户知识利用的行为规律。四种要素中,"认知"定义的是人们在所处环境中看到的与自己相关的要素,"感觉"表达了人们着

---

① 参见 Booth T.,"Researching policy research:Issues of utilization in decision making",*Knowledge:Creation,Diffusion,Utilization*,1990,12(1),pp.80-100。

② 参见 Lomas J.,"Research and evidence-based decision making",*Australian and New Zealand Journal of Public Health*,1997,21(5),pp.439-441。

③ 参见 Cherney A.,McGee T.,"Utilization of social science research results of a pilot study among Australian sociologists and criminologists",*Journal of Sociology*,2011,47(2),pp.144-162;Cherney A.,Head B.,"Supporting the knowledge-to-action process:A systems-thinking approach",*Evidence & Policy:A Journal of Research,Debate and Practice*,2011,7(4),pp.471-488。

④ 参见 Parsons T.,*The Social System*,New York:Free Press,1951。

眼于取舍时的价值观念，"选择"表达的是在认知和感觉融合基础上对取舍对象的挑选，"行动"是人们落实有意识或无意识选择结果的公开行为。

2. 行为要素驱动下知识利用相应的组织过程

Beyer 认为四种行为要素构成的个体知识利用行为与组织理论强调的知识利用的组织过程相对应。其中，与认知行为要素对应的组织理论聚焦于组织的信息行为过程(Weick,1969①；Galbraith,1973②)；与感觉行为要素对应的组织理论则强调社会系统中人与人之间、人与社会体系之间、社会体系本身之间产生的社会联系和情感；与选择行为要素对应的组织理论强调知识利用策略构思和控制过程(Chandler,1962③；Buckley,1967④；Thompson,1967⑤；Litterer,1980⑥)；与行动行为要素对应的组织理论强调组织产生行动的方式(Mintzberg,1973⑦；Starbuck,1982⑧、1983⑨)，但这一理论研究成果相对较少。表 2-1 显示了个体行为要素与组织过程的对应关系。

---

①　参见 Weick K.,*The Social Psychology of Organizing Reading*,MA：Addison-Wesley,1969。

②　参见 Galbraith J.,*Designing Complex Organizations Reading*,MA：Addison- Wesley,1973。

③　参见 Chandler A. D., *Strategy and Structure*：*Chapters in the History of the American Industrial Enterprise*,Cambridge,MA：MIT Press,1962。

④　参见 Buckley W.,*Sociology and Modern Systems Theory*,Englewood Cliffs,NJ：Prentice-Hall,1967。

⑤　参见 Thompson J.D.,*Organizations in Action*,New York：McGraw-Hill,1967。

⑥　参见 Litterer J.A.,"Elements of control in organizations",Jelinek M.,Litterer J.A.,Miles R. E.,*Organizations by Design*：*Theory and Practice*,Plano,TX：Business Publications,1980,pp.429-440。

⑦　参见 Mintzberg H.,*The Nature of Managerial Work*,New York：Harper & Row,1973。

⑧　参见 Starbuck W.,"Congealing oil：Inventing ideologies to justify acting ideologies out",*Journal of Management Studies*,1982,19(1),pp.3-27。

⑨　参见 Starbuck W.,"Organizations as action generators",*American Sociological Review*,1983,48(1),pp.91-102。

表 2-1　个体行为要素与组织过程的对应关系

个体行为要素	组织过程
认知(cognition) 感觉(feeling) 选择(choice) 行动(action)	信息行为过程 情感联结 策略构思与控制 行动的产生

3. 用户知识利用的两阶段模型与具体行为

Beyer 发现,过往的经验性研究主要聚焦于知识利用过程中的观念、信念、感知、价值、态度、感觉、结构、环境条件、结果等,对于行动方式的关注相对较少。因此,Beyer 重点研究了知识利用的行动过程,开发了行动过程中的两阶段行为理论与研究方法,强调知识利用行动是由知识的采纳(接受)阶段和执行(实施)阶段组成,内容见表 2-2。

表 2-2　用户知识利用过程的两个阶段与具体行为

采纳阶段	执行阶段
辨识、搜索 情感反应 筛选 采纳(接受)	扩散 评估、反馈 接受、承诺 使用、制度化

知识利用过程中用户行为是组织过程中的特定行为,其特征与创新采纳和执行行为相类似(Beyer & Trice,1978[①]),是根据知识利用者的不同类型而定义的阶段划分。采纳阶段的知识利用者主要是组织的决策者或对组织决策具有重大影响的其他人,执行阶段的知识利用者主要为管理层人员或需要实际执行研究建议的使用者,这两类人员的知识利用行为是有很大区别的,这两个阶段是需要分开研究的。两个阶段形成了一个知识利用理性决策过程的概念模型,见图 2-2。

---

① 参见 Beyer J.M.,Trice H.M.,*Implementing Change:Alcoholism Policies in Work Organizations*,New York:Free Press,1978。

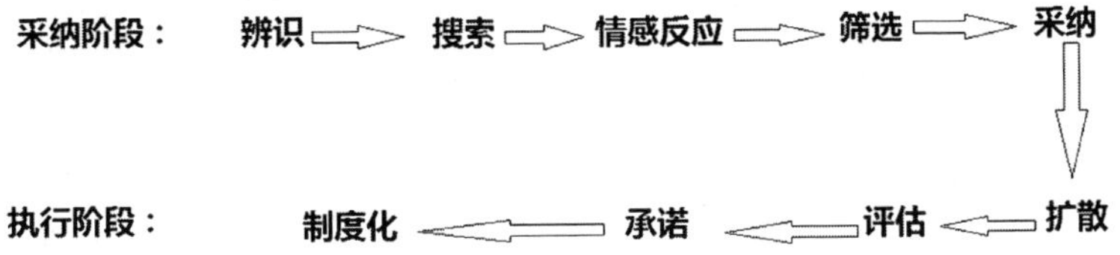

采纳阶段：　　辨识 ⟹ 搜索 ⟹ 情感反应 ⟹ 筛选 ⟹ 采纳

执行阶段：　　制度化 ⟸ 承诺 ⟸ 评估 ⟸ 扩散

图2-2　知识利用理性决策过程的概念模型

这是一个完全理性的知识利用决策概念模型，用于描述知识利用过程中可能发生的阶段顺序与特定行为。在知识的采纳（接受）阶段，知识接受的顺序是：1.一项潜在的有用的研究成果被感知；2.搜索其他竞争信息或确认研究成果能够提供的方案信息或其他相关信息；3.对相关的研究成果提供的方案产生积极或负面的感觉；4.权衡研究成果提供的可选择方案或部分信息进行筛选；5.做出正式的采纳选择。此后，进入知识利用的执行（实施）阶段，依次将发生下列行为：1.研究成果在组织成员中扩散；2.对研究成果产生的方案作用形成态度反应和可接受的程度；3.采取使用方案的行动；4.评估方案的影响作用；5.对持续使用方案产生多或少的承诺；6.研究成果提供的方案进入用户系统的社会化过程中，形成制度化或常规化方案，形成积极的使用承诺。上述模型是一个非常理性的概念模型，实践过程中可能有所微调。

4.Beyer知识利用过程概念框架与学术贡献

由此可见，Beyer(1982)知识利用过程的逻辑思路是：从个体的行为要素出发，通过个体行为要素触发相应的组织过程，从组织过程中发现潜在用户的特定行为。表2-3显示了个体行为要素、组织过程、用户知识利用过程中的具体行为的对应关系，构成了Beyer知识利用概念框架。其最大的学术贡献是系统分析了在每一个组织过程中，使用者知识利用的行为表现，为后期的研究者提供了参考。

表 2-3　Beyer(1982)知识利用概念框架

个体行为要素、组织过程、用户知识利用过程中的具体行为			
个体行为要素	组织过程	用户知识利用阶段与具体行为	
		采纳阶段	执行阶段
认知(cognition) 感觉(feeling) 选择(choice) 行动(action)	信息行为过程 情感联结 策略构想与控制 行动的产生	辨识、搜索 情感反应 筛选 采纳(接受)	扩散 评估、反馈 接受、承诺 使用、制度化

Beyer 定义的用户系统主要是小群体、组织中较大的亚群体、整个组织、组织网络成员。用户系统中的决策者在知识利用的组织行动过程中，至少有三类行为发生：采纳(接受)行为、执行(实施)行为和制度化行为。其中，采纳(接受)行为系决策者决定接受什么样的研究成果或方案。采纳(接受)行为最经典的理论是理性行为理论；执行(实施)行为是决策者在如何利用研究成果或方案的过程中的行为表现，包括工具性利用、概念性利用、符号性利用；制度化行为发生在研究成果或方案的使用已成为决策者日常工作的一部分和工作惯例。

（二）个体知识利用的过程

研究创新扩散问题的学者们早就意识到，个人对创新做出的决策并不是一瞬间的行为，它是在一段时间内发生的一系列的行为和动作。创新扩散领域，通过 Rogers(2003)创新—接受过程五阶段模式、McGuire(1989)创新—决策过程效果层级指标描述[①]、Prochaska(1992)创新—决策过程行为改变五阶段模式[②]，完美刻画了个体创新—决策过程中行为的改变过程(见表 2-4)。

---

① 参见 McGuire W.J., "Theoretical foundations of campaigns", Rice RE, Atkin C.K., *Public Communication Campaigns*, Newbury Park, Calif.: Sage, 2nd ed., 1989, pp.43-65。

② 参见 Prochaska J.O., Carlo C.D., John C.N., "In search of how people change: Applications to addictive behaviors", *American Psychologist*, 1992, 47(9), pp.1102-1114。

表2-4　个体创新—决策过程中行为的改变过程

创新—决策过程各阶段	效果层级	行为改变阶段
一、认知阶段	1. 回顾有关信息	思考前期
	2. 理解信息	
	3. 能有效接受创新的知识与技巧	
二、说服阶段	4. 喜欢这项创新	思考期
	5. 与他人讨论这项创新	
	6. 接受这项创新的相关信息	
	7. 对创新信息形成正面的看法	
	8. 从系统中得到对创新行为的支持	
三、决策阶段	9. 企图寻求更多的创新信息	准备期
	10. 想去尝试这项创新	
四、执行阶段	11. 获得更多关于创新的信息	行动期
	12. 经常使用该创新	
	13. 继续使用该创新	
五、确认阶段	14. 认识到使用该创新的好处	维持期
	15. 使用该创新成为日常生活的一部分	
	16. 把该创新推介给其他人	

（三）知识利用过程的测量

对于知识利用量表的设计一直备受研究者们的关注，被引用最多的是使用等级量表（Hall 等，1975[1]）、相关阶段量表（Hall 等，1979[2]）的利用评价量表（Johnson，1980[3]）、研究利用索引量表（Peltz 和 Horsley，1981[4]）、政策

---

① 参见 Hall G., Loucks S., Rutherford W., et al., "Levels of use of the innovation：A framework for analyzing innovation adoption", *Journal of Teacher Education*, 1975, 26(1), pp.52-56。

② 参见 Hall G., George A., Rutherford W., *Measuring stages of concern about the innovation：A manual for use of the SoC questionnaire*, Austin：Research and Development Center for Teacher Education, University of Texas, 1979。

③ 参见 Johnson K., "Stimulating evaluation use by integrating academia and practice", *Science Communication*, 1980, 2(2), pp.237-262。

④ 参见 Peltz D.C., Horsley., "Measuring utilization of nursing research", Ciarlo JA. *Utilizing Evaluation*, Beverly Hills, Ca：Sage Publications, 1981。

影响总体量表(Vall 和 Bolas,1982[①])、信息利用量表(Larsen,1982[②])。这些量表的设计都是限于特定的、具体的事件性评价。

真正尝试设计知识利用过程量表的学者是 Knott 和 Wildavsky (1980)[③],他们提出了知识利用过程性测量概念,设计了一些基于过程概念而非针对零散事件的知识利用测量量表。Lester 和 Wilds(1990)[④]。Lester 等(1993)[⑤]在此基础上开发了以美国联邦机构官员为调查对象的七阶段知识利用过程指标量表,Landry 等(2001)[⑥]以加拿大政府机构专家和官员为调查对象,检验出指标和知识利用过程变量之间的内部信度系数达到 0.89。Landry(2003)在研究加拿大政府机构政策决策过程中利用测量大学研究成果时,使用了六阶段测量量表,分别是知识的接收、认知、讨论、参考、采纳(接受)、影响。它们构成了知识利用的连续过程,开发的相应量表反映了这六个阶段依次递进的关系。知识利用阶段及测量指标见表2-5。

表2-5　知识利用阶段及测量指标

知识利用阶段	测量指标
阶段 1:接收	我接收过与我的工作相关的大学研究成果
阶段 2:认知	我阅读和理解了我接收的大学研究成果

---

① 参见 Vall M.,Bolas C.,"Using social policy research for reducing social problems:An empirical analysis of structure and function",*Journal of Applied Behavioral Scientist*,1982,18(1),pp.49-67。

② 参见 Larsen J.K.,*Information Utilization and Non-Utilization*,Palo alto,Ca:American Institutes for Research in the Behavioral Sciences,1982。

③ 参见 Knott J.,Wildavsky A.,"If dissemination is the solution,what is the problem?",*Knowledge:Creation,Diffusion,Utilization*,1980,1(4),pp.537-578。

④ 参见 Lester J.P.,Wilds L.J.,"The utilization of public policy analysis:A conceptual framework",*Evaluation and Program Planning*,1990,13(3),pp.313-319。

⑤ 参见 Lester J.P.,"The utilization of policy analysis by state agency officials",*Knowledge:Creation,Diffusion,Utilization*,1993,14(3),pp.267-290。

⑥ 参见 Landry R.,Amara N.,Lamari M.,"Utilization of social science research knowledge in Canada",*Reseach Policy*,2001,30(2),pp.333-349。

续表

知识利用阶段	测量指标
阶段3:讨论	我参加了会议讨论和普及上述提到的大学研究成果
阶段4:参考	在我的专业报告和文件中我引用参考了大学研究成果
阶段5:采纳(接受)	我努力支持大学研究成果的利用
阶段6:影响	大学研究成果影响了我的行政决策

根据 Beyer(1982)的知识利用过程两阶段理论框架和 Rich(1997)①
的知识利用的四层含义,我们认为 Landry(2003)的六阶段知识利用过程
量表是知识采纳(接受)阶段的测量指标。在 Beyer(1982)的知识利用两
阶段过程框架中,知识执行阶段的测量包含工具性利用、概念性利用、符
号性利用三种方式,Amara 和 Landry(2004)提出的知识利用方式的量化
指标,也代表着知识执行阶段的测量指标,见表 2-6。

表 2-6　知识利用方式及测量指标

知识利用方式	测量指标
工具性利用	大学研究成果的应用导致了我工作中的具体行动
概念性利用	大学研究成果的使用有助于揭示我工作领域中的情况和问题
符号性利用	大学研究成果的使用有助于确认我工作领域已经做出的选择

六、知识利用的影响因素

与知识利用过程研究以定性研究为主不同,知识利用影响因素的研
究则是典型的定量研究。主要是把知识利用作为因变量,把影响知识利

---

① 参见 Rich R.F.,"Measuring knowledge utilization process and outcomes",*Knowledge and Policy:The International Journal of Knowledge Transfer and Utilization*,1997,10(3),pp.3-10。

用行为的各种因素作为自变量,通过因果模型探求知识利用行为的影响因素之间的因果关系。

对于知识实施(执行)原因变量的研究,经历了四个阶段:第一阶段是学者们注重把开发社会科学研究成果本身的特性作为原因变量(Anderson, et al., 1981①; Caplan, 1977; Conner, 1981②; Knorr, 1977; Larsen & Werner, 1981③; Pelz & Horsley, 1981; Weiss, 1981);第二阶段是一些学者开始强调使用者的使用环境因素变量,尤其是政府公共组织中的政策制定环境(Lee & Staffedt, 1977④; Lester & Wilds, 1990; Lester, 1993; Sabatier, 1978⑤; Webber, 1984⑥; Whiteman, 1985⑦);第三阶段是有些学者开始强调研究者和使用者的联结交流扩散机制的因素(Huberman, 1999⑧; Landry, et al., 2000; Lomas, 2000⑨)。前三阶段寻找知识利用原因变量的研究过程也是创新扩散理论和两团体文化差异理论不断完善的过程。第四阶段是理论指导下的综合因素研究阶段,Landry(2003)、Amara 和

---

① 参见 Anderson C.D., Ciarlo J.A., Brodie S.F., "Measuring evaluation-induced change in mental health programs", Ciarlo J.A., *Utilizing Evaluation: Concepts and Measurement Techniques*, Beverly Hills: Sage Publications, 1981, pp.97-124。

② 参见 Conner R.F., "Measuring evaluation utilization: A critique of different techniques", Ciarlo J. A. *Utilizing Evaluation: Concepts and Measurement Techniques*, Beverly Hills: Sage Publications, 1981, pp.59-76。

③ 参见 Larsen J. K., Werner P., "Measuring utilization of mental health program consultation", Ciarlo JA. *Utilizing Evaluation: Concepts and Measurement Techniques*, Beverly Hills: Sage Publications, 1981, pp.77-96。

④ 参见 Lee R.D., Staffedt R.J., "Executive and legislative use of policy analysis in the state budgetary process: Survey results", *Policy Analysis*, 1977, 3(3), pp.395-406。

⑤ 参见 Sabatier P., "The acquisition and utilization of technical information by administrative agencies", *Administrative Science Quarterly*, 1978, 23(3), pp.396-417。

⑥ 参见 Webber D.J., "Political conditions motivating legislators' use of policy information", *Review of Policy Research*, 1984, 4(1), pp.110-118。

⑦ 参见 Whiteman D., "The fate of policy analysis in congressional decisionmakin: Three types of use in committees", *Western Political Quarterly*, 1985, 38(2), pp.294-311。

⑧ 参见 Huberman M., "The mind is its own place: The influence of sustained interactivity with practioners on educational researchers", *Harvard Educational Review*, 1999, 69(3), pp.289-319。

⑨ 参见 Lomas J., "Using 'linkage and exchange' to move research into policy at A Canadian foundation", *Health Affairs*, 2000, 19(3), pp.236-240。

Landry(2004)等从知识利用研究的历史脉络并在其理论启发下,把萃取研究成果的社会工程学特质、组织利益、两团体文化差异、联结互动四类解释因素作为自变量,构建概念模型,以大学研究成果在加拿大各层级公共机构政策决策中的工具性利用、概念性利用、符号性利用三种实施方式为研究环境,收集数据,验证假设,得出了具有参考价值的结论。

七、小结与启示

(一) 小结

通过上述对知识利用的研究现状的回顾,可以发现知识利用的研究聚焦于以下几个方面:

1. 知识利用中知识的概念

知识利用研究中涉及的知识概念,从知识生产的方式上看,是基于科学研究成果的知识,尤其是社会科学研究成果,包括大学、科研机构、R＆D机构产生的科研成果。

2. 知识利用的使用者

政策制定者、企业总经理、组织的管理者、服务提供者、游说团体、普通市民是知识利用的客户群体。以研究成果为表现形式的知识对这些使用者来说,就是一个蓄水池、思想库,当用户需求时,就从中挖掘所需要的知识。

3. 知识利用的目标

知识利用的目标是多方面的,包括提出一个问题、制定新的政策或项目计划、评估备选方案、改进现有项目、动员支持、改变人的思维方式、规划一项新的研究、确认或挑战决策者的信念、有计划的社会变革、有计划的创新。

4. 知识利用的理论基础

知识利用领域通过借鉴其他领域的相关理论初步建立了其理论体系,包括理性行为理论、组织行为理论、创新扩散理论、两团体文化差异理论四类。

5. 知识利用的形式

知识利用最突出的作用是决策辅助,降低决策的不确定性,通过工具性利用、概念性(启发性)利用、符号性(说服性)利用三种形式发挥作用。

6. 知识利用的过程

知识利用的过程有两个阶段:知识采纳(接受)和知识执行。采纳(接受)阶段是人的心理活动,重点在于选择,理性行为理论成为解释选择的主流范式;执行阶段是人对于选择采取的行动,通过知识利用的工具性、概念性、符号性功能的发挥,达到知识利用的目标。

7. 知识利用的测量

知识利用的测量通过研究变量之间的相关关系和因果关系实现。其中,知识利用是因变量,自变量根据知识利用的目标而确定,主要通过理性行为理论、两团体文化差异理论、创新扩散理论、组织行为理论去识别知识利用的影响因素,构建识别知识利用的自变量。

(二)启示:面向知识创新的企业知识利用过程设计

正如 Rich(1991、1997)指出的,传统的知识利用研究主要是用理性行为理论解释知识使用者理性决策的目标在于"工具性利用",未来的研究要注重"组织能力"等。基于此,我们借鉴国内外学术界知识利用的研究成果,以企业为研究对象,以企业的知识创新为目标,揭示知识利用导致知识创新的微观机理。主要从以下几个方面借鉴目前的知识利用研究成果:

1. 借鉴 Beyer(1982)的知识利用两阶段过程框架,将企业的知识利用过程分为知识的采纳(接受)和执行阶段,分别探讨每个阶段的知识利用特征及其带来的创新结果。

2.借鉴发端于公共组织并经在企业中验证的两团体文化差异理论、创新扩散理论、理性行为理论,结合符合企业特点的其他理论,寻找知识利用不同阶段的前置影响因素。

3.借鉴公共组织和私人部门中知识利用的三种利用方式,将其与企业知识利用的执行阶段相结合,考察知识利用不同形式给企业带来的创新绩效。

基于以上思考,初步构建知识利用与知识创新之间的逻辑关系,如图2-3所示。

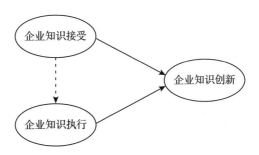

图2-3　知识利用与知识创新关系示意图

第三章 知识利用促进知识创新的机理分析框架

一、知识利用促进知识创新发生的原理

知识利用属于问题情景驱动的行为,借助布鲁克斯的知识结构方程理论和心理学的顿悟学说,可以解释知识利用促进知识创新发生的原理。

(一) 知识创新过程中的顿悟行为

顿悟(insight)是心理学家比较感兴趣的话题之一。顿悟是创造性思维的一种体现;在知识创新的过程中,顿悟随处可见。比如一个员工在新技术研发的过程中,一直无法通过正常的知识搜寻、知识吸收等程序获得突破性的解决,但在无序中却可能突破一定的障碍,找到问题解决之道。顿悟的研究始于格式塔心理学家柯勒,1925年他以黑猩猩为实验对象,对动物解决问题的能力进行了一系列的研究,提出了问题解决的"顿悟说"。此观点挑战了当时占主导地位的桑代克"尝试—错误"学习理论(该理论认为:动物的基本学习方式是试错学习,人类的学习方式可能要复杂一些,但本质是一致的),它证明了问题

解决过程可以"突变",而不是以"渐变"的方式发生,因而具有重要的理论意义。

西蒙(Simon,1995)认为,顿悟是通过理解和洞察来了解情景的能力或行为。它具有以下特征:1. 顿悟前常有一段时间的失败,并伴随有挫折感;2. 在顿悟中,突然出现的或者是问题解决方案,或者是解决方案即将出现的意识;3. 顿悟通常与一种新的问题表征方式有关;4. 有时,顿悟前有一段"潜伏期",在此期间并未有意识地注意到该问题。[1] 国内有学者认为,顿悟主要是指通过观察,对情境的全局或对达到目标途径的提示有所了解,从而在主体内部确立起相应的目标和手段之间关系的完形的过程。[2] 顿悟学习是一种潜移默化积蓄的过程,直到有一个明显的认识飞跃而出现质变,从而使个体的行为模式或规则出现重大的变化。[3] 由此可见,顿悟在知识创新过程中有着特殊的地位和作用。可以说,创造性顿悟是创新实现的关键环节[4]和重要途径[5],尤其是个体的知识创造力离不开顿悟。

(二) 知识创新过程中的布鲁克斯知识结构方程

为了阐明情报与知识的关系,著名的英国情报学家布鲁克斯(Brookes BC)构建了一个情报作用于知识结构的方程。即:

$$K(S) + \Delta I = K[S + \Delta S]$$

方程式中 $K(S)$ 为一个人原有的知识结构,即一个人已经形成的知

---

① 参见张庆林主编:《创造性研究手册》,四川教育出版社 2002 年版,第 3—5、232—233 页;张庆林、邱江、曹贵康:《顿悟认知机制的研究述评与理论构想》,《心理科学》2004 年第 6 期。

② 参见吴真真、邱江、张庆林:《顿悟脑机制的实验范式探索》,《心理科学》2009 年第 1 期。

③ 参见褚建勋、汤书昆:《基于顿悟学习的 Q-SECI 模型及其应用研究》,《科研管理》2007 年第 4 期。

④ 参见詹慧佳、刘昌、沈汪兵:《创造性思维四阶段的神经基础》,《心理科学进展》2015 年第 2 期。

⑤ 参见邱江、张庆林:《创新思维中原型激活促发顿悟的认知神经机制》,《心理科学进展》2011 年第 3 期。

识背景或图示;ΔI 则是在信息活动中获得的情报,$K[S+\Delta S]$ 则是吸收了情报并更新的知识结构。该方程式说明知识的吸收与知识接受者原有的知识结构密切相关。就其本质而言,知识创新是对原有知识的"重新组合"与"再次发现"。从知识创新的概念来说,布鲁克斯结构方程式已经描述了情报 ΔI 能够激活原有的知识结构 $K(S)$,并使其发生变化,形成了与原有知识结构既密切相关又有显著差异的新的知识结构 $K[S+\Delta S]$[1]。所谓"新的知识结构",一是指在原有的知识结构 $K(S)$ 中增加新的成分,即新知识;二是指原有知识结构 $K(S)$ 的构成成分形成了新的组织形式。新的组织形式也会形成新的知识。[2] 这属于知识创新的形式之一。

（三）知识利用是知识创新过程中顿悟行为发生与知识结构改变的触发机制

从知识创新过程中顿悟发生的条件可知,顿悟行为是对问题情境刺激的反应,顿悟行为的发生依赖于特定的问题解决情景。而知识利用触发了这种反应的产生:创新主体面临需要解决的问题,会在大脑中反复琢磨而做出如何解决问题的决策,琢磨的过程实际上就是从外部吸收而来还处于游离状态的新知识与原有的知识结构产生匹配反应的过程,原有知识结构在新知识的作用下会发生结构的裂变与重组,问题的解决成为匹配的规则,顿悟是匹配的结果。顿悟发生后问题会被解决,一次次问题解决的经验积累导致新的知识结构的形成和加强。顿悟的发生与知识结构的改变通过知识利用的工具性、启发性、说服性功能完成。

---

① 参见马费成:《论布鲁克斯情报学基本理论》,《情报学报》1983 年第 4 期;许一明、赵静、周霞:《基于布鲁克斯情报学思想的竞争情报增值公式及解析》,《图书情报工作》2016 年第 2 期。

② 参见徐琴:《试论布鲁克斯结构方程在企业知识创新中的应用》,《情报探索》2013 年第 2 期。

　　因此,如果从企业创新运作流程中去看待知识、知识利用和知识创新的关系,那么,知识是资源输入,知识利用是创新过程黑匣子,知识创新是输出,知识结构的改变和顿悟是知识利用黑匣子发生的化学反应之一。

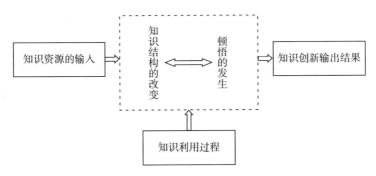

图 3-1　知识利用触发知识创新的机理

二、知识创新与知识利用过程的交融

　　通过前面的分析我们知道,知识创新与知识利用都是一个复杂的社会过程。在开放式创新的前提下,对于单个企业来说,知识创新的过程始于企业创新议题的设置,当企业在问题驱动下设置创新议题之后,为了满足创新的需要,企业就会从外部寻找知识源并获得支持创新需求的知识;当外部知识到达企业内部之后,企业需要消化吸收这些外部知识,消化吸收的知识在企业内部通过问题情境的顿悟反应生成新知识,这就是知识创新的过程。知识创新的结果通过企业的创新行为和创新绩效衡量。企业的知识利用过程分为两个阶段,第一阶段是对外部知识的接受/采纳,第二阶段是知识的执行/实施。从知识创新与知识利用的过程分解中可以发现,知识创新与知识利用的过程是相互交融的,具体表现在:1. 知识创新的外部知识搜寻与匹配阶段之后,企业会对外部知识能否为企业所用做出判断和选择,决定采用与否,这是知识创新与知识利用的第一次交融过程。2. 只有企业接受/采纳的知识才能进入创新过程的消化吸收阶段。消化吸收的过程实际上是与企业原有的知识结构融合的过程,布鲁克斯的知识结构方程解释了这个过程,这是知识创新与知识利用的第二次交融过程。3. 企业只有在消化吸收知识后才会产生执行行动。这是第三次交融过程。4. 企业实施知识行动的过程与问题解决的情景发生顿悟反应,产生新的知识。这是第四次交融过程。经过多次的交融过程,最终实现企业的创新行为和创新绩效结果。图 3-2 描述了上述的交融过程。

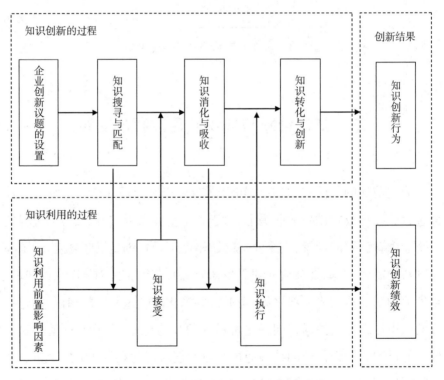

图 3-2　知识创新与知识利用过程的交融

三、知识利用促进知识创新发生机理的总体框架模型

企业知识利用的过程分为知识接受阶段和知识执行阶段,两个阶段都有不同的前置影响因素;知识利用发生之后将给企业带来两种创新结果:知识创新行为和知识创新绩效。而且,知识创新与知识利用的过程相互交叉融合,其中知识创新过程的知识搜寻能力会影响知识接受阶段的接受决策,知识吸收能力会对知识执行阶段产生影响。基于此,本研究以知识利用为知识创新的中介变量,以知识搜寻能力和知识吸收能力为调节变量,以知识创新为结果变量,研究设计的总体框架模型见图3-3。

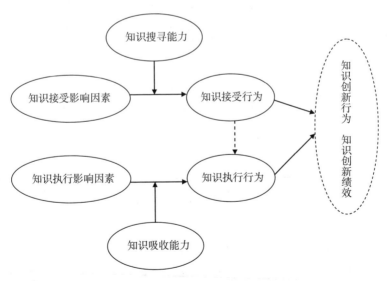

图3-3　总体研究框架模型

为了深刻揭示知识利用促进知识创新的发生机理,本课题以下的研究将沿着两条路径来展开。

（一）知识采纳（接受）导致知识创新行为的发生机理

知识采纳（接受）行为是一种决策行为，表达的是个人或组织通过对外部知识的认知、筛选、匹配等过程而做出的采用与否的抉择。由于在做出抉择之前，知识已经对使用者产生了影响，因此会导致知识使用者思考方式等行为的改变。对于以创新为目标的企业组织来说，员工思维方式的改变就是创新的行为表现。如何量化知识采纳（接受）带来的知识创新行为的改变？知识采纳（接受）过程如何发生？知识采纳（接受）受到哪些前置影响因素的控制？探索知识采纳（接受）影响知识创新行为的因果关系，就是发现知识采纳（接受）导致知识创新行为的发生机理。研究设计模型见图3-4。

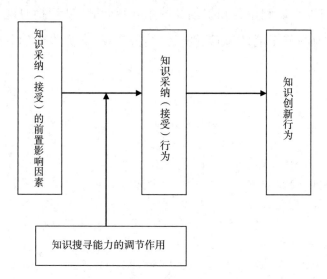

图3-4　知识采纳（接受）导致知识创新行为的发生机理

（二）知识实施（执行）带来知识创新绩效的发生机理

知识执行/实施行为是企业员工用知识解决实际问题的方式，在实践中，企业员工的知识执行行为表现为知识的工具性利用、概念性利用、符号性利用三种方式。由于知识执行是实际采取的行动，因此其结果表现为企业的绩效成果。如何衡量知识执行带来的企业创新绩效？知识执行如何导致创新绩效的发生？知识执行受哪些因素的影响？知识执行带来知识创新绩效的发生机理将回答这些问题。研究设计模型见图3-5。

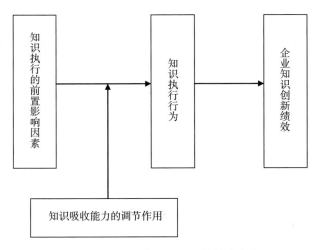

图3-5　知识执行带来知识创新绩效的发生机理

第四章 创新驱动下的企业知识接受行为影响因素实证分析

一、理论基础

综述国内外知识利用方面相关研究文献可知,知识接受行为影响因素涉及多个方面,所以我们将从前揭 Rich(1991①、1997②) 和 Backer(1991)③所述知识利用领域的理性行为理论、组织行为理论、创新扩散理论、两团体文化差异理论中,选取与知识采纳(接受)相关的理性行为理论、计划行为理论、技术接受模型、社会认知理论以及相关的企业行为理论中提取支撑我们模型建构的相关知识,用以深入研究创新驱动下企业知识接受行为影响因素和相应的知识创新行为结果。相关理论综述如下。

(一)理性行为理论

1975 年,美国学者菲什拜因(Fishbein)和阿耶兹(Ajzen)首先提出了

---

① 参见 Rich R.F.,"Knowledge creation,diffusion,and utilization:Perspectives of the founding editor of knowledge",*Knowledge:Creation,Diffusion,Utilization*,1991,12(3),pp.319-337。

② 参见 Rich R.F.,"Measuring knowledge utilization process and outcomes",*Knowledge and Policy:The International Journal of Knowledge Transfer and Utilization*,1997,10(3),pp.3-10。

③ 参见 Backer T.E.,"Knowledge utilization:The third wave",*Knowledge:Creation,Diffusion,Utilization*,1991,12(3),pp.225-240。

理性行为理论(Theory of Reasoned Action,TRA),该理论包括行为、行为意愿、主观规范和行为态度四个主要因子。该理论认为,行为意愿直接影响个体行为,个体的主观规范和行为态度共同决定着行为意愿。行为态度是在某项特定行为没有执行之前,个体先对其产生的一种赞同或否定的想法,即指个体对于是否执行某一特定行为的一种态度,包括积极态度和消极态度。如果对该特定行为预期有一个良好的结果,个体就会对其保持一个积极的态度;如果对该特定行为有一个负面的预期,个体就会对其保持一个消极的态度。主观规范是指个体在做出是否执行某一特定行为的决策过程时感受到的来自周遭群体的社会压力,它反映的是对个体重要的团体或是他人对个体执行该特定行为做出的决策的影响(Conner & McMillan,1999[①])。这种影响来源于重要的团体或是他人对个体是否应该执行某一特定行为所做出的预期,然后个体会根据自己的意愿来调整其行为。若个体的主观规范较高时,其执行该特定行为的意愿的可能性会更高;而当个体的主观规范较低时,感受到的社会压力则会较弱,其执行该特定行为的意愿也就随之较低。主观规范的形成取决于个体对规范的认识及遵从他人的动机水平。理性行为理论的模型结构见图4-1。

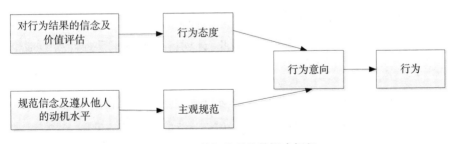

图4-1 理性行为理论的概念框架

理性行为理论的基础和来源是社会心理学,自其提出以来,已被社会

---

① 参见 Conner M., McMillan B., "Interaction effects in the theory of planned behavior: Studying cannabis use", *British Journal of Social Psychology*, 1999, 38(2), pp.195-222。

学者广泛地在不同领域用来解释和预测个体行为意愿或行为的影响因素,并且在研究中进行了验证与拓展,在实践领域也得到了广泛应用。田加坤(2018)基于理性行为理论和技术接受模型等理论研究了虚拟社区用户对付费知识接受意愿的影响因素。① 冯蛟等(2019)基于拓展的理性行为理论,构建了消费者移动支付工具使用意愿的理论模型,并利用多元回归分析进行了理论假设检验。② 理性行为理论从心理学的角度出发,分析了对行动意愿或行为的主要影响因素。当企业员工有了对某一知识或是技术服务的接受倾向时,才会产生在企业的知识创新实践中主动采取对该项知识或是技术服务的接受行动意愿或行为,继而对新的技术原理、技术规则和技能等技术知识进行真正的消化、吸收、认同。

(二)计划行为理论

1985年,Ajzen进一步修正了理性行为理论,将感知行为控制变量加入其中,提出了计划行为理论(Theory of Planned Behavior,TPB)。理性行为理论并非是完美无缺的,它只是在行为态度和主观规范两个方面考虑了个体的行为意愿,却忽略了影响个体对某一特定行为的意愿的其他外界因素。在计划行为理论(TPB)中,除行为态度和主观规范之外,被引入的感知行为控制变量是影响个体行为意愿的另一个重要的决定因素,同时也弥补了理性行为理论的缺陷,因此,计划行为理论正是理性行为理论的深化与拓展。

计划行为理论认为,个体行为的最直接影响因素是个体的行为意愿,行为意愿被行为态度、主观规范、感知行为控制所主导(见图4-2)。其中,行为意愿、行为态度、主观规范的内涵见5.1.1。感知行为控制指个体

---

① 参见田加坤:《虚拟社区用户对付费知识接受意愿的影响因素研究》,山西财经大学2018年版。

② 参见冯蛟、卢强、李辉:《消费者移动支付工具使用意愿的模型构建与实证:基于理性行为理论的拓展》,《宁夏社会科学》2019年第3期。

在实施某项特定行为时难免会遇到问题,这时需要根据自己以前的知识和经验对这些问题进行判断,来确定能否以现有资源及能力完成该项行为的程度。感知行为控制与行为态度、主观规范共同影响行为意愿。感知行为控制可以通过影响行为意愿对最终行为产生影响,当个体对所拥有的个人能力、周围的环境以及占有的资源等方面的判断偏向有利于行为的实施时,其控制信念会更加坚定,感知行为控制也随之更强,个体则会更加倾向于去执行该项行为。

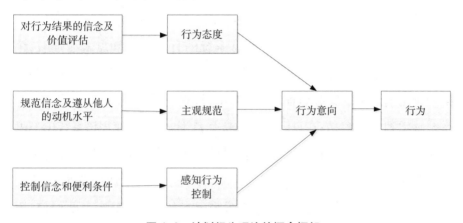

图4-2　计划行为理论的概念框架

计划行为理论(TPB)主要用于预测行为方面的研究。金辉等(2013)运用计划行为理论对知识共享的行为进行了研究,得出知识共享行为能够实施的重要因素是知识共享意愿的增强,导致知识共享行为的发生。① 单雪韩(2003)基于计划行为理论,分析出组织中个体知识共享行为的影响因素主要有知识共享行为的主体及其本身、知识共享的外界环境。② 从历年文献中可以看出,计划行为理论是解释个体行为的重要理论之一,能够应用于诸多行为领域③,但在知识创新领域较少应用。事

---

① 参见金辉、杨忠:《从"心动"到"行为":基于多模型对比的知识共享行为研究》,《科学学与科学技术管理》2013年第7期。

② 参见单雪韩:《知识共享的影响因素分析与实现对策研究》,浙江大学硕士学位论文,2003年。

③ 参见韩艺荷、薛云珍:《计划行为理论的发展及应用》,《心理月刊》2019年第7期。

实上,计划行为理论对于知识接受这种行为同样适用。因此,本研究将计划行为理论应用于知识接受行为的研究。

(三) 技术接受模型

技术接受模型(Technology Acceptance Model,TAM)1989年由 Davis 提出,是对理性行为理论的深化与拓展。该模型导入了感知有用性和感知易用性这两个全新概念(见图4-3),Davis 将感知有用性定义为:"用户在采用特定信息系统后,感受到的个人工作绩效或学习效率的提升。"(Davis,1989[①])在对某一项特定信息系统的有用性感知愈来愈强时,个体会因此产生一种去使用它的动力。将感知易用性定义为:"个体学习某种特定信息系统的容易程度。"(Davis,1989)如果个体对某一特定信息系统感觉到非常容易、在自己的能力接受范围之内,其使用该系统的态度也相当强烈。感知有用性和感知易用性两个变量均与行为态度呈正相关。技术接受模型主要是研究用户对某一特定技术或服务的接受与否,以及使用该技术或服务会受到哪些因素的影响、影响程度如何、因素之间关系如何等。此模型的理论内涵为:外部变量决定感知易用性和感知有用性,然后影响态度,继而影响行为意愿,感知易用性也影响感知有用性。

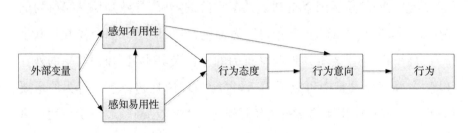

图4-3 技术接受模型的概念框架

---

① Davis F.D.,"Perceived usefulness,perceived ease of use and user acceptance of information technology",*Management Information Systems Quarterly*,1989,13(3),pp.319–339.

技术接受模型最初是用来分析人们对信息技术的接受问题的[①]，逐渐被推广到其他的非信息技术领域，例如知识创新过程中人们对新知识的接受问题。之所以把技术接受模型作为企业知识创新过程中知识接受理论基础之一，是因为技术接受模型是研究行为的一个重要理论。更重要的是，二者的接受对象在实质上具有一致性：技术接受模型中，人们对新知识的接受和采用，需要掌握新知识运作的规则以及操作使用新知识的技能，而知识规则和技能都是知识的不同表现形式。因此，二者的接受对象，实质上都是由知识原理、知识规则和技能构成的知识创新。宋保林（2011）运用技术接受模型探讨了企业技术创新过程中的技术知识流动，指出企业技术创新过程中技术知识的接受与应用，受相容性、主观规范、有用认知、易用认知以及行为意向影响。[②] 郭英之等（2018）基于技术接受模型与计划行为理论模型实证研究了消费者使用移动支付购买旅游产品意愿问题，发现使用态度、感知易用性、感知有用性、感知配合度、主观规范、个体移动性是影响使用意愿的重要因素。[③]

在后续的研究中，Davis 等发现态度对行为的影响作用远不及预期，同时感知有用性对态度的影响也不强，于是他将原模型进行了修正，删除了态度这一变量。[④]

（四）社会认知理论

社会认知理论（Social Cognitive Theory, SCT）是 Bandura 在 1977 年提出的，并且被广泛地用于分析人的行为。该理论的因素主要包括三部分：

[①] 参见朱哲慧、袁勤俭：《技术接受模型及其在信息系统研究中的应用与展望》，《情报科学》2018 年第 12 期。

[②] 参见宋保林：《企业技术创新过程中的技术知识流动研究》，东北大学博士学位论文，2011 年。

[③] 参见郭英之、李小民：《消费者使用移动支付购买旅游产品意愿的实证研究——基于技术接受模型与计划行为理论模型》，《四川大学学报（哲学社会科学版）》2018 年第 6 期。

[④] 参见 Venkatesh V., Davis F.D., "A model of the antecedents of perceived ease of use: Development and test", *Decision Sciences*, 1996, 27(3), pp.451–481。

个体认知和个人因素、行为、环境影响。这三部分既彼此联结,又相辅相成:第一部分是对行为起主导作用的个体,个体会由自身已有的经验所引发的反思等产生行为,而行为所带的反馈同时也会使个体产生自我调节;第二部分则是作为外部条件的环境因素会加强或减弱行为发生的程度,因此个体会因自身不同的需求去改变与之相适应的环境;第三部分在个体自身人格特征形成时会受到环境因素的制约,而个体本身的认知也会对周围的环境起一定的作用。其理论模型如图4-4所示。顾远东、彭纪生(2010)运用社会认知理论研究并解释人类的行为发生机制,认为个体内心的主要理念是对人类行为影响的一个激励因素。[①]

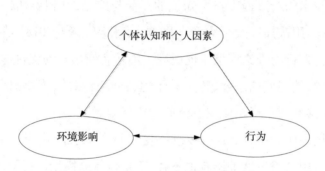

图4-4 社会认知理论的概念框架

社会认知理论中的个体认知和个人因素包含自我效能、结果预期两个重要的变量。Bandura 认为,自我效能是指个体对自己能否在一定水平上完成某项指定的任务所具有的能力的一种判断、信念或主观自我把握与感受;结果预期是指人们对于完成某项指定的任务或工作的行动结果的一种判断。尚永辉等(2012)以社会认知理论为基础研究个体和环境对知识共享行为的影响,其中在个体认知方面有自我效能和结果预期两个因素,环境因素方面则是以社会中成员的行为所形成氛围为主[②];秦

---

① 参见顾远东、彭纪生:《组织创新氛围对员工创新行为的影响:创新自我效能感的中介作用》,《南开管理评论》2010 年第 1 期。

② 参见尚永辉、艾时钟、王凤艳:《基于社会认知理论的虚拟社区成员知识共享行为实证研究》,《科技进步与对策》2012 年第 7 期。

丹(2016)基于社会认知理论探讨用户使用网络学习空间的影响因素,发现自我效能和结果预期作为个体因素,网络学习空间中的激励机制作为环境因素,这三个因素对用户信息分享行为有显著的正向影响[1]。钟皓等(2019)基于社会认知理论,发现伦理型领导可以通过营造利他道德氛围,并塑造员工道德认同,从而促进其参与帮助行为。[2]

(五) 团体创新氛围理论

团体创新氛围理论(Theory of Team Climate for Innovation)是 West 在 1990 年提出的,侧重于研究团体的创新氛围对创新工作这一行为的影响程度。该理论提出了团体创新氛围的四项内容要素:一是愿景,具有清晰的、共享的、可实现的和有价值的团队的任务目标;二是参与安全,团队成员在任务互动中提出新的想法和解决方案是自由和开放的,不会受到评判或批评;三是任务导向,团队要充分地讨论各种可能的解决方案,进行建设性的争论,并力求卓越;四是创新支持,团队成员在对新的想法和方案实施时能获得所需的时间、合作、实践支持和资源等等(Anderson & West,1998[3])。杨百寅等(2013)通过实证研究,将中国情境下企业的组织创新氛围分为理念倡导、市场引导、评价激励、学习培训、沟通合作、典型示范、资源保障和授权支持等 8 个因素,分别从属于价值导向、制度激励和人际互动三个更高层级的潜变量[4];林新奇等(2018)从组织层面(组织文化、组织结构、领导行为)和个体层面(能力、需求、动机、风格)等方

---

[1]　参见秦丹:《社会认知理论视角下网络学习空间知识共享影响因素的实证研究》,《现代远程教育研究》2016 年第 6 期。

[2]　参见钟皓、田青、白敬伊:《基于社会认知理论的员工帮助行为对伦理型领导的作用机制研究》,《管理学报》2019 年第 1 期。

[3]　参见 Anderson N. R., West M. A., " Measuring climate for work group innovation: Development and validation of the team climate inventory",*Journal of Organization Behavior*,1998,19(3),pp.235-258。

[4]　参见杨百寅、连欣、马月婷:《中国企业组织创新氛围的结构和测量》,《科学学与科学技术管理》2013 年第 8 期。

面对组织创新的影响因素进行了综述①;崔淼等(2019)运用元分析方法,归纳出组织结构、创新战略、领导成员交换、变革型领导风格等变量对组织创新氛围的形成具有重要作用②。

目前,团体创新氛围理论已广泛地应用到创新工作行为的研究中,并得到诸多研究的实证支持。钱白云等(2011)在对企业员工创新这一行为的研究中将组织创新氛围作为影响因素之一,发现其对创新行为具有明显的正向影响③;杨颖(2013)的研究中认为,企业员工的创新行为会被组织创新氛围所影响,并指出创新自我效能在组织创新氛围对员工的创新行为中发挥着部分的中介作用④。本书将组织创新氛围理论引入对企业知识接受行为影响因素的研究之中,组织创新氛围不仅对企业知识接受的行为有着正向影响的作用,同时对企业知识的创新行为也会带来一定的影响。

二、影响因素和研究模型

本章以社会认知理论为基础框架,从个体、环境和行为三个方面出发构建企业知识接受与创新行为的影响因素模型。其中采用了技术接受模型中两个主要的变量,即感知有用性和感知易用性;社会认知理论提供了两个重要变量,即自我效能和结果预期;在环境因素方面,通过访谈和文献回顾的方法,根据团体创新氛围理论选取了企业创新氛围这一比较重

---

① 参见林新奇、郑海涛:《组织创新氛围内涵、前因与影响效应研究述评》,《现代管理科学》2018 年第 12 期。
② 参见崔淼、肖咪咪、王淑娟:《组织创新氛围研究的元分析》,《南开管理评论》2019 年第 1 期。
③ 参见钱白云、苏倩倩、郑全全:《组织创新氛围与中小企业员工创新行为:工作投入的中介作用》,《人类工效学》2011 年第 2 期。
④ 参见杨颖:《民营企业组织创新氛围与员工创新行为的关系:创新自我效能感的中介作用》,安徽师范大学硕士学位论文,2013 年。

要的环境变量,并在组织搜寻理论研究的基础上以知识搜寻能力作为整个模型中的调节变量,以此构建企业知识接受与创新行为的影响因素研究模型。

(一) 企业知识接受行为的前置影响因素

1. 自我效能

自我效能是个体根据以往经验对自身能力做出的评价和判断,企业应具备这种感知自己能否顺利完成接受知识这一行为的能力。罗洪云等(2014)基于社会认知理论实证研究了科研团队的知识共享行为,发现自我效能对知识共享行为有积极的正向作用。[①] 赵呈领等(2016)采用问卷调查法探讨网络学习空间的知识共享行为,证实自我效能、结果预期、信任与知识共享行为间均呈显著正相关。[②] 由此可假设,企业的自我效能对知识接受行为有显著性或正向的作用。如果企业的自我效能较高,知识接受行为的可能性会大大提高。提出以下假设:

H1:自我效能正向影响企业知识接受行为。

2. 结果预期

结果预期是指个体在进行一项活动之前,会考虑该项活动是否能给自己带来回报。通常来讲,好的结果预期会促进行为的发生。在本研究中,特指在创新驱动的背景下企业对新知识接受的结果预期。尚永辉等(2012)基于社会认知理论对知识共享的行为进行实证研究,研究表明自我效能感与结果预期、知识共享行为均有显著相关关系。金辉(2015)的研究表明,结果预期、自我效能、信任均会对高校教师教育博客知识共享

---

① 参见罗洪云、林向义、高翠娟等:《虚拟科研团队知识共享影响因素的实证研究》,《现代情报》2014 年第 11 期。

② 参见赵呈领、梁云真、刘丽丽等:《基于社会认知理论的网络学习空间知识共享行为研究》,《电化教育研究》2016 年第 10 期。

意愿产生积极的影响。[①] 本研究认为,在创新的驱动下,结果预期与企业知识接受行为之间有一定的相关关系。提出以下假设:

H2:结果预期正向影响企业知识接受行为。

3. 感知有用性

本研究在修正后的技术接受模型基础上采用了感知易用性、感知有用性和行为三个变量。其中感知有用性指知识接受将给企业带来主观上的效用。如果接受的知识可以为企业带来经济效益和社会效益,其接受这些知识行为的可能性就会越高。提出以下假设:

H3:感知有用性正向影响企业知识接受行为。

4. 感知易用性

感知易用性是指企业对知识接受过程中所需要耗费的时间、精力等成本的多少的感知。众多研究中,感知易用性显著地正向影响实际行为已经得到了验证。在接触某项知识时,企业对该项知识的易用性的感知是非常重要的,有了这种感知就有可能进一步吸引着企业去了解、接受。提出如下假设:

H4:感知易用性正向影响企业知识接受行为。

5. 企业创新氛围

企业创新氛围是指企业成员对其所在的企业是否具有创新环境的主观体验,其本质是企业成员对企业内部的管理模式、领导风格、人际关系等环境特征的知觉,以及在此基础上所形成的企业成员的态度、信念、价值观和动机,企业创新氛围影响员工的创新行为(Amabile & Gryskiewicz,1987[②])。本研究关注的问题是企业创新的氛围对企业知识接受行为的影响。刘云等(2009)人的研究指出,为了激发企业员工内在动力和创造

---

① 参见金辉:《个体认知、社会影响与教育博客知识共享——基于社会认知理论》,《远程教育杂志》2015 年第 5 期。

② 参见 Amabile T.M.,Gryskiewicz S.S.,"Creativity in the R&D laboratory",*Technical Report No.30*,Center for Creative Leadership,Greensboro,NC,1987。

力,企业可以通过打造以及倡导创新的工作氛围来实现。[1] 王端旭、洪燕(2011)对浙江各地企业不同岗位、不同级别员工进行问卷调查,发现支持性组织氛围与员工创造力之间呈现的是正相关的关系。[2] 所以,企业创新氛围能够促使不同的员工及其所掌握的知识和资源的组合激发出新的观点和实践,完成更高层次的知识采纳(接受)和知识创新活动,提出如下假设:

H5:企业创新氛围对企业知识接受行为具有显著正向影响。

(二) 企业知识接受行为的调节因素:知识搜寻能力

组织搜寻理论(Organizational Search Theory,OST)最早在 1963 年由 Cyert 和 March 提出[3],后来 Nelson 和 Winter(1982)进一步加以完善[4]。该理论认为:面对外部不断变化的环境,组织为了更好地解决问题和发现新的机会,从而展开了对内、外部信息的搜寻。组织搜寻是一个动态的过程。目前,组织搜寻理论已应用到创新的各个领域。创新的关键在于更新知识源,即搜寻不熟悉的或先前未被使用的知识,其目的在于激发并产生创新的新思维,进一步提高新知识、新产品、新服务产生的概率,并更新知识基础,将新的知识要素添加进组织知识库,组织的视角更加新颖,触及异质性更强的知识和信息,获得更丰富的信息和资源,解决方法的多样性得到了提高。此外,还有可能找到突破技术瓶颈的方法,为以后企业在技术的演化和发展方面奠定基础。Chesbrough(2003)认为在当今时代,企业应该进行外部知识资源的搜寻以及获取,并对其进行利用整合来帮

---

① 参见刘云、石金涛、张文勤:《创新氛围的概念界定与量表验证》,《科学学研究》2009 年第 2 期。

② 参见王端旭、洪燕:《组织氛围影响员工创造力的中介机制研究》,《浙江大学学报(人文社会科学版)》2011 年第 2 期。

③ 参见 Cyert R., March J. G., *A Behavioral Theory of the Firm*, Upper Saddle River: Prentice-Hall,1963,pp.93-107。

④ 参见 Nelson R., Winter S., *An Evolutionary Theory of Economic Change*, Cambridge: Harvard University Press,1982,pp.195-307。

助企业自身的发展。① Ahuja 和 Katila(2004)也认为企业在吸收外部知识方面对其自身发展方面是有价值的,企业将内外部知识整合来实现知识的创新,并提出了企业实现持续的竞争力重要的途径之一就是组织搜寻。② 王雷、姚洪心(2014)认为,企业在知识基础学习、积累、整合以及重构方面可以通过外部环境中能够符合并支持的知识资源来满足企业的战略需求和技术特征。企业为了适应外部创新环境的变化及趋势,则会快速有效地配置符合企业自身的资源,搜寻并选择创新所需要的知识源。③ Köhler 等(2012)认为,在外部竞争的环境市场中,随着环境的变化,企业进行知识搜寻是对其进行适应的一种反应、一种动态调整。④ 肖艳红(2018)的实证研究表明,利用式外部知识搜寻和探索式外部知识搜寻对创新绩效均具有显著的正向影响。⑤

综上所述,组织搜寻理论为本研究关于企业知识创新中外部知识搜寻能力的调节作用提供了理论支撑。基于此,本研究以知识创新为背景,在组织搜寻理论框架下探究知识搜寻能力这一因素对企业知识接受行为的影响。因此,本章把知识搜寻能力作为自我效能、结果预期、感知有用性、感知易用性和企业创新氛围这五个变量对知识接受行为的调节变量,使企业的利用式学习能力进一步提升,使在外界所搜寻的知识内部化以至企业能够充分利用,使企业创新活动得到进一步的推动。提出如下假设:

---

① 参见 Chesbrough H., *Open Innovation: The New Imperative for Creating and Profiting from Technology*, Boston, MA: Harvard Business School Press, 2003。
② 参见 Ahuja G., Katila R., "Where do resources come from? The role of idiosyncratic situations", *Strategic Management Journal*, 2004, 25(8/9), pp.887-907。
③ 参见王雷、姚洪心:《全球价值链嵌入对集群企业创新类型的影响——知识搜寻的中介效应》,《科学学与科学技术管理》2014 年第 1 期。
④ 参见 Köhler C., Sofka W., Grimpe C., "Selective search, sectoral patterns and the impact on product innovation performance", *Research Policy*, 2012, 41(8), pp.1344-1356。
⑤ 参见肖艳红:《知识导向 IT 能力、外部知识搜寻与创新绩效关系研究》,吉林大学博士学位论文,2018 年。

H1a：知识搜寻对自我效能与企业知识接受行为的正向关系具有调节作用。

H2a：知识搜寻对结果预期与企业知识接受行为的正向关系具有调节作用。

H3a：知识搜寻对感知有用性与企业知识接受行为的正向关系具有调节作用。

H4a：知识搜寻对感知易用性与企业知识接受行为的正向关系具有调节作用。

H5a：知识搜寻对企业创新氛围与企业知识接受行为的正向关系具有调节作用。

（三）企业知识接受行为的结果变量：知识创新行为

《韦氏大词典》将"行为"的概念定义为"做事的态度和方式，以及对外界刺激的反应"。在本书中，我们主要关注企业的组织层面知识创新行为，因此，在参考"行为"概念的基础上，从知识利用导致的创新结果的视角，我们把知识创新行为界定为：企业为获得创新性成果而在采纳和接受知识后，表现出的做事的态度和方式的改变。知识利用中知识接受行为主要表现为一种选择行为，是指企业在知识搜寻过程中有目的地分析、评估、筛选、接受和使用知识的过程，并且该过程会影响企业的后续行为（Evans 和 Curtis-Holmes，2005[①]）。因此，企业的知识接受行为是企业知识创新行为的必经过程，而知识创新行为是知识接受行为的结果之一。提出如下假设：

H6：知识接受行为对企业知识创新行为具有显著正向影响。

[①]　参见 Evans J.S.B.，Curtis-Holmes J.，"Rapid responding increases belief bias：Evidence for the dual-process theory of reasoning"，*Thinking & Reasoning*，2005，11（4），pp.382-389。

（四）研究模型

本章以社会认知理论为基础,采用技术接受模型的主要变量,并结合团队创新氛围理论和组织搜寻理论构建了创新驱动下企业知识接受行为影响因素研究模型。主要基于以下考虑:第一,知识的接受过程是企业认知过程,涉及企业的个人认知、环境和行为的互动,技术接受模型、社会认知理论、团体创新氛围理论以及组织搜寻理论和实际情况比较契合;第二,以往关于企业知识接受影响因素的研究,较少涉及影响因素之间的联系。作为心理学领域较为成熟的理论,技术接受模型和社会认知理论既能够将多种因素统一到一个理论模型之中,又能有效探究不同因素之间的联系,这已在其他领域的研究中得到了反复验证。因此,本书借助技术接受模型、社会认知理论、团队创新氛围理论和组织搜寻理论相整合构建理论模型(见图4-5)。

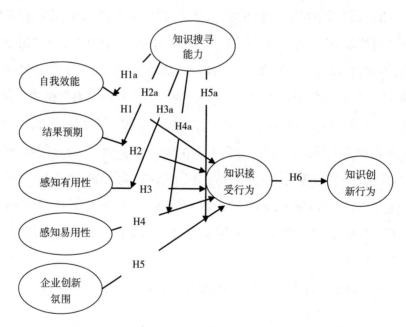

图4-5　创新驱动下企业知识接受行为影响因素研究模型

三、研究设计与数据收集

（一）量表设计

对模型变量的测量须先设计出具有可操作性并能够反映各变量的题项，而且每个变量需由多个题项进行测量，才能保证更全面反映变量的情况，因此必须保证测量同一变量的各题项具有一定的信度和效度。为此，本研究在设计题项时参考了前人研究中的量表，并根据付费知识的特点对题项进行了修订。量表中题项的设计见表4-1至表4-8。

1. 自我效能

根据对自我效能内涵的理解，参考其他学者测量自我效能的题项设置，借鉴了 Sun 等①和 Hsu 等②研究中的量表，结合创新的背景及企业知识服务性的特点，共设计了4个题项（见表4-1）。

表 4-1　自我效能的测量题项

潜变量	测量题项	代码	设计依据
自我效能	1.企业有自信能够完成新知识的接受任务	SE1	Sun，2015 Hsu，2007
	2.企业能识别出有价值的新知识信息	SE2	
	3.企业具备接受新知识所必需的各种条件	SE3	
	4.企业能够成功克服接受新知识过程中出现的众多挑战	SE4	

---

① 参见 Sun Y., Wang N., Yin C., et al., "Understanding the relationships between motivators and effort in crowdsourcing marketplaces: A nonlinear analysis", *International Journal of Information Management*, 2015, 35(3), pp.267-276。

② 参见 Hsu M.H., Ju T.L., Yen C.H., et al., "Knowledge sharing behavior in virtual communities: The relationship between trust, self-efficacy, and outcome expectation", *International Journal of Human-Computer Studies*, 2007, 65(2), pp.153-169。

2. 结果预期

结果预期的测量题项借鉴了 Compeau① 和 Hsu 研究中的量表,共设计了 4 个题项(见表 4-2)。

表 4-2　结果预期的测量题项

潜变量	测量题项	代码	设计依据
结果预期	1.接受新知识可以使企业获得金钱的报酬	OE1	Compeau,1995 Hsu,2007
	2.接受新知识可能会帮助企业获得更好的工作绩效	OE2	
	3.接受新知识可以使企业获得专业的学科知识	OE3	
	4.接受新知识可以使企业改善工作程序,创造新的商业契机	OE4	

3. 感知有用性

感知有用性的测量题项借鉴了 Davis 研究中的量表,共设计了 4 个题项(见表 4-3)。

表 4-3　感知有用性的测量题项

潜变量	测量题项	代码	设计依据
感知有用性	1.接受的新知识可以使得企业更快速地获取工作需要的相关信息	PU1	Davis,1989
	2.接受的新知识可以使得企业更快速地完成工作	PU2	
	3.接受的新知识可以使企业提高知识创新能力	PU3	
	4.接受的新知识可以企业节约解决问题或疑虑的时间	PU4	

4. 感知易用性

感知易用性的测量题项借鉴了 Davis 研究中的量表,共设计了 4 个

---

① 参见 Compeau D.R., Higgins C.A., "Computer self-efficacy development of a measure and initial test", *MIS Quarterly*, 1995, 19(2), pp.189-211。

题项(见表4-4)。

表4-4　感知易用性的测量题项

潜变量	测量题项	代码	设计依据
感知易用性	1.接受新知识对企业来说很容易	PE1	Davis,1989
	2.企业认为掌握这些新知识对于我来说是件容易的事	PE2	
	3.企业认为接受的新知识是容易应用的	PE3	
	4.接受的新知识操作起来对企业而言是简单易懂的	PE4	

5. 企业创新氛围

通过以往的文献回顾可以总结归纳,本研究中所使用的企业创新氛围量表中各个维度与企业知识接受行为的正向影响也是成立的。借鉴了Amabile和Gryskiewicz(1989)①以及杨百寅编制的中国企业组织创新氛围量表②,共设计了5个题项(见表4-5)。

表4-5　企业创新氛围的测量题项

潜变量	测量题项	代码	设计依据
企业创新氛围	1.企业经常举办专题论坛和技术研讨等活动,推动员工深入学习新知识	EIA1	Amabile,1996 杨百寅、连欣、马月婷,2013
	2.企业能够对员工的创新成果给予公正的评价以及物质奖励	EIA2	
	3.企业的愿景(理想)明确且富有开拓性,能激发大家的创新动力	EIA3	
	4.在企业里,同事们愿意和他人分享自己的经验和技术	EIA4	
	5.企业高层管理者支持并鼓励创造和创新活动	EIA5	

---

① 参见 Amabile T. M., Gryskiewicz N., " The creative environment scales: The work environment inventory", *Creativity Research Journal*, 1989, 2(4), pp.231-254.

② 参见杨百寅、连欣、马月婷:《中国企业组织创新氛围的结构和测量》,《科学与科学技术管理》2013 年第 8 期。

6.知识搜寻能力

在参考多位学者对知识搜寻研究的基础上,借鉴了 Andrawina 等[①]、朱雪梅[②]、陈文波[③]、韦影[④]设计的量表,共设计了 5 个题项,具体题项如表4-6所示。

表4-6 知识搜寻能力的测量题项

潜变量	测量题项	代码	设计依据
知识搜寻能力	1.企业能密切跟踪新产品或新服务的市场需求变化	KS1	Andrawina 等,2008 朱雪梅,2006 陈文波,2006 韦影,2006
	2.企业能快速识别外部新知识对企业是否有用	KS2	
	3.企业在识别到技术、市场环境变化后,能够快速地分析解释变化的原因和趋势	KS3	
	4.企业能够与外部专家、专业技术人员、标杆企业保持联系	KS4	
	5.企业重视从组织外部吸收有关改进当前产品的新知识	KS5	

7.知识接受行为

本研究的知识接受行为是企业在创新驱动的背景下,知识创新过程中对新知识的接受决策行为。通过前揭文献回顾可以总结归纳出,本研究知识接受行为借鉴了 Knott 和 Wildavsky[⑤] 以及 Landry 等[⑥]的文章,共设计了 6 个题项(见表4-7)。

[①] 参见 Andrawina L.,Govindraraju R.,Samadhi A.,et al.,"Absorptive capacity moderates the relationship between konwledge sharing capability and innovation capability",2008 *IEEE International Conference on Industrial Engineering and Engineering Management*,2008,pp.944-948。

[②] 参见朱雪梅:《知识溢出、吸收能力对高技术产业集群的影响研究》,吉林大学博士学位论文,2006 年。

[③] 参见陈文波:《基于知识视角的组织复杂信息技术吸收研究》,复旦大学博士学位论文,2006 年。

[④] 参见韦影:《企业社会资本对技术创新绩效的影响:基于吸收能力的视角》,浙江大学博士学位论文,2006 年。

[⑤] 参见 Knott J.,Wildavsky A.,"If dissemination is the solution,what is the problem?",*Knowledge:Creation,Diffusion,Utilization*,1980,1(4),pp.537-578。

[⑥] 参见 Landry R.,Amara N.,Lamari M.,"Utilization of social science research knowledge in Canada",*Research Policy*,2001,30(2),pp.333-349。

表4-7　知识接受行为的测量题项

潜变量	测量题项	代码	设计依据
知识接受行为	1.企业员工接受过与其工作相关的知识创新的成果	KAB1	Knott 和 Wildavsky，1980 Landry，Amara，Lamari，2001
	2.企业员工能够阅读和理解其接受的知识创新的成果	KAB2	
	3.企业员工经常参加会议讨论和普及上述提到的知识创新的成果	KAB3	
	4.在企业员工的专业报告和文件中经常引用参考知识创新的成果	KAB4	
	5.企业员工努力支持知识创新成果的利用	KAB5	
	6.知识创新成果影响了企业员工的行政决策	KAB6	

8.知识创新行为

知识创新是企业保持生命力的基础,是企业发展的原动力,对企业的前景发展起到重要作用,并在企业中扮演着不可忽视的角色。知识创新是知识采纳和接受的最终目的,通过以往的文献回顾可以总结归纳出,本研究知识创新行为借鉴了 Van der Vegt 和 Janssen[1] 以及 Morgan 和 Berthon[2],共设计了 5 个题项(见表4-8)。

表4-8　知识创新行为的测量题项

潜变量	测量题项	代码	设计依据
知识创新行为	1.提出用于改进企业工作的新想法	KIB1	Van der Vegt 和 Janssen，2003 Morgan 和 Berthon，2008
	2.寻找新的工作方法、技术和工具	KIB2	
	3.提出原创性的问题解决方案	KIB3	
	4.将创新想法转化为实际应用,已有的技术技能进行改良,以适应当前需要	KIB4	
	5.系统化地将创新想法引入工作环境,提高已有的技术技能在多个相关业务领域的适用性	KIB5	

---

[1]　参见 Van der Vegt G.S.，Janssen O.，"Joint impact of interdependence and group diversity on innovation"，*Journal of Management*，2003，29(5)，pp.729−751。

[2]　参见 Morgan R.E.，Berthon P.，"Market orientation，generative learning，innovation strategy and business performance inter−relationships in bioscience firms"，*Journal of Management Studies*，2008，45(8)，pp.1329−1353。

（二）数据收集

作为基于理论驱动的实证研究，根据已有的文献和理论，我们建立了面向全样本的研究模型和假设，收集的数据用于验证研究模型和假设，并对相关理论有所拓展。数据采用 PLS 的结构方程建模分析方法，参照 Wynne(2003)[①]、易丹辉（2008）[②]等，结构方程模型的适合样本数据在 200 个左右，一般不少于 150 个不大于 500 个。根据这一标准，我们控制收集样本的数量和质量。

我们采用扎根理论的方法，在相关企业挂职长达三年之久，在文献推导的基础上，经过多次与该企业中高层管理人员、研发人员访谈，最终设计了结构化调查问卷，并通过问卷星网络平台发布，由问卷星会员在线匿名填写问卷；此外，发动各种社会关系，利用微信将问卷链接发送给企业员工在线匿名填写，增加回收问卷数量并确保质量。

经过线上数据收集，回收问卷 244 份，其中有效问卷 224 份，样本有效率为 91.8%。问卷筛选的标准是：（1）问卷填写题项有遗漏的视为无效问卷。（2）部分问卷根据问卷星记录的填写时间判断，用时较少、未经过明显思考的，或对选项的选择具有明显规律性的（如所有选项均选 A、B、C、D 中的某一个），视为无效问卷。经过筛选，以 224 份有效问卷作为实证研究的基础。

从问卷来源渠道分析来看主要是通过微信，占 98.84%，问卷星平台提交的问卷占 1.16%；从答卷人地理位置数来看主要来自广东、北京省份，占 72.87%，见图 4-6。

从问卷时间段分析来看主要集中在 1 月份，具体情况见图 4-7。

利用 SPSS 24.0 对问卷的基本资料部分进行简单的描述性统计分析。

---

① 参见 Wynne C., Barbara M., Peter N., "A partial least squares latent variable modeling approach for measuring interaction effects: Results from a Monte Carlo simulation study and an electronic-mail emotion/adoption study", *Information Systems Research*, 2003, 14(2), pp.189-217.

② 参见易丹辉编著：《结构方程模型：方法与应用》，中国人民大学出版社 2008 年版，第 142 页。

单位：%

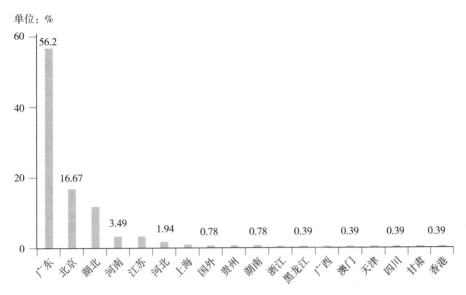

图4-6　企业地理位置分布统计图

单位：%

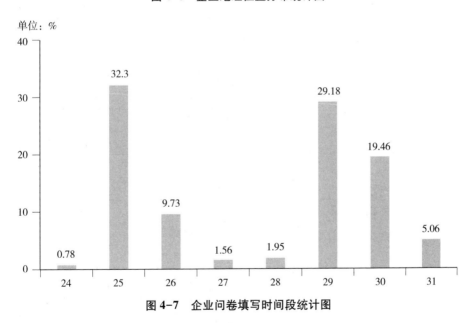

图4-7　企业问卷填写时间段统计图

从样本的描述性统计结果来看(见表4-9)，被调查的企业员工个人信息分类如下：在性别分布中，男性的样本135个，占60.3%；女性的样本89个，占39.7%。在学历分布中，主要是本科及以下的学历，其中本科以下的样本64个，占28.6%；本科的样本118个，占52.7%。在工作岗位分布中，主要是中、高层管理者,样本共 137 个,总共占 61.1%。在员工部门分布中,主要是生产运营、销售、研发和服务部门,总共占 59.3%。在企业性质中,以民营企业和国有企业为主,其中民营企业的样本 135 个,占 60.3%;国有企业的样本 79 个,占 35.3%。在企业所属领域分布中,以生产、加工、制造和金融、服务业以及冶金、能源、化工为主,总共占 60.2%。在企业成立年限分布中,以 10 年以上企业为主,占 59.8%。在企业员工数量分布中,以 100 人以下为主,占 41.1%。在企业设立研发部门情况方面,设立的企业较多一些。企业主要外部知识源是高校和科研机构、用户和政府部门,总共占 58.5%。

表 4-9   样本描述性统计分析摘要表

	类别	选项	数量(人)	百分比(%)
个人信息	性别	男	135	60.3
		女	89	39.7
	学历	本科以下	64	28.6
		本科	118	52.7
		硕士研究生	35	15.6
		博士研究生	7	3.1
	工作岗位	生产人员	8	3.6
		技术人员	39	17.4
		基层员工	40	17.9
		中层管理者	85	37.9
		高层管理者	52	23.2
	员工部门	研发部门	29	12.9
		销售部门	37	16.5
		生产运营部门	39	17.4
		人力资源部门	22	9.8
		财务部门	20	8.9
		服务部门	28	12.5
		其他	49	21.9

	类别	选项	数量（人）	百分比（%）
企业信息	企业性质	国有	79	35.3
		民营	135	60.3
		三资	10	4.5
	企业所属领域	IT、科技	15	6.7
		生物医药	3	1.3
		金融、服务业	44	19.6
		教育、培训、咨询	20	8.9
		生产、加工、制造	62	27.7
		冶金、能源、化工	29	12.9
	企业成立年限	其他	51	22.8
		5年以下	42	18.8
		5—10年	48	21.4
		10年以上	134	59.8
	企业员工数	100人以下	92	41.1
		100—300人	52	23.2
		300人以上	80	35.7
	企业设立研发部门情况	没有设立	99	44.2
		设立有独立的研发部门	105	46.9
		与科研院所联合设立研发部门	20	8.9
	企业主要外部知识源	用户	43	19.2
		高校和科研机构	60	26.8
		竞争对手	13	5.8
		知识产权机构	16	7.1
		政府部门	28	12.5
		媒体出版物	20	8.9
		其他	11	4.9

四、数据分析与模型检验

本章采用结构方程模型的方法分析创新驱动下企业知识接受行为的影响因素,用 Smart PLS 3.0 作为辅助运算工具。利用 Smart PLS 3.0 软件构建结构方程模型,将前文中研究的理论概念模型转化为结构方程模型(见图4-8)。

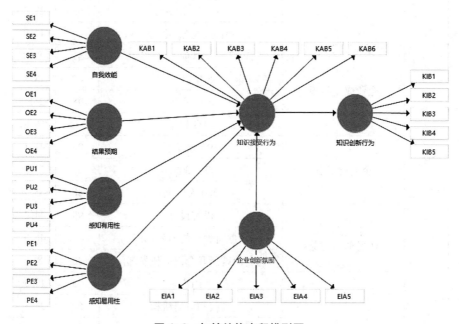

图4-8 初始结构方程模型图

(一) 测量模型信效度检验结果

根据结构方程模型的要求,利用 Smart PLS 3.0 对模型进行信度分析,检验测量模型和结构模型的效度,在 Smart PLS 3.0 软件中进行 PLS Algorithm 运算得出测量模型检验的数据分析结果(见图4-9)。

信度检验是为了测量问卷的可靠性与有效性,换言之,信度是指测量

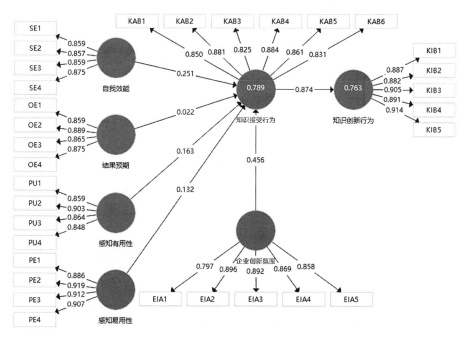

图 4-9　测量模型检验结果图

工具(问卷或量表)能否稳定地测量所测的事物或变量,即测量变量的稳定性和内部一致性程度。内部一致性越高,内容的可信度越高;内部一致性越低,内容的可信度越低。本研究采用 Cronbach's α 系数和组合信度 (Composite Reliability,CR)作为内部一致性的衡量标准。其中,观察变量的内部一致性程度测量用 Cronbach's α 系数[①],潜在变量的内部一致性程度用 CR 测量。Cronbach's α 系数是一种用来检验信度的方法,该方法的主要规则是通过 α 值的大小来判断可信度,α 值与可信度呈正相关关系。Cronbach's α 介于0—1之间,一般越大越好,0.5以下最好删除,0.5—0.6可接受但是偏低,0.6—0.7尚可,0.7以上为佳。Cronbach's α 系数的判定标准见表4-10。

---

① 参见荣泰生:《AMOS 与研究方法》,重庆大学出版社 2009 年版,第77—82页。

表 4-10　Cronbach's α 系数可靠性判断准则

Cronbach's α 系数可靠性判断准则	
Cronbach's α >= 0.7	可靠性较强,可作进一步分析
Cronbach's α >= 0.5	可靠性一般,可作进一步分析
Cronbach's α <0.5	可靠性较差

CR 值以 0.65 为最小可接受值,0.6—0.7 尚可,0.7 以上为佳。平均提取方差(AVE)大于 0.5 则有效,表示这些潜变量都从相应的观测变量处得到了相对高的变异信息。本研究利用 Smart PLS 3.0 运行 PLS Algorithm 算法,计算潜在变量的 Cronbach's α 和 CR 值的结果(见表 4-11)。

表 4-11　信度分析结果表

	Cronbach's Alpha	Composite Reliability	AVE
企业创新氛围	0.914	0.936	0.745
感知易用性	0.927	0.948	0.821
感知有用性	0.891	0.925	0.755
知识创新行为	0.938	0.953	0.803
知识接受行为	0.927	0.943	0.732
结果预期	0.895	0.927	0.761
自我效能	0.885	0.921	0.744

从信度测量的结果可以看出,Cronbach's α 最小是 0.885,CR 值最小是 0.921,所有潜在变量的 Cronbach's α 值和 CR 值均在 0.8 以上,信度极佳,说明模型的内部一致性满足要求,具有良好的信度。

收敛效度是指不同观测变量能够测量同一个潜在变量,并且归属于同一潜在变量的观测变量之间有高度相关性。收敛效度通过变量的因子载荷系数衡量,当因子载荷系数介于 0.5—0.99 之间[1],表示观测变量能

---

[1]　参见吴明隆:《问卷统计分析实务——SPSS 操作与应用》,重庆大学出版社 2009 年版。

有效反映相应的潜在变量,该测量具有良好的效度。通过 Smart PLS 3.0 软件运算,得到了因子载荷系数表(见表4-12)。

表4-12　测量模型的因子载荷系数表

	企业创新氛围	知识接受行为	知识创新行为	结果预期	感知易用性	感知有用性	自我效能
EIA1	0.797	0.676	0.616	0.396	0.659	0.448	0.544
EIA2	0.896	0.711	0.679	0.475	0.575	0.467	0.554
EIA3	0.892	0.745	0.706	0.579	0.573	0.520	0.648
EIA4	0.869	0.726	0.748	0.480	0.592	0.521	0.631
EIA5	0.858	0.685	0.669	0.543	0.460	0.535	0.554
KAB1	0.705	0.850	0.734	0.597	0.559	0.599	0.665
KAB2	0.713	0.881	0.779	0.613	0.606	0.603	0.716
KAB3	0.706	0.825	0.697	0.456	0.596	0.480	0.598
KAB4	0.694	0.884	0.751	0.514	0.641	0.568	0.646
KAB5	0.725	0.861	0.787	0.598	0.595	0.638	0.713
KAB6	0.677	0.831	0.733	0.613	0.581	0.649	0.643
KIB1	0.703	0.768	0.887	0.579	0.564	0.610	0.699
KIB2	0.682	0.770	0.882	0.609	0.569	0.617	0.745
KIB3	0.708	0.764	0.905	0.502	0.584	0.520	0.606
KIB4	0.718	0.814	0.891	0.584	0.630	0.600	0.707
KIB5	0.741	0.795	0.914	0.584	0.630	0.588	0.665
OE1	0.463	0.540	0.509	0.859	0.462	0.675	0.605
OE2	0.512	0.595	0.562	0.889	0.440	0.730	0.622
OE3	0.520	0.586	0.550	0.865	0.399	0.741	0.612
OE4	0.507	0.585	0.604	0.875	0.447	0.740	0.611
PE1	0.589	0.641	0.599	0.468	0.886	0.485	0.621
PE2	0.588	0.598	0.569	0.404	0.919	0.445	0.599
PE3	0.604	0.628	0.601	0.459	0.912	0.515	0.561
PE4	0.618	0.654	0.638	0.478	0.907	0.490	0.584
PU1	0.443	0.557	0.548	0.775	0.449	0.859	0.616
PU2	0.504	0.618	0.580	0.721	0.474	0.903	0.624
PU3	0.502	0.589	0.545	0.704	0.407	0.864	0.598
PU4	0.552	0.629	0.601	0.683	0.522	0.848	0.577
SE1	0.536	0.625	0.622	0.599	0.531	0.560	0.859

	企业创新氛围	知识接受行为	知识创新行为	结果预期	感知易用性	感知有用性	自我效能
SE2	0.568	0.690	0.689	0.657	0.542	0.643	0.857
SE3	0.626	0.679	0.676	0.566	0.577	0.577	0.859
SE4	0.614	0.682	0.646	0.600	0.600	0.614	0.875

观测变量在其所反映的潜在变量上的因子载荷均在 0.7 以上,且大部分达到了 0.8 以上,说明观测变量与其所对应的潜在变量的相关性较强,测量模型具有良好的收敛效度。

区别效度是指不同构念之间低度相关或有显著的差异性。通常情况下,区别效度通过对比变量的相关关系矩阵的平均变异抽取量(Average Variance Extracted,AVE)平方根值和变量间的相关系数的大小来判断。矩阵中的对角线数值代表每个潜变量的 AVE 值的平方根,判断标准是各变量的 AVE 值的平方根均大于它与其他变量间相关系数的绝对值,则认为变量间具有良好的区别效度。

由表 4-13 中可以看出知识接受行为和知识创新行为这两个潜变量的区别效度没有通过,但是在表 4-12 中知识接受行为和知识创新行为的因子载荷系数均在 0.8 以上;此外,在此模型中知识创新行为的前因变量只考察了知识接受行为,这两个变量的路径系数和相关系数是一样的,因此知识接受行为和知识创新行为是有显著区别的。其余变量的 AVE 的平方根均明显高于其他变量相关系数的绝对值,说明模型变量间具有较好的区别效度(见表 4-13)。

表 4-13　区别效度分析结果

潜变量	企业创新氛围	感知易用性	感知有用性	知识创新行为	知识接受行为	结果预期	自我效能
企业创新氛围	0.863						

续表

潜变量	企业创新氛围	感知易用性	感知有用性	知识创新行为	知识接受行为	结果预期	自我效能
感知易用性	0.662	0.906					
感知有用性	0.578	0.534	0.869				
知识创新行为	0.793	0.665	0.656	0.896			
知识接受行为	0.822	0.697	0.690	0.874	0.856		
结果预期	0.574	0.500	0.828	0.639	0.662	0.872	
自我效能	0.681	0.653	0.695	0.764	0.777	0.702	0.862

（二）结构模型显著性检验结果

结构模型的检验主要是为了评价概念模型的因果关系是否成立,利用 Smart PLS 3.0 软件中的 Bootstrapping 算法中的 T 值检验来验证上文中的研究模型的路径系数是否显著,以此来验证假设检验的因果关系是否能够得到支持。

利用 Smart PLS 3.0 软件中的 Bootstrapping 运算(见图 4-10),样本数"Cases"为 224,次数"Samples"为 1000,在 95% 的置信区间下,一般情况下,检验结果的 T 值大于 1.96,表明结构模型通过显著性检验。其检验标准见表 4-14。

表 4-14 T 值检验标准

T 值	显著性
T>1.96	表示在 0.05 的水平上显著
T>2.58	表示在 0.01 的水平上显著
T>3.29	表示在 0.001 的水平上显著

根据 Smart PLS 3.0 软件 Bootstrapping 操作后整理的 T 值结果见表 4-15。

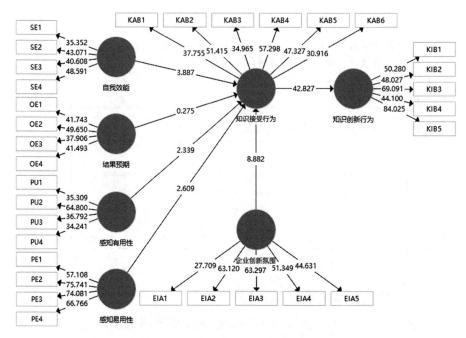

图 4-10　路径系数显著性检验结果图

表 4-15　T 值结果表

	Original Sample（O）	Sample Mean（M）	Standard Deviation （STDEV）	T Statistics （｜O/ STDEV｜）	P Values
企业创新氛围→知识接受行为	0.456	0.456	0.051	8.882	0.000
感知易用性→知识接受行为	0.132	0.130	0.051	2.609	0.009
感知有用性→知识接受行为	0.163	0.165	0.070	2.339	0.020
知识接受行为→知识创新行为	0.874	0.873	0.020	42.827	0.000
结果预期→知识接受行为	0.022	0.018	0.080	0.275	0.784
自我效能→知识接受行为	0.251	0.256	0.065	3.887	0.000

从表 4-15 中可以看出,感知易用性、感知有用性、企业创新氛围和自我效能对知识接受行为以及知识接受行为对知识创新行为路径系数的

T 值均大于 1.96。但是结果预期对知识接受行为这条路径系数的 T 值没有通过显著性检验。

（三）结构模型假设关系检验结果

根据前两节的内容汇总结构模型的路径系数、显著程度以及 R^2 值模型图，如图 4-11 所示。

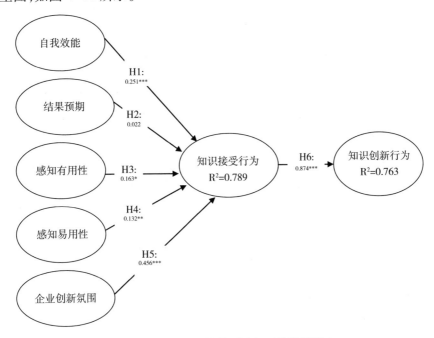

图 4-11　初始结构模型路径系数结果图

注：*** 表示显著性检验时 p 值小于 0.001；** 表示显著性检验时 p 值小于 0.01；* 表示显著性检验时 p 值小于 0.05。

对于 R^2 值，并没有统一明确的界限值，一般情况下，截面数据的 R^2 值大于 0.5，则认为研究的结构模型达到了较高水平。① 本书结构模型中的 R^2 值大于 0.5（见表 4-16），由此可知，本书的结构模型有较好的拟合效果。

① 参见 Fang Y., Chiu C., Wang E. T. G., "Understanding customers' satisfaction and repurchase intentions：An integration of IS success model, trust, and justice", *Internet Research*, 2011, 21(4), pp.479-503.

表 4-16 模型 R Square 评价

	R Square
知识创新行为	0.763
知识接受行为	0.789

基于前文数据分析,汇总结构模型的假设关系检验的情况,如表 4-17 所示。

表 4-17 结构模型的假设关系检验

假设关系	路径	路径系数	T 值	检验结果
H1	自我效能→知识接受行为	0.251***	3.887	支持
H2	结果预期→知识接受行为	0.022	0.275	不支持
H3	感知有用性→知识接受行为	0.163*	2.339	支持
H4	感知易用性→知识接受行为	0.132**	2.609	支持
H5	企业创新氛围→知识接受行为	0.456***	8.882	支持
H6	知识接受行为→知识创新行为	0.874***	42.827	支持

注:*** 表示显著性检验时 p 值小于 0.001;** 表示显著性检验时 p 值小于 0.01;* 表示显著性检验时 p 值小于 0.05。

H1:自我效能正向影响企业知识接受行为。

根据结构方程模型的路径系数分析结果,从表 4-17 可知,自我效能对知识接受行为的标准化路径系数为 0.251,T 值为 3.887,模型通过了显著性检验,路径系数在 0.001 的水平上显著。因此,假设 H1 得到了支持,即自我效能对企业知识接受行为的影响显著。

H2:结果预期正向影响企业知识接受行为。

从表 4-17 中可以看出,结果预期对知识接受行为的标准化路径系数为 0.022,T 值为 0.275,模型没有通过显著性检验。因此,假设 H2 没有得到支持,即结果预期对企业知识接受行为的影响不显著。其原因我们将在后面集中讨论。

H3:感知有用性正向影响企业知识接受行为。

从表4-17中可以看出,感知有用性对知识接受行为的标准化路径系数为0.163,T值为2.339,模型通过了显著性检验,路径系数在0.05的水平上显著。因此,假设H3得到了支持,即感知有用性对企业知识接受行为有正向影响。

H4:感知易用性正向影响企业知识接受行为。

从表4-17中可以看出,感知易用性对知识接受行为的标准化路径系数为0.132,T值为2.609,模型通过了显著性检验,路径系数在0.01的水平上显著。因此,假设H4得到了支持,即感知易用性对企业知识接受行为有正向影响。

H5:企业创新氛围对企业知识接受行为具有显著正向影响。

从表4-17中可以看出,企业创新氛围对知识接受行为的标准化路径系数为0.456,T值为8.882,模型通过了显著性检验,路径系数在0.001的水平上显著。因此,假设H5得到了支持,即企业创新氛围对企业知识接受行为具有显著正向影响。

H6:知识接受行为对企业知识创新行为具有显著正向影响。

从表4-17中可以看出,知识接受行为对企业知识创新行为的标准化路径系数为0.874,T值为42.827,模型通过了显著性检验,路径系数在0.001的水平上显著。因此,假设H6得到了支持,即知识接受行为对企业知识创新行为具有显著正向影响。

(四) 调节变量的效应检验

王济川等在研究时提出,不能在修正模型时盲目地去使用与研究相关的模型达到系数的修正,而是要在实践的经验与理论知识相结合的基础上进一步地对重新设定的模型或是修正的模型进行调整。① 根据本书

---

① 参见王济川、王小倩、姜宝法:《结构方程模型:方法与应用》,高等教育出版社2011年版。

第二章的推导,企业的知识搜寻能力会调节其他重要的前因变量对结果变量的影响。利用 Smart PLS 3.0 软件中的 Bootstrapping 算法中的 T 值检验来验证知识搜寻能力作为调节变量的研究模型的路径系数是否显著,以此来验证假设检验的因果关系是否能够得到支持。Smart PLS 3.0 软件运行 Bootstrapping 算法后得到图 4-12。

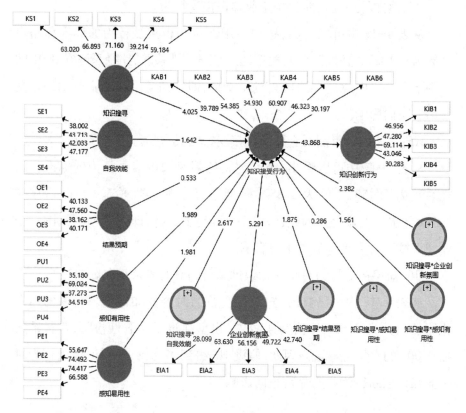

图 4-12　知识搜寻能力作为调节变量的路径系数显著性检验结果图

Smart PLS 3.0 软件中的 Bootstrapping 算法操作后整理的 T 值结果见表 4-18。

表4-18　T值结果表

	Original Sample（O）	Sample Mean（M）	Standard Deviation （STDEV）	T Statistics （｜O/ STDEV｜）	P Values
自我效能→知识接受行为	0.109	0.113	0.066	1.642	0.101
结果预期→知识接受行为	0.039	0.031	0.073	0.533	0.594
感知有用性→知识接受行为	0.117	0.120	0.059	1.989	0.047
感知易用性→知识接受行为	0.099	0.101	0.050	1.981	0.048
企业创新氛围→知识接受行为	0.356	0.351	0.067	5.291	0.000
知识搜寻能力 * 自我效能→知识接受行为	-0.162	-0.160	0.062	2.617	0.009
知识搜寻能力 * 结果预期→知识接受行为	0.136	0.125	0.072	1.875	0.061
知识搜寻能力 * 感知有用性→知识接受行为	-0.103	-0.099	0.066	1.561	0.119
知识搜寻能力 * 感知易用性→知识接受行为	-0.018	-0.013	0.065	0.286	0.775
知识搜寻能力 * 企业创新氛围→知识接受行为	0.143	0.142	0.060	2.382	0.017

由表4-18显示,知识搜寻能力 * 自我效能→知识接受行为以及知识搜寻能力 * 企业创新氛围→知识接受行为两条路径的T值大于1.96,表示知识搜寻能力对企业创新氛围和自我效能的调节作用通过显著性检验。

利用Smart PLS 3.0软件中PLS Algorithm运算得出知识搜寻能力作为调节变量的路径系数结果图,见图4-13。

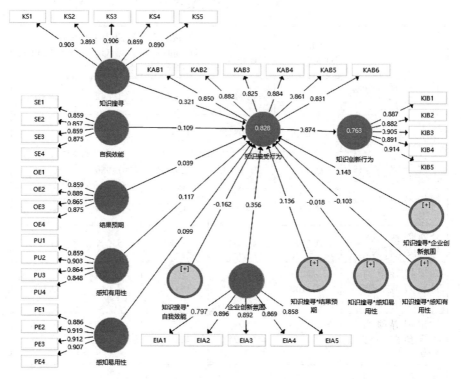

图 4-13　知识搜寻能力作为调节变量的路径系数结果图

由图 4-13 得出调节模型中的 R^2 值大于 0.5（见表 4-19），由此可知，调节模型有较好的拟合效果。

表 4-19　模型 R Square 评价

	R Square
知识创新行为	0.763
知识接受行为	0.828

汇总知识搜寻能力作为调节变量的结构模型的路径系数、显著程度以及 R^2 值模型图，如图 4-14 所示。

根据上文内容汇总知识搜寻能力作为调节变量模型的路径系数显著性检验、T 值和假设因果关系检验情况整理如下，如表 4-20 所示。

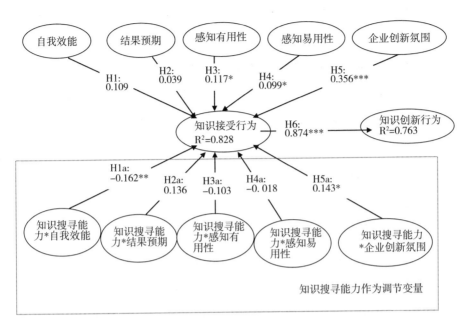

图4-14　知识搜寻能力作为调节变量的路径系数检验结果图

注: *** 表示显著性检验时 p 值小于 0.001; ** 表示显著性检验时 p 值小于 0.01; * 表示显著性检验时 p 值小于 0.05。

表4-20　结构模型的路径系数、T 值及假设检验

假设关系	路径	路径系数	T 值	检验结果
H1a	知识搜寻能力 * 自我效能→知识接受行为	−0.162**	2.617	支持
H2a	知识搜寻能力 * 结果预期→知识接受行为	0.136	1.875	不支持
H3a	知识搜寻能力 * 感知有用性→知识接受行为	−0.103	1.561	不支持
H4a	知识搜寻能力 * 感知易用性→知识接受行为	−0.018	0.286	不支持
H5a	知识搜寻能力 * 企业创新氛围→知识接受行为	0.143*	2.382	支持

注: *** 表示显著性检验时 p 值小于 0.001; ** 表示显著性检验时 p 值小于 0.01; * 表示显著性检验时 p 值小于 0.05。

H1a:知识搜寻能力对自我效能与企业知识接受行为的正向关系具有调节作用。

根据结构方程模型的路径系数分析结果,从表 4-20 可知,知识搜寻能力对自我效能与企业知识接受行为的调节作用的路径系数为-0.162,T 值为 2.617,模型通过了显著性检验,路径系数在 0.01 的水平上显著。因此,假设 H1a 得到了支持,即知识搜寻能力对自我效能与企业知识接受行为关系具有显著的调节作用。但是,知识搜寻能力同时对结果预期、感知易用性、感知有用性以及企业创新氛围与知识接受行为的调节作用的影响,改变了知识搜寻能力调节自我效能对知识接受行为路径系数的正向关系。

H2a:知识搜寻能力对结果预期与企业知识接受行为的正向关系具有调节作用。

从表 4-20 中可以看出,知识搜寻能力对结果预期与企业知识接受行为的调节作用的路径系数为 0.136,T 值为 1.875,模型没有通过显著性检验。因此,假设 H2a 没有得到支持,即知识搜寻能力对结果预期与企业知识接受行为的调节作用不显著。

H3a:知识搜寻能力对感知有用性与企业知识接受行为的正向关系具有调节作用。

从表 4-20 中可以看出,知识搜寻能力对感知有用性与企业知识接受行为的调节作用的路径系数为-0.103,T 值为 1.561,模型没有通过显著性检验。因此,假设 H3a 没有得到支持,即知识搜寻能力对感知有用性与企业知识接受行为的调节作用不显著。

H4a:知识搜寻能力对感知易用性与企业知识接受行为的正向关系具有调节作用。

从表 4-20 中可以看出,知识搜寻能力对感知易用性与企业知识接受行为的调节作用的路径系数为-0.018,T 值为 0.286,模型没有通过显著性检验。因此,假设 H4a 没有得到支持,即知识搜寻能力对感知易用性与企业知识接受行为的调节作用不显著。

H5a:知识搜寻能力对企业创新氛围与企业知识接受行为的正向关

系具有调节作用。

从表4-20中可以看出,知识搜寻能力对企业创新氛围与企业知识接受行为的调节作用的路径系数为0.143,T值为2.382,模型通过了显著性检验,路径系数在0.05的水平上显著。因此,假设H5a得到了支持,即知识搜寻能力对企业创新氛围与企业知识接受行为的正向关系具有调节作用。

H2a、H3a、H4a未通过显著性检验的原因,我们将在下一节进行讨论。

（五）结果讨论

本研究将自我效能、结果预期、感知易用性、感知有用性和企业创新氛围作为影响创新驱动下企业知识接受行为的因素,将知识搜寻能力作为自我效能、结果预期、感知易用性、感知有用性和企业创新氛围与知识接受行为的调节变量,基于理性行为理论、计划行为理论、技术接受模型、社会认知理论、团体创新氛围理论和组织搜寻理论,建立了理论模型。通过实证分析,可以确认自我效能、感知易用性、感知有用性和企业创新氛围对知识接受行为有显著的正向影响,知识接受行为对知识创新行为有显著的正向影响,结果预期对知识接受行为的影响不显著,知识搜寻能力对结果预期、自我效能、企业创新氛围和知识接受行为的正向关系的调节作用不显著,即假设H1、H3、H4、H5、H6、H1a、H5a得到了支持,假设H2、H2a、H3a和H4a没有得到支持。

下面,我们进一步探讨研究假设不显著的原因以及研究结论的普适性、模型的可预测性。

1.基础模型中假设H2检验结果不显著的探讨和分析

在PLS结构方程建模的分析过程中,对于基础模型假设中未通过显著性检验的潜变量,一般是通过分层验证的方式揭示原因。其处理过程是首先将未通过显著性检验的潜变量Y作为唯一的变量放入模型中再次检验,接下来依次加入其他潜变量,直到发现导致变量 Y 未通过检验的那个变量 X 出现为止,用变量 X 解释未通过检验的变量 Y。根据这一规则,利用潜变量分层检验的方法进一步探讨假设 H2 没有得到支持,即结果预期对企业的知识接受行为的影响不显著的原因。检验方法是利用 Smart PLS 3.0 软件 Bootstrapping 操作,在结果预期对知识接受行为的路径系数显著性检验的基础上,依次添加上自我效能、感知易用性、感知有用性以及企业创新氛围四个潜变量对知识接受行为的路径系数显著性检验,分别得出各自路径系数和相对应的 T 值,我们的分析过程如图 4-15 至图 4-24 所示。

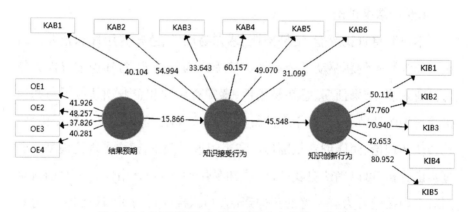

图 4-15　结果预期与知识接受行为之间的 T 值结果图

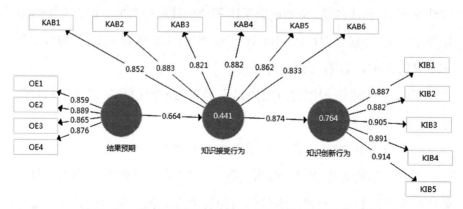

图 4-16　结果预期与知识接受行为之间的路径系数结果图

图 4-15 显示,当只选取结果预期对知识接受行为的影响显著性检验时,T 值远大于 1.96 的阈值标准,说明结果预期对知识接受行为的相关关系假设结果成立。图 4-16 显示,在 T 值通过的前提下,结果预期潜变量对知识接受行为潜变量的直接效应系数为 0.664,这说明当其他条件不变时,结果预期潜变量每提升 1 个单位,知识接受行为潜变量将提升 0.664 个单位。

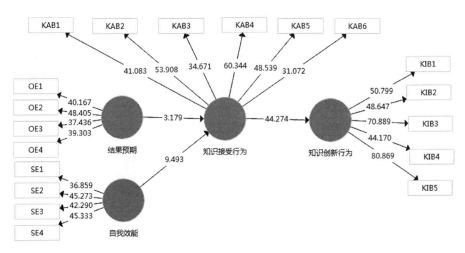

图 4-17 结果预期、自我效能与知识接受行为之间的 T 值结果图

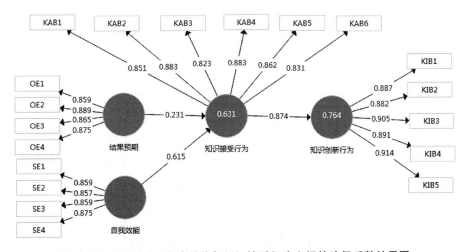

图 4-18 结果预期、自我效能与知识接受行为之间的路径系数结果图

图 4-17 显示,当在结果预期变量基础上添加自我效能变量再对知识接受行为的影响显著性检验时,两个变量与知识接受行为之间的 T 值也都大于 1.96 的阈值标准,说明结果预期、自我效能对知识接受行为的相关关系假设结果成立。图 4-18 显示,在 T 值通过的前提下,结果预期和自我效能潜变量对知识接受行为潜变量的直接效应系数分别为 0.231 和 0.615,这说明当其他条件不变时,结果预期潜变量每提升 1 个单位,知识接受潜变量将提升 0.231 个单位;同理,当其他条件不变时,自我效能潜变量每提升 1 个单位,知识接受行为潜变量将提升 0.615 个单位。

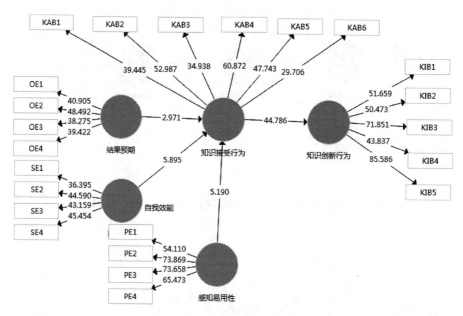

图 4-19　结果预期、自我效能、感知易用性与知识接受行为之间的 T 值结果图

图 4-19 显示,当在结果预期变量基础上添加自我效能、感知易用性变量再对知识接受行为的影响显著性检验时,三个变量与知识接受行为之间的 T 值也都大于 1.96 的阈值标准,说明结果预期、自我效能、感知易用性对知识接受行为的相关关系假设结果成立。图 4-20 显示,在 T 值通过的前提下,结果预期、自我效能和感知易用性潜变量对知识接受行为潜变量的直接效应系数分别为 0.204、0.428 和 0.315,这说明当其他条件

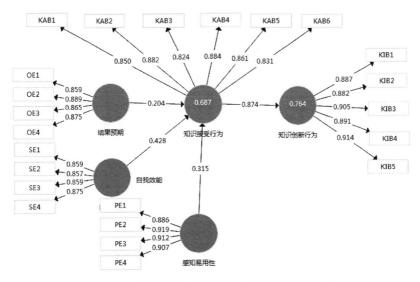

**图 4-20 结果预期、自我效能、感知易用性与知识
接受行为之间的路径系数结果图**

不变时,结果预期潜变量每提升 1 个单位,知识接受潜变量将提升 0.204
个单位;同理,当其他条件不变时,自我效能潜变量每提升 1 个单位,知识
接受行为潜变量将提升 0.408 个单位;在其他条件不变的前提下,感知易
用性潜变量每提升 1 个单位,知识接受行为潜变量将提升 0.315 个单位。

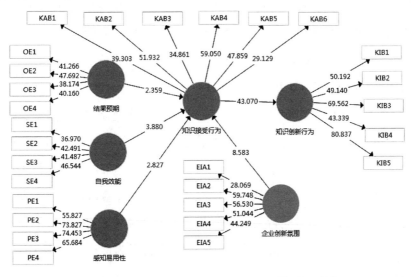

**图 4-21 结果预期、自我效能、感知易用性、企业创新
氛围与知识接受行为之间的 T 值结果图**

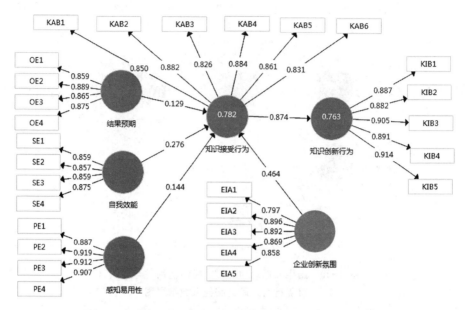

**图4-22 结果预期、自我效能、感知易用性、企业创新氛围与
知识接受行为之间的路径系数结果图**

图 4-21 显示,当在结果预期变量基础上添加自我效能、感知易用性和企业创新氛围变量再对知识接受行为的影响显著性检验时,三个变量与知识接受行为之间的 T 值也都大于 1.96 的阈值标准,说明结果预期、自我效能、感知易用性、企业创新氛围与知识接受行为的相关关系假设结果成立。图 4-22 显示,在 T 值通过的前提下,结果预期、自我效能和感知易用性、企业创新氛围潜变量对知识接受行为潜变量的直接效应系数分别为 0.129、0.276、0.144 和 0.464,这说明当其他条件不变时,结果预期潜变量每提升 1 个单位,知识接受潜变量将提升 0.129 个单位;同理,当其他条件不变时,自我效能潜变量每提升 1 个单位,知识接受行为潜变量将提升 0.276 个单位;在其他条件不变的前提下,感知易用性潜变量每提升 1 个单位,知识接受行为潜变量将提升 0.144 个单位;在其他条件不变时,企业创新氛围每提升 1 个单位,知识接受行为潜变量将提升 0.464 个单位。

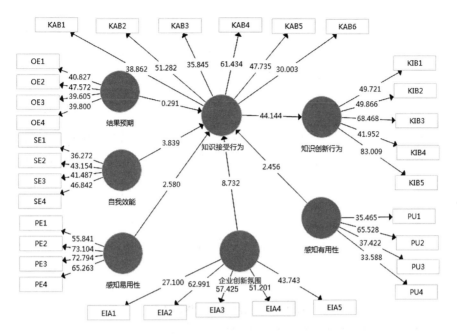

图 4-23 结果预期、自我效能、感知易用性、企业创新氛围、
感知有用性与知识接受行为之间的 T 值结果图

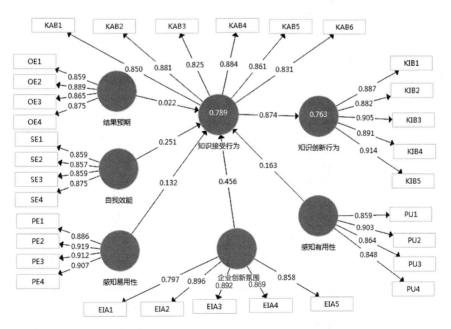

图 4-24 结果预期、自我效能、感知易用性、企业创新氛围、
感知有用性与知识接受行为之间的路径系数结果图

图 4-23 显示,当在结果预期变量基础上添加自我效能、感知易用性、企业创新氛围、感知有用性变量再对知识接受行为的影响显著性检验时,结果预期变量与知识接受行为之间的 T 值都小于 1.96 的阈值标准,其他变量的 T 值通过了阈值标准。这一结果说明,结果预期对知识接受的影响作用被感知有用性的作用弱化了。图 4-24 显示,在 T 值通过和不通过的前提下,结果预期、自我效能、感知易用性、企业创业氛围、感知有用性潜变量对知识接受行为潜变量的直接效应系数分别为 0.022、0.251、0.132、0.456 和 0.163,其中结果预期的直接效应系数变化显著。

总结图 4-10 至图 4-24 的分析结果,得到变量间的分层分析数据见表 4-21。

表 4-21　路径系数显著性检验

	Original Sample(O)	T Statistics (|O/STDEV|)	P Values
结果预期→知识接受行为	0.667	16.152	0.000
结果预期→知识接受行为	0.232	3.158	0.002
自我效能→知识接受行为	0.615	9.391	0.000
结果预期→知识接受行为	0.204	3.086	0.002
自我效能→知识接受行为	0.428	6.120	0.000
感知易用性→知识接受行为	0.315	5.357	0.000
结果预期→知识接受行为	0.073	0.874	0.382
自我效能→知识接受行为	0.395	5.522	0.000
感知易用性→知识接受行为	0.296	4.974	0.000
感知有用性→知识接受行为	0.198	2.374	0.018
结果预期→知识接受行为	0.022	0.288	0.773
自我效能→知识接受行为	0.251	3.815	0.000
感知易用性→知识接受行为	0.132	2.593	0.010
感知有用性→知识接受行为	0.163	2.397	0.017
企业创新氛围→知识接受行为	0.457	9.119	0.000

由表4-21可以看出,在添加感知有用性时,结果预期对知识接受行为的T值小于1.96,模型没有通过显著性检验。由此可见,结果预期对知识接受行为的正向影响的解释力被感知有用性分担了。

这个结果说明,结果预期和感知有用性两个潜变量有较大的信息重合部分,从回归分析的角度解释,主要是这两个潜变量之间存在较高程度的相关性,出现了多重共线性问题。而从本研究的设计看,最终的结果是感知有用性取代结果预期,成为影响知识接受的重要影响因素之一。

2. 部分调节变量不显著的原因分析

本章将知识搜寻能力作为企业知识接受行为的调节因素,实证研究表明:知识搜寻对自我效能与企业知识接受行为、对企业创新氛围与企业知识接受行为的正向关系均具有调节作用,但对结果预期、感知有用性、感知易用性三个前置影响因素与企业知识接受行为的正向关系的调节作用不显著。知识搜寻的内涵与外延比较复杂,从范围上分为内部知识搜寻、外部知识搜寻,从维度上分为知识搜寻宽度、知识搜寻深度,从类型上分为前瞻型搜寻、反应型搜寻等[1],从模式上包括基于时间边界的创新搜寻模式、基于地理边界的创新搜寻模式、基于组织边界的创新搜寻模式、基于内容边界的创新搜寻模式、多边界的创新搜寻模式[2]。已有研究表明,在北美、英国、中国台湾地区,企业的知识(创新)搜寻与其创新绩效之间呈倒"U"形关系[3],而对于中国大陆企业而言,张峰[4]、缪根红[5]、邬

---

[1]　参见陈君达、邬爱其:《国外创新搜寻研究综述》,《外国经济与管理》2011年第2期。

[2]　参见邬爱其、方仙成:《国外创新搜寻模式研究述评》,《科学学与科学技术管理》2012年第4期。

[3]　参见杨慧军、杨建君:《外部搜寻、联结强度、吸收能力与创新绩效的关系》,《管理科学》2016年第3期。

[4]　参见张峰、刘侠:《外部知识搜寻对创新绩效的作用机理研究》,《管理科学》2014年第1期。

[5]　参见缪根红、陈万明、唐朝永:《外部创新搜寻、知识整合与创新绩效关系研究》,《科技进步与对策》2014年第1期。

爱其①、郑浩②等人的实证研究则反映出二者为正向线性关系,芮正云等人对中国大陆企业的研究则表明:反应型搜寻与前瞻型搜寻对企业创新绩效的影响存在差异,反应型搜寻起到了倒"U"形的影响,而前瞻型搜寻起到了"U"形影响。③ 由此可见,知识搜寻的内涵及其作用机理是比较复杂的,企业知识搜寻与创新绩效并非单一的线性关系。在本研究中,企业知识搜寻能力作为调节变量对部分前置影响因素与企业知识接受行为起调节作用,而对另一部分前置影响因素与企业知识接受行为的调节作用不显著,是可以理解与接受的。下一步,需要继续深化、细化对企业知识搜寻能力在知识接受行为中作用机理的探讨,深入揭示其在企业知识利用和创新绩效中的作用。

3. 以企业分类为控制变量检验模型的普适性

根据已有的理论和文献,我们构建了面向所有企业的研究模型和假设,收集的数据用于验证研究模型和假设。在验证过程中,还应考虑样本特性,也就是考虑不同的企业有无个性差异。为此,我们将企业类型作为控制变量与企业创新绩效相关联,查看控制变量的显著性检验:若表现显著,则表明模型的总体假设是受企业类别的个性特征影响,研究结果不具备普适性;若表现不显著,则说明我们的总体假设是面向全样本,具有普适性。图4-25、图4-26、图4-27展示了检验的过程和结果。

图4-25的结果表明,当以结果预期、自我效能、感知易用性、企业创新氛围、感知有用性为知识接受的前置变量模型为基础,添加企业类型为创新行为的控制变量时,模型中结果预期与知识接受的 T 值都没有达到1.96的阈值标准,企业类型与知识创新行为之间的 T 值也都没有达到1.96

① 参见邬爱其、李生校:《外部创新搜寻战略与新创集群企业产品创新》,《科研管理》2012 年第 7 期。
② 参见郑浩:《情景双元视角下知识搜寻协同对创新绩效的影响——一个有中介的调节模型》,《科技进步与对策》2018 年第 17 期。
③ 参见芮正云、罗瑾琏:《企业创新搜寻策略的作用机理及其平衡——一个中国情境下的分析框架与经验证据》,《科学学研究》2016 年第 5 期。

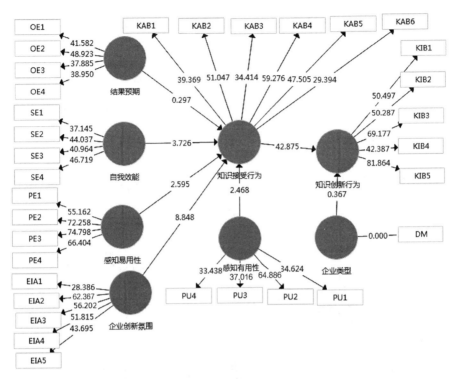

图 4-25　企业类型为控制变量的基础模型的 T 值检验结果图

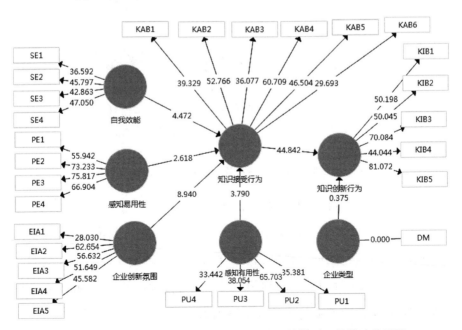

图 4-26　筛选变量后以企业类型为控制变量的模型 T 值检验结果图

的阈值标准,前者说明基础模型的稳健性很好,后者说明模型的假设条件不受企业类型的局限,表示我们的假设是面向全样本,具有普适性。

图4-26表明,当把结果预期从基础模型中剔除(因为在前面的检验表明结果预期与感知有用性有着较大的信息重合),以自我效能、感知易用性、企业创新氛围、感知有用性为知识接受的前置变量模型为基础,添加企业类型作为创新行为的控制变量时,模型中就只有控制变量企业类型与知识创新行为之间的T值没有达到1.96的阈值标准。这一结果再次表明我们的假设是面向全样本,具有普适性。

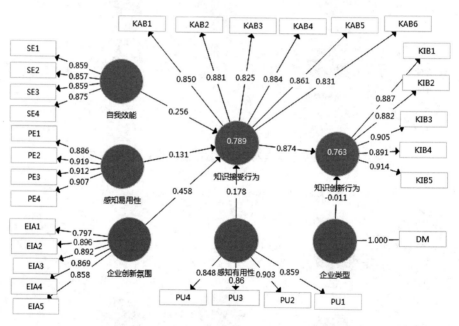

图4-27　控制变量模型中各潜变量之间的路径系数结果图

图4-27表明,在以自我效能、感知易用性、企业创新氛围、感知有用性为知识接受行为前置变量,以企业类型为控制变量的模型中,自我效能、感知易用性、企业创新氛围、感知有用性与知识接受行为之间的路径系数分别为0.256、0.131、0.458、0.178。从直接效应的大小判断,企业创新氛围是影响企业创新行为的最关键因素。

第五章　绩效目标下的企业知识执行行为影响因素实证分析

一、理论基础

理性行为理论最重要的贡献是解释了个人或组织的选择行为,行动者为了达到既定目标做出相应的选择,选择的过程就是系统分析各种条件,达到实现目标的利益最大化。但理性行为理论无法解释行动者做出选择后的实施行动。企业知识利用的过程分为两个阶段——知识采纳(接受)阶段和知识实施(执行)阶段,理性行为理论解释了前者,后者需要有不同的理论来解释。企业知识利用的结果有两种形式:一是产生创新行为,二是带来创新绩效,企业知识接受行为更大程度上导致创新行为,而知识实施(执行)行为更大程度上会带来创新绩效。在知识实施(执行)行为的解释方面,没有特别经典的理论,学者们以往的研究主要是根据经验研究结果,从多个理论视角,探讨知识实施(执行)过程的影响因素,主要有以下几种理论视角。

(一) 创新扩散理论

创新扩散理论,又被译为"创新传播理论""创新散布理论""革新传播理论"等,是主要研究媒介如何说服人们接受新观念、新事物、新产品的理论,其本质是知识的传播和利用。一项创新一般包含了三种类型的知识：一是"是什么的知识"，也就是关于创新存在的信息；二是"如何使用的知识"；三是"原理性知识"。因此，创新扩散的本质是关于知识传播和利用的过程。该理论的基本内涵已见 3.2.1，兹不赘述。

（二）两团体文化差异理论

两团体文化差异理论是用于解释知识的生产者和知识的潜在使用者之间由于存在认知上的文化差异和缺乏有效的沟通机制而造成的知识无法有效利用的问题。该理论发源于学者们对社会科学研究成果不能在政府公共政策的形成决策过程中发挥有效作用的研究，因此学者们提出了假设，认为在政府决策者与社会科学研究者两个群体之间存在着巨大的文化差异（Weiss，1978[1]），这种文化差异解释了知识利用的低效率和低水平的问题（Caplan，1979[2]；Rich，1979[3]、1991[4]；Beyer，1997[5]）。Cherney（2012[6]、2013[7]）、Newman 等（2016）依据对澳大利亚公共部门实地调查的材料，进一步丰富、完善了两团体文化差异理论[8]。文化差异表现在 5

---

[1]　参见 Weiss C.H.，"Broadening the concept of research utilization"，*Sociological Symposium*，1978，（21），pp.20-31。

[2]　参见 Caplan N.，"The two-communities theory and knowledge utilization"，*American Behavioral Scientist*，1979，22（3），pp.459-470。

[3]　参见 Rich R.F.，"The pursuit of knowledge"，*Knowledge：Creation，Diffusion，Utilization*，1979，1（1），pp.6-30。

[4]　参见 Rich R.F.，"Knowledge creation，diffusion，and utilization：Perspectives from the founding editor of knowledge"，*Knowledge：Creation，Diffusion，Utilization*，1991，12（3），pp.319-337。

[5]　参见 Beyer J.M.，"Research utilization：Bridging the gap between communities"，*Journal of Management Inquiry*，1997，6（1），pp.17-22。

[6]　参见 Cherney A.，Head B.W.，Boreham P.，et al.，"Perspectives of academic social scientists on knowledge transfer and research collaborations：A cross-sectional survey of Australian academics"，*Evidence and Policy*，2012，8（4），pp.433-453。

[7]　参见 Cherney A.，Head B.W.，Povey J.，et al.，"The utilisation of social science research——The perspectives of academic researchers in Australia"，*Journal of Sociology*，2013，51（2），pp.252-270。

[8]　参见 Newman J.，Cherney A.，Head B.W.，"Do policy makers use academic research? Re-examining the'two communities' theory of research utilization"，*Public Administration Review*，2016，76（1），pp.24-32。

个方面:1. 两团体之间存在巨大的不信任甚至是对立(Roth et al.,1978[①];Caplan,1979;Rich,1979b[②];Weiss & Weiss,1981[③];Deshpande & Kohli,1989[④];Rich,1991;Beyer,1997);2. 不同的薪酬制度是形成文化差异的又一方式;3. 两团体对于知识信息时效性的理解不同;4. 使用者偏好使用符合自己语言习惯和行话的方式表达出来的研究成果;5. 研究者需要更多关注政府官员的需求,生产的研究成果要与这些需求相关联。对于科研成果的采纳因素,有些学者指出,政府机构的专家与管理者通常偏好阅读那些用自己熟悉的语言风表达的研究报告(Caplan,1979;Dunn et al.,1985[⑤];Rich & Oh,1993[⑥];Webber,1987;Weiss,1973[⑦])。针对这一特点,研究者就要努力提供可读性和易读性强、结论和建议更加具体、更容易被用户接受和操作的、更令人心动的研究报告(Landry et al.,2003;Amara et al.,2004);他们还建议知识的使用者要努力创造条件去接受知识,比如通过组织会议与研究者讨论研究项目的目标与领域,讨论研究成果的去处,从研究者手里直接获得研究成果等。此外,Zaltman 等(1983)发现私营机构对科学研究成果的利用也存在知识生产者和使用者两个团体的文

---

① 参见 Roth B.K.,Michael D.N.,Fuller TD.,et al.,"Factors affecting utilization of technology assessment studies in policy-making",*Ann Arbor:Institute for Social Research*,1978。

② 参见 Rich, RF (Ed.), " Knowledge production and utilization:The use of scientific mformation in decision making[Special issue]",*American Behavioral Scientist*,1979,22(3)。

③ 参见 Weiss J.A.,Weiss C.H.,"Social scientists and decision makers look at the usefulness of mental health research",*American Psychologist*,1981,38(8),pp.837-847。

④ 参见 Deshpande R.,Kohli A.K.,"Knowledge disavowal:Structural determinants of informa-tion-processing breakdown in organizations",*Science Communication Linking Theory & Practice*,1989,11(2),pp.155-169。

⑤ 参见 Dunn W.N.,Holzner B.,Zaltman G.,"Knowledge utilization",Husen T,Postlewaite TN,*International encyclopedia of education*,Oxford:Pergamon.1985,pp.2831-2839。

⑥ 参见 Rich R.F.,Oh C.H.,"The utilization of policy research",Nagel S.,*Encyclopedia of Policy Studies*,New York:Marcel Dekkar inc.,1993。

⑦ 参见 Weiss C.H.,"The politics of impact measurement",*Policy Studies Journal*,1973,1(3),pp.179-183。

化差异。①

创新扩散理论和两团体文化差异理论为寻找知识利用的影响因素提供了理论依据。

二、影响因素和研究模型

知识利用的两个阶段研究现状表明,知识采纳(接受)阶段的理论研究相对成熟,而知识实施(执行)阶段的研究还处于经验验证总结阶段。创新扩散理论和两团体文化差异理论是研究者在总结个人、私人组织和政府公共机构利用知识进行决策的经验中发展出的理论,一直处于不断完善的过程中,学者们利用这些理论启发研究实践的同时也在不断发展这些理论。学者们在这两大理论的启发下,寻求各自研究背景下的影响知识实施(执行)的原因变量,所以总结出的原因变量更多像菜单式罗列式变量,而不是启发式装置变量(Lester,1993②)。

正如第三章第六节知识利用文献综述中对 Amara(2003③、2004④)量化设计研究的叙述,他们从知识利用研究的历史脉络及其提出的理论启发中,萃取研究成果的社会工程学特质(engineering explanations)、组织利益(organization interest explanations)、两团体文化差异(two communities explanations)、联结互动(interaction explanations)四类解释因素作为自变

---

① 参见 Deshpande R.,Zaltman G.,"Patterns of research use in private and public sectors", *Science Communication*,1983,4(4),pp.561-575。

② 参见 Lester J.P.,"The utilization of policy analysis by state agency officials",*Knowledge*:*Creation*,*Diffusion*,*Utilization*,1993,14(3),pp.267-290。

③ 参见 Landry R.,Lamari M.,Amara N.,"The extent and determinants of the utilization of university research in government agencies",*Public Administration Review*,2003,63(2),pp.192-205。

④ 参见 Amara N.,Ouimet M.,Landry R.,"New evidence on instrumental,conceptual,and symbolic utilization of university research in government agencies",*Science Communication*,2004,26(1),pp.75-106。

量,构建概念模型,收集数据,验证假设,得出结论。

Fairweather(1988)①、Kristi 等(1996)②的研究表明,企业与政府机构的知识利用具有相当大的共通之处。为此,本研究将这四大类因素移植到企业创新决策的环境下,从中抽取关键变量,考察和验证企业知识实施(执行)的前置影响因素,结合知识创新过程与知识利用过程的交叉融合关系,以企业知识吸收能力为调节变量,以知识创新绩效为结果变量,构建知识实施(执行)行为的影响因素研究模型。

(一) 企业知识实施(执行)行为的前置影响因素

1. 知识类型

这一要素是从 Amara 等(2003、2004)总结的研究成果本身的"社会工程性特质"(Engineeing Explanation)这一大类因素中抽取来的。研究成果本身的工程性特质来源于社会工程学(social engineering),表达的是研究成果被组织吸收利用之后所提供的更多的改善服务和解决问题的机会,科学研究成果(知识)与产品、服务创新之间是线性关系,科学研究成果被吸收之后,带来的结果是新产品或服务的提高。该因素聚焦研究成果本身的特点,假设决策者对研究成果的吸收主要取决于研究成果本身的特性,包括:(1)研究成果的内容特性:显著性、兼容性、复杂性、可试验性、可观察性、有效性、可靠性、可移植性(Dearing et al., 1994③; Edwards, 1991④;

---

① 参见 Fairweather J.S., *Entrepreneurship and Higher Education : Lessons for Colleges, Universities, and Industry*, ASHE-ERIC Higher Education Report No.6, 1988.The Georgetown University, One Dupont Circle, Suite 630, Dept RC, Washington, DC 20036-1183。

② 参见 Kristi M.T., Stephen A.H., "Firm utilization of university scientific research", *Research in Higher Education*, 1996, 37(5), pp.509-534。

③ 参见 Dearing J.W., Meyer G., Kazmierczak J., "Portraying the new: Communication between university innovators and potential users", *Science Communication*, 1994, 16(1), pp.11-42。

④ 参见 Edwards L.A., "*Using knowledge and technology to improve the quality of life of people who have disabilities : A prosumer approach*", Philadelphia : Pennsylvania College of Optometry, 1991。

Lomas,1993①;Weiss & Bucuvalas 1980②);(2)研究成果的类型:基础研究或是应用研究、一般研究或是概括性研究(Machlup,1980③)、定性或是定量研究、特殊或是精准化的研究(Rich,1997④);(3)研究成果的领域与专业(Landry et al.,2001⑤;Landry et al.,2003;Oh,1997⑥;Rich,1997)。Landry 等(2003)、Amara 等(2004)⑦的研究发现,研究成果本身的特点,比如定量成果、定性成果、理论性成果、研究成果的前沿性等特点会显著影响政府公共组织中决策者对成果的工具性利用、概念性利用和符号性利用,但不是每个领域的影响程度都一样。周文光等(2012)的研究也表明,在知识利用的实施阶段,企业要依据所选择的知识及其利用方式来分析问题所属领域、产生的原因、如何解决。⑧ 因此,我们借鉴该研究结果提出以下假设:

H1:外部知识自身的特性尤其是知识类型会显著影响企业知识执行。

2. 组织需求

组织需求是从组织利益类解释变量(organization interest explanations)中抽取的一个因素。组织利益方面的因素假设机构规模、组织结构、政策

---

① 参见 Lomas J.,"Diffusion, dissemination, and implementation:Who should do what?",*Annals of the New York Academy of Sciences*,1993,703(1),pp.226-237。

② 参见 Weiss C.H.,Bucuvalas M.J.,"Truth tests and utility tests:Decision-makers' frames of reference for social science research",*American Sociological Review*,1980,45(2),pp.302-313。

③ 参见 Machlup F.,*Knowledge and Knowledge Production*,Princeton:Princeton University Press,1980。

④ 参见 Rich R.F.,"Measuring knowledge utilization process and outcomes",*Knowledge and Policy:The International Journal of Knowledge Transfer and Utilization*,1997,10(3),pp.3-10。

⑤ 参见 Landry R.,Amara N.,Lamari M.,"Utilization of social science research knowledge in Canada",*Research Policy*,2001,30(2),pp.333-349。

⑥ 参见 Oh C.H.,"Issues for new thinking of knowledge utilization:Introductory remarks,knowledge and policy",*The International of Knowledge Transfer and Utilization*,1997,10(3),pp.3-10。

⑦ 参见 Amara N.,Ouimet M.,Landry R.,"New evidence on instrumental, conceptual, and symbolic utilization of university research in government agencies",*Science Communication*,2004,26(1),pp.75-106。

⑧ 参见周文光、黄瑞华:《企业自主创新中知识利用过程研究》,《软科学》2012 年第 1 期。

领域的类型、组织需求、决策者的地位会对大学研究成果的使用态度产生影响。组织利益解释变量指出，当研究者把自己的研究聚焦于用户需求而不是关注研究成果的前沿性时，可以提高研究成果的使用率（Chelimsky，1997①；Frenk，1992②；Orlandi，1996③；Silverside，1997④）。组织利益解释变量也指出，当用户认为研究成果与自己的工作需求相干，或是恰好能满足用户的需求，或是用户认为研究成果可信度高，这些情况都能提高研究成果的利用率（Landry et al.，2001；Landry et al.，2003；Amara et al.，2004）。因此，我们借鉴该研究结果提出以下假设：

H2：知识满足组织利益的需求程度正向影响企业知识实施（执行）行为。

3. 文化沟通

这一要素从两团体文化差异理论（two communities explanations）中概括出来。该解释变量提出的假设是，研究者更加关注研究成果的先进性而忽视使用者的需求，而使用者更偏爱通俗易懂的研究报告而非晦涩难懂的科技论文，因而会降低大学科研成果的利用水平（Caplan，1979；Frenk，1992；Landry et al.，2003；Oh & Rich，1996⑤；Rich 1979；Webber，1987⑥）。为了缩小两个团体之间的文化差异，两团体解释变量强调关注两大要素：生产者生产的研究成果的可采纳度、使用者获得科研成果的努力程度。

---

① 参见 Chelimsky E.，"The coming transformation of evaluation"，Chelimsky E.，Shadish WR.，*Evaluation for the 21ˢᵗ Century*，Thousand Oaks，Ca：Sage Publications，1997，pp.1–16。

② 参见 Frenk J.，"Balancing relevance and excellence：Organizational response to link research with decision making"，*Social Science Medicine*，1992，35（11），pp.1397–1404。

③ 参见 Orlandi M.A.，"Health promotion technology transfer：Organizational perspectives"，*Canadian Journal of Public Health*，1996，87（2），pp.28–33。

④ 参见 Silverside A.，"Dissemination of research results to clinicians an art in itself"，*Canadian Medical Association Journal*，1997，156（12），pp.1746–1747。

⑤ 参见 Oh C.H.，Rich R.F.，"Explaining use of information in public policy making"，*Knowledge and Policy：The International Journal of Knowledge Transfer and Utilization*.1996，9（1），pp.3–35。

⑥ 参见 Webber D.J.，"Legislators' use of policy information"，*American Behavioral Scientist*，1987，30（6），pp.612–631。

因此,我们借鉴该研究结果提出以下假设:

H3:通过文化沟通降低知识生产者和知识使用者之间的文化差异正向影响企业知识实施(执行)行为。

4. 联结机制

这一因素从联结互动强度(interaction explanations)中抽取。联结互动解释变量聚焦于研究者与使用者之间的社会联结机制。该变量提出研究者与使用者之间的互动是研究成果利用的重要预测因素(Anderson et al.,1999[1];Dunn et al.,1985;Landry et al.,2003;Leung,1992[2];Lomas,1997[3];Nyden & Wiewel,1992[4];Oh,1997;Oh & Rich,1996;Yin & Moore,1988[5]),该假设也提出研究者与使用者之间连续高密度的互动越多,研究成果被利用的可能性就越大(Landry et al.,2003;Amara et al.,2004)。测量研究者与使用者之间互动强度的一个变量称"联结机制"(Landry et al.,2003),这个联结机制包括召开同行研讨会、专业学术会议、研究者学术沙龙、学会代表大会以及通过电话、邮件、网络联系等等。因此,我们借鉴该研究结果提出以下假设:

H4:良好的社会联结机制正向影响企业知识实施(执行)行为。

(二) 企业知识实施(执行)行为的调节变量:企业知识吸收能力

学术界关于企业知识吸收能力对创新绩效影响机理的研究主要有三

---

① 参见 Anderson M.,Cosby J.,Swan B.,et al.,"The use of research in local health service agencies" *Social Science & Medicine*,1999,49(8),pp.1007-1019。

② 参见 Leung P.,"Translation of knowledge into practice",Walcott and Associates.*NIDRR National CRP Panel Final Report*,Washington,D.C.:Walcott and Associates,1992。

③ 参见 Lomas J.,"Research and evidence-based decision making",*Australian and New Zealand Journal of Public Health*,1997,21(5),pp.439-441。

④ 参见 Nyden P.,Wiewel W.,"Collaborative research:Harnessing the tensions between researchers and practitioners",*American Sociologist*,1992,23(4),pp.43-55。

⑤ 参见 Yin R.K.,Moore G.B.,"Lessons on the utilization of research from nine case experiences in the natural hazards field",*Knowledge in Society*:*the International Journal of Knowledge Transfer*,1988,1(3),pp.25-44。

种假设:一是假设知识吸收能力对企业创新绩效直接产生影响;二是假设知识吸收能力作为中介变量对企业绩效产生影响;三是假设知识吸收能力作为调节变量影响企业绩效。学者们在不同的研究环境下也都验证了三种观点的合理性。但更多的学者认为吸收能力主要是间接地来影响创新绩效的,尤其是通过调节作用间接影响企业绩效。

Tsai(2001)认为,企业通过创新搜寻来获取外部知识,还需要消化和吸收这些知识并应用到商业领域。吸收能力越强的企业,就越能将搜寻到的知识成功转化为创新绩效,因此吸收能力对创新搜寻和创新绩效起着调节作用。[①] Darroch 和 McNaughton(2003)提出知识吸收能力对创新绩效的直接影响不如间接影响,创新绩效可能会随着知识吸收能力的调节而变化。[②] Saggi(2002)通过构建动态博弈模型,阐述了研发知识外溢与吸收能力调节作用机制。[③] Harrington 和 Guimaraes(2005)在研究企业文化、吸收能力与 IT 成功关系的研究中指出:虽然吸收外部知识的能力也是员工创新素质的重要组成部分,但与其他因素相比,它更类似一种必要而非充分条件。[④] Escribano 等(2009)通过对 2265 家西班牙企业的深入调查研究发现,吸收能力在企业搜寻外部知识和创新绩效的关系中起着正向调节作用。[⑤] Rothaerme 和 Alexandre(2009)对美国制造业的实证研究表明,吸收能力对企业的双元搜寻能力和创新绩效的关系起着

---

① 参见 Tsai W.,"Knowledge transfer in intra-organizational networks:Effects of network position and absorptive capacity on business unit innovation and performance",*Academy of Management Journal*,2001,44(5),pp.996-1017。

② 参见 Darroch J.,McNaughton R.,"Beyond market orientation:Knowledge management and the innovativeness of New Zealand firms",*European Journal of Marketing*,2003,37(3/4),pp.572-593。

③ 参见 Saggi k.,"Trade,foreign direct investment,and international technology transfer:a survey",World Bank Research Observer,2002,17(2),pp.191-235。

④ 参见 Harrington S.J.,Guimaraes T.,"Corporate culture,absorptive capacity and IT success",*Information & Organization*,2005,15(1),pp.39-63。

⑤ 参见 Escribano A.,Fosfurib A.,Tribó J.,"Managing external knowledge flows:The moderating role of absorptive capacity",*Research Policy*,2009,38(1),pp.96-105。

调节作用。① Tsai(2009)基于中国台湾地区制造企业的研究发现,吸收能力对企业的需求搜寻、供应搜寻同企业创新绩效的关系起正向的调节作用。② Sofka 和 Grimpe(2010)通过对欧洲五国 5000 多家企业的实证研究发现,吸收能力对不同的创新搜寻和创新绩效之间的关系所起的调节作用存在差异。③ Alia 和 Park(2016)基于潜在吸收能力、现实吸收能力两个维度,建立关于文化创新、组织创新的综合模型,认为吸收能力的两个维度均连续直接作用于组织创新,同时在与文化创新关系中起调节作用。④ 郑华良(2012)以 115 家浙江省集群企业为样本的实证研究结果表明,本地搜寻宽度和本地搜寻深度对集群企业创新绩效呈倒"U"形关系影响;在吸收能力的调节作用下,外地搜寻宽度和外地搜寻深度对集群企业创新绩效有正向影响。⑤ 缪根红等(2014)关于知识扩散路径与员工创新绩效关系的实证研究结果,证实了知识吸收能力在知识扩散路径与员工创新绩效关系中起调节作用,并指出当吸收能力与相应的创新知识相结合后对员工创新绩效的影响更为显著⑥。禹献云等(2018)的研究表明,外部搜索策略对企业技术创新绩效具有重要影响,知识吸收能力起着调节作用,外部搜索策略的搜索广度对企业技术创新绩效存在显著正向影响,知识吸收能力正向调节搜索广度对企业技术创新绩效的影响;外部

---

① 参见 Rothaerme F.T.,Alexandre M.T.,"Ambidexterity in technology sourcing:The moderating role of absorptive capacity",*Organization Science*,2009,20(4),pp.759-780。

② 参见 Tsai W.H.,"Collaborative networks and product innovation performance:Toward a contingency perspective",*Research Policy*,2009,38(5),pp.765-778。

③ 参见 Sofka W.,Grimpe C.,"Specialized search and innovation performance – evidence across Europe",*R&D Management*,2010,40(3),pp.310-323。

④ 参见 Alia M.,Park K.,"The mediating role of an innovative culture in the relationship between absorptive capacity and technical and nontechnical innovation",*Business Research*,2016,69(5),pp.1669-1675。

⑤ 参见郑华良:《地理搜寻对集群企业创新绩效的影响:吸收能力的调节作用》,《科学学与科学技术管理》2012 年第 5 期。

⑥ 参见缪根红、薛利、陈万明等:《知识扩散路径与员工创新绩效关系的实证研究——考虑知识吸收能力与主动遗忘能力的调节作用》,《研究与发展管理》2014 年第 3 期。

搜索策略的搜索深度与技术创新绩效呈倒"U"形关系,知识吸收能力调节了搜索深度对技术创新绩效的影响①。刘泽双等(2018)对组织创新氛围、知识分享和知识型员工创新绩效关系的研究结果,证实了组织创新氛围对员工绩效的直接和间接影响,并发现在高知识吸收能力下,知识分享对员工创新绩效的影响关系更显著,从而验证了知识吸收能力的正向调节作用。②

本研究根据环境和目标,将知识吸收能力作为调节变量去假设和检验,因此提出以下假设:

H1a:知识吸能能力对外部知识类型与知识执行的关系具有调节作用。

H2a:知识吸收能力对组织需求与知识执行的正向关系具有调节作用。

H3a:知识吸收能力对文化沟通与知识执行的正向关系具有调节作用。

H4a:知识吸收能力对联结机制与知识执行的正向关系具有调节作用。

(三) 企业知识实施(执行)行为的结果变量:企业知识创新绩效

知识实施(执行)阶段是企业将消化吸收到的知识转化为解决问题获得创新结果的过程。许多学者认为知识通过在不同业务间进行研发、生产、后勤、市场营销、财务、行政等活动中的利用,企业会获得效率与收入提升的双重利益(Capron,1999③;Larsson & Fiknelsetin,1999④;Castaner,2002⑤)。

---

① 参见禹献云、周青:《外部搜索策略、知识吸收能力与技术创新绩效》,《科研管理》2018年第 8 期。

② 刘泽双、薛建欣:《组织创新氛围、知识分享和知识型员工创新绩效——知识吸收能力的调节作用》,《未来与发展》2018 年第 2 期。

③ 参见 Capron L.,"The long term performance of horizontal acquisitions",*Strategic Management Jomual*,1999,20(11),pp.987-1018。

④ 参见 Larsson R.,Fiknelstein,"Integrating strategic,organizational,and human resource perspective on mergers and acquisitions:A case survey of synergy realization",*Organization Science*,1999,10(1),pp.1-26。

⑤ 参见 Castaner J.,*Diversification as learning:The role of corporate exploitation and exploration under different environmental condition in the United State phone industry*,1979-2002,Twin Cities:University of Minnesota,2002。

Herriott、Levinthal 和 March(1985)实证研究了知识利用与企业绩效的关系,并得出二者呈正相关的结论。[①] 其他学者也做过类似的研究,得出了相同的结论。学术界普遍认为,体验式学习就是知识利用的过程,将体验式学习运用于一项活动中,其绩效就会在检查程序、找出差距、不断改善的反复过程中得到提升。[②] March(1991)运用仿真实验的方法证实知识利用在组织学习过程中非常重要,并认为知识利用的实质就是通过完善和拓展现有竞争力、技术与范式来更好地完成各项任务,从而取得绩效成果。[③] Castaner(2002)在此基础上进行了进一步研究,将知识利用这一概念解释为"通过业务间的转移与共享以提高企业现有竞争能力的使用效率"。学者们借鉴资源基础理论提出了知识基础理论,认为知识管理的目标就是充分有效地将组织知识由投入转化为产出。由此可见,这些研究者共同的目标都是在阐述和验证知识利用与创新绩效之间的关系。戚永红(2004)以我国信息技术类上市公司为例的研究结果表明,企业在具备相当吸收能力的条件下,知识利用可以通过对现有知识或竞争力的充分利用而提高企业绩效。[④] 郭美轩(2014)的研究表明,知识利用主要通过三方面对企业合作创新绩效产生影响:①知识利用是联盟进行合作创新的前提和基础,知识利用的过程中提高了合作创新的绩效;②知识利用可以迅速提升合作创新的短期绩效;③知识利用同时有利于联盟自身的成长和联盟的收益。由此,他提出了跨国技术联盟知识利用对合作创新绩效有显著的正向影响的假设,并验证了该假设。[⑤]

---

① 参见 Herriott S.R., Levinthal D.A., March J.G., "Learning from experience in organizations", *American Economic Review*, 1985, 75(2), pp.298-302。

② 参见姬昂:《基于体验式学习理论的成人教育发展再探索》,《继续教育研究》2017 年第 4 期。

③ 参见 March J.G., "Exploration and exploitation in organizational learning", *Organization Science*, 1991, 2(1), pp.71-87。

④ 参见戚永红:《多角化过程中的知识利用与知识开发及其对企业绩效的影响——以我国信息技术类上市公司为例》,浙江大学博士学位论文,2004 年。

⑤ 参见郭美轩:《跨国技术联盟特征对合作创新绩效的影响研究》,吉林大学博士学位论文,2014 年。

基于以上分析可知,知识利用是组织将知识资源应用于新知识的创造和生产实践的过程,直接将知识与创新绩效连接在一起,对组织竞争力的获得和持续提高具有关键作用。由此提出假设:

H5:知识实施(执行)行为对企业创新绩效具有正向影响作用。

(四)研究模型

根据以上推理,建立研究的假设模型如图 5-1 所示。

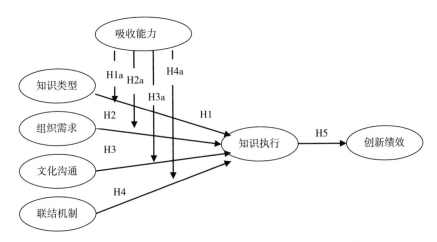

图 5-1 创新绩效目标下企业知识执行行为影响因素分析模型

三、量表设计与数据收集

(一)量表设计

1. 知识类型

知识类型的测量题项参考了 Landry 等(2003)、Amara 等(2004)研究中所用的题项,并根据研究需求做了修正,共设计了 4 个题项,见表 5-1。

表5-1　知识类型的测量题项

变量	测量题项	代码	设计依据
知识类型	1.企业利用的外部知识是基于量化分析的定量研究结果	KT1	Landry 等（2003）、Amara 等（2004）
	2.企业利用的外部知识是基于案例分析的定性研究结果	KT2	
	3.企业利用的外部知识聚焦知识的前沿性	KT3	
	4.企业利用的外部知识是理论研究结果	KT4	

2. 组织需求

组织需求的测量采用李克特 5 级量表模式,题项参考了 Landry 等（2003）、Amara 等（2004）研究中所用的题项,并根据研究需求做了修正,共设计了 5 个题项,见表5-2。

表5-2　组织需求的测量题项

变量	测量题项	代码	设计依据
组织需求	1.企业利用的外部知识被同事们认为是恰当的	KR1	Landry 等（2003）、Amara 等（2004）
	2.企业利用的外部知识能在适当的时候送达我们以供利用	KR2	
	3.与知识的前沿性相比,我们更关注外部知识能够满足工作创新的需求	KR3	
	4.企业利用外部知识能帮助我们更好地理解工作创新的运作	KR4	
	5.企业利用外部知识是为了能够提高我们的工作创新	KR5	

3. 文化沟通

文化沟通的测量采用李克特 5 级量表模式,题项参考了 Landry 等（2003）、Amara 等（2004）研究中所用的题项,并根据研究需求做了修正,共设计了 6 个题项,见表5-3。

表5-3　文化沟通的测量题项

变量	测量题项	代码	设计依据
文化沟通	1. 企业获得的外部研究报告是易于理解的	KC1	Landry 等（2003）、Amara 等（2004）
	2. 企业获得的外部研究报告的结论或建议具体、可操作	KC2	
	3. 企业获得的外部知识来源的信誉和声望	KC3	
	4. 企业获得的外部知识与我们工作中追求的创新目标的针对性和适用性	KC4	
	5. 企业努力与外部知识源建立联系	KC5	
	6. 企业有足够的手段来获取外部的创新的信息	KC6	

4. 联结机制

联结机制的测量采用李克特 5 级量表模式,题项参考了 Landry 等（2003）、Amara 等（2004）研究中所用的题项,并根据研究需求做了修正,共设计了 4 个题项,见表5-4。

表5-4　联结机制的测量题项

变量	测量题项	代码	设计依据
联结机制	1. 与同事们开会讨论工作	KL1	Landry 等（2003）、Amara 等（2004）
	2. 参加各种学术会议、论坛、行业峰会	KL2	
	3. 通过电子邮件、互联网与研究者保持联系	KL3	
	4. 企业内部的参考书阅览室、小型图书馆	KL4	

5. 知识执行

知识执行的测量选用李克特 5 级量表模式,根据 Beyer(1982) 提出的知识执行方式,参考了 Amara 等（2004）所用的测量题项,将知识执行的工具性利用、概念性利用和符号性利用方式量化,根据研究环境的不同而加以改造,共设计了 3 个题项,见表5-5。

表 5-5 知识执行的测量题项

变量	测量题项	代码	设计依据
知识执行	1. 企业利用外部知识直接解决了工作中的具体问题	KIM1	Amara 等（2004）
	2. 企业利用外部知识揭示了工作中的情境和问题	KIM2	
	3. 企业利用外部知识确认了工作中已经做出的选择	KIM3	

6. 知识吸收能力

知识吸收能力的测量采用李克特 5 级量表模式，量表综合了 Jansen 等（2005）[①]、Andrawina 等（2008）[②]、Nieto 和 Quevedo（2005）[③]所采用的测量题项，结合本项目研究实际情况，设计了 5 个测量题项，见表 5-6。

表 5-6 知识吸收能力的测量题项

变量	测量题项	代码	设计依据
知识吸收能力	1. 企业能够利用新知识开发新技术机会或商业机会，推出新产品、新服务	KA1	Jansen 等（2005）、Andrawina 等（2008）、Nieto 和 Quevedo（2005）
	2. 企业能较快地分析、理解所获得的新知识、新技术	KA2	
	3. 企业能掌握外部知识的来源、快速地引进外部知识、快速识别外部知识用途	KA3	
	4. 企业能快速有效地将新知识提供给有需要的员工	KA4	
	5. 企业能够根据新知识改造现有工作流程、产品和技术	KA5	

7. 创新绩效

创新绩效有多个维度，本研究从管理创新绩效、产品创新绩效和市场

---

① 参见 Jansen J., Van den Bosch F., Volberda H., "Managing potential and realized absorptive capacity: How do organizational antecedents matter?", *Academy of Management Journal*, 2005, 48(6), pp.999-1015。

② 参见 Andrawina L., Govindaraju R., Samadhi T., et al., "Absorptive capacity moderates the relationship between knowledge sharing capability and innovation capability", 2008 *IEEE International Conference on Industrial Engineering and Engineering Management*, IEEM, 2008, pp.944-948。

③ 参见 Nieto M., Quevedo P., "Absorptive capacity, technological opportunity, knowledge spillovers, and innovative effort", *Technovation*, 2005, 25(10), pp.1141-1157。

创新绩效三个维度设计测量题项,通过借鉴 *Daft*(1978)[①]、Bell(2005)[②]、Gemtinden 等(1996)[③]所使用的测量量表,采用李克特 5 级量表模式,根据研究的目标设计了 5 个测量题项,见表 5-7。

表 5-7 创新绩效的测量题项

变量	测量题项	代码	设计依据
创新绩效	1. 为了达到目标,企业会优化工作流程	KP1	Daft(1978)、Bell(2005)、Gemtinden 等(1996)
	2. 与主要竞争对手相比,本企业推出新产品速度较快	KP2	
	3. 与主要竞争对手相化,本企业的新产品开发项目的成功率高	KP3	
	4. 企业会提升新产品市场占有率	KP4	
	5. 企业开创了新市场或新的业务领域	KP5	

(二)数据收集

作为基于理论驱动的实证研究,根据已有的文献和理论,我们建立了面向全样本的研究模型和假设,收集的数据用于验证研究模型和假设,并对相关理论有所拓展。数据采用 PLS 的结构方程建模分析方法,参照 Wynne(2003)[④]、易丹辉(2008)[⑤]等,结构方程模型的适合样本数据在 200 个左右,一般不少于 150 个不大于 500 个。根据这一标准,我们控制收集样本的数量和质量。

---

① 参见 Daft R.L.,"A dual-core model of organizational innovation", *The Academy of Management Journal*,1978,21(2),pp.193-210。

② 参见 Bell G.G.,"Clusters,networks,and firm innovativeness", *Strategic Management Journal*,2005,26(3),pp.287-295。

③ 参见 Gemtinden H.G.,Ritter T.,Heydebrek P.,"Network configuration and innovation success:An empirical analysis in German high-tech industries", *Journal of Research in Marketing*,1996,13(5),pp.449-462。

④ 参见 Wynne C.,Barbara M.,Peter N.,"A partial least squares latent variable modeling approach for measuring interaction effects:Results from a Monte Carlo simulation study and an electronic-mail emotion/adoption study", *Information Systems Research*,2003,14(2),pp.189-217。

⑤ 参见易丹辉编著:《结构方程模型:方法与应用》,中国人民大学出版社 2008 年版,第 142 页。

我们采用扎根理论的方法,项目负责人在相关企业挂职长达三年之久,其间经过多次与该企业中高层管理人员、研发人员访谈,最终设计了结构化调查问卷,并通过问卷星网络平台发布,由问卷星会员在线匿名填写问卷;此外,发动各种社会关系,利用微信将问卷链接发送给企业员工在线匿名填写,增加回收问卷数量并确保质量。由于微信方式的直接和定向的特点,极大方便了问卷发放的针对性和回收的效率。

经过线上数据收集,共回收问卷 258 份,其中有效问卷 248 份,样本有效率为 96.1%。问卷筛选的标准是:①问卷填写题项有遗漏的视为无效问卷;②个别问卷根据问卷星记录的填写时间判断,其用时较少、表明其明显未经过思考的,或对选项的选择具有明显规律性的(如全选 A、全选 B、全选 C……),视为无效问卷。经过筛选,以 248 份有效问卷作为实证研究的基础。

从问卷来源渠道分析来看主要是通过微信,占 98.84%,问卷星平台提交的问卷占 1.16%;从问卷时间段分析来看主要集中在 2 月 1—15 日;从问卷地理位置数据分析来看主要来自广东、北京省份,占 72.87%,见图 5-2。

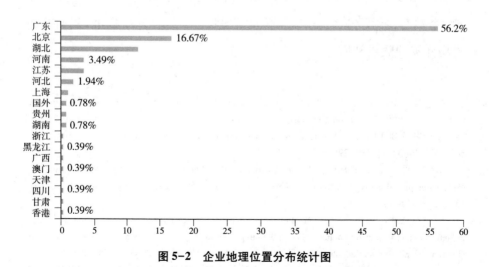

图 5-2 企业地理位置分布统计图

　　利用 SPSS 24.0 对问卷的基本资料部分进行简单的描述性统计分析。从结果来看(见表5-8),在被调查的企业中员工个人信息方面,员工性别中男性的样本 150 个,占 60.5%;女性的样本 98 个,占 39.5%。员工学历中主要是本科及以下的学历,其中本科的样本 134 个,占 54.0%;本科以下的样本 69 个,占 27.8%;两者合计占 81.8%。在工作岗位分布方面,主要是中、高层管理者,样本共 151 个,共占 60.9%。在员工部门分布方面,主要是生产运营、销售、研发和服务部门,共占 57.2%。

　　在被调查的企业信息方面,企业性质以民营企业和国有企业为主,其中民营企业的样本 152 个,占 61.3%;国有企业的样本 85 个,占 34.3%。在企业所属领域分布中,以生产、加工、制造和金融、服务业以及冶金、能源、化工为主,共占 58.4%。在企业成立年限分布中,以 10 年以上企业为主,占 57.3%。在企业员工数量分布中,以 100 人以下为主,占 42.7%。在企业设立研发部门情况方面,设立的企业较多一些。企业主要外部知识源是竞争对手、用户、高校和科研机构,共占 61.7%。

表 5-8　样本描述性统计分析摘要表

	类别	选项	数量(人)	百分比(%)
个人信息	性别	男	150	60.5
		女	98	39.5
	学历	本科以下	69	27.8
		本科	134	54.0
		硕士研究生	37	14.9
		博士研究生	8	3.2
	工作岗位	生产人员	8	3.2
		技术人员	40	16.1
		基层员工	49	19.8
		中层管理者	95	38.3
		高层管理者	56	22.6

续表

	类别	选项	数量（人）	百分比（%）
个人信息	员工部门	研发部门	30	12.1
		销售部门	43	17.3
		生产运营部门	38	15.3
		人力资源部门	28	11.3
		财务部门	21	8.5
		服务部门	31	12.5
		其他	57	23.0
企业信息	企业性质	国有	85	34.3
		民营	152	61.3
	企业所属领域	三资	11	4.4
		IT、科技	17	6.9
		生物医药	3	1.2
		金融、服务业	46	18.5
		教育、培训、咨询	23	9.3
		生产、加工、制造	69	27.8
		冶金、能源、化工	30	12.1
		其他	60	24.2
	企业成立年限	5 年以下	47	19.0
		5—10 年	59	23.8
		10 年以上	142	57.3
	企业员工数	100 人以下	106	42.7
		100—300 人	56	22.6
		300 人以上	86	34.7
	企业设立研发部门情况	没有设立	111	44.8
		设立有独立的研发部门	115	46.4
		与科研院所联合设立研发部门	22	8.9
	企业主要外部知识源	用户	48	19.4
		高校和科研机构	39	15.7
		竞争对手	66	26.6

续表

	类别	选项	数量（人）	百分比（%）
企业信息	企业主要外部知识源	知识产权机构	14	5.6
		政府部门	18	7.3
		媒体出版物	29	11.7
		其他	20	8.1

四、数据分析与模型检验

本章采用结构方程模型的方法分析创新驱动下企业知识接受行为的影响因素,用 Smart PLS 3.0 作为辅助运算工具。利用 Smart PLS 3.0 软件构建结构方程模型,将前文中研究的理论概念模型转化为结构方程模型(见图 5-3)。

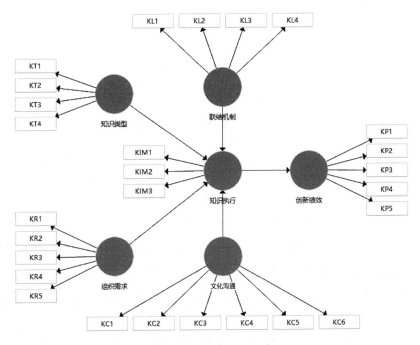

图 5-3 初始结构方程模型图

（一）测量模型信效度检验结果

根据结构方程模型的要求,利用 Smart PLS 3.0 对模型进行信度分析,检验测量模型和结构模型的效度,在 Smart PLS 3.0 软件中进行 PLS Algorithm 运算得出测量模型检验的数据分析结果(见图 5-4)。

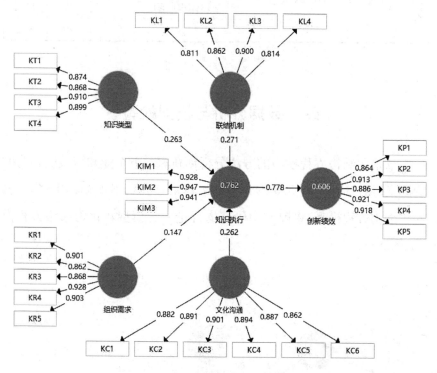

图 5-4　测量模型检验结果图

信度检验是为了测量问卷的可靠性与有效性,换言之,量表信度是指一组观测变量是否测量同一个潜在变量,即测量变量的稳定性和内部一致性程度。内部一致性越高,内容的可信度越高;内部一致性越低,内容的可信度越低。本书采用 Cronbach's α 系数和组合信度(Composite Reliability,CR)作为内部一致性的衡量标准。其中,观察变量的内部一致性程度测量用 Cronbach's α 系数①,潜在变量的内部一致性程度用 CR 测量。

---

① 参见荣泰生:《AMOS 与研究方法》,重庆大学出版社 2009 年版,第 77—82 页。

Cronbach's α 系数是一种用来检验信度的方法,该方法的主要规则是通过 α 值的大小来判断可信度,α 值与可信度呈正相关关系。Cronbach's α 介于 0—1 之间,一般越大越好,0.5 以下最好删除,0.5—0.6 可接受但是偏低, 0.6—0.7 尚可,0.7 以上为佳。Cronbach's α 系数的判定标准见表 5-9。

表 5-9　Cronbach's α 系数可靠性判断准则

Cronbach's α 系数可靠性判断准则	
Cronbach's α >= 0.7	可靠性较强,可作进一步分析
Cronbach's α >= 0.5	可靠性一般,可作进一步分析
Cronbach's α <0.5	可靠性较差

CR 值以 0.65 为最小可接受值,0.6—0.7 尚可,0.7 以上为佳。平均提取方差(AVE)大于 0.5 则有效,表示这些潜变量都从相应的观测变量处得到了相对高的变异信息。本研究利用 Smart PLS 3.0 运行 PLS Algorithm 算法,计算潜在变量的 Cronbach's α 和 CR 值的结果(见表 5-10)。

表 5-10　信度分析结果表

	Cronbach's Alpha	Composite Reliability	AVE
创新绩效	0.941	0.955	0.811
文化沟通	0.945	0.957	0.786
知识执行	0.932	0.957	0.881
知识类型	0.910	0.937	0.788
组织需求	0.936	0.952	0.797
联结机制	0.869	0.911	0.719

从信度测量的结果可以看出,Cronbach's α 最小是 0.869,CR 值最小是 0.911,所有潜在变量的 Cronbach's α 值和 CR 值均在 0.8 以上,信度极佳,说明模型的内部一致性满足要求,具有良好的信度。

收敛效度是指不同观测变量能够测量同一个潜在变量,并且归属于同一潜在变量的观测变量之间有高度相关性。收敛效度通过观测变量的因子载荷系数衡量,当因子载荷系数介于 0.5—0.99 之间,表示观测变量能有效反映相应的潜在变量,该测量具有良好的效度。[①] 通过 Smart PLS 3.0 软件运算,得到因子载荷系数表(见表 5-11)。

表 5-11　测量模型的因子载荷系数表

	文化沟通	知识执行	联结机制	创新绩效	组织需求	知识类型
KC1	0.882	0.732	0.700	0.669	0.740	0.760
KC2	0.891	0.701	0.710	0.645	0.737	0.733
KC3	0.901	0.710	0.670	0.666	0.773	0.751
KC4	0.894	0.747	0.681	0.646	0.762	0.756
KC5	0.887	0.724	0.675	0.683	0.744	0.730
KC6	0.862	0.752	0.720	0.696	0.736	0.784
KIM1	0.755	0.928	0.732	0.710	0.722	0.744
KIM2	0.765	0.947	0.746	0.732	0.744	0.760
KIM3	0.793	0.941	0.747	0.749	0.780	0.796
KL1	0.662	0.646	0.811	0.671	0.732	0.610
KL2	0.655	0.619	0.862	0.611	0.663	0.626
KL3	0.707	0.699	0.900	0.670	0.665	0.701
KL4	0.625	0.706	0.814	0.596	0.554	0.652
KP1	0.683	0.684	0.679	0.864	0.736	0.678
KP2	0.704	0.702	0.703	0.913	0.710	0.738
KP3	0.639	0.696	0.655	0.886	0.670	0.700
KP4	0.690	0.716	0.690	0.921	0.734	0.733
KP5	0.675	0.705	0.659	0.918	0.752	0.719
KR1	0.752	0.708	0.672	0.700	0.901	0.753
KR2	0.776	0.716	0.728	0.698	0.862	0.759
KR3	0.741	0.683	0.699	0.707	0.868	0.736
KR4	0.761	0.748	0.688	0.730	0.928	0.775
KR5	0.742	0.708	0.646	0.738	0.903	0.737
KT1	0.713	0.699	0.682	0.678	0.690	0.874

[①]　参见吴明隆:《问卷统计分析实务——SPSS 操作与应用》,重庆大学出版社 2009 年版。

	文化沟通	知识执行	联结机制	创新绩效	组织需求	知识类型
KT2	0.761	0.730	0.663	0.698	0.755	0.868
KT3	0.795	0.769	0.700	0.741	0.787	0.910
KT4	0.742	0.700	0.674	0.696	0.756	0.899

观测变量在其所反映的潜在变量上的因子载荷均在 0.8 以上,说明观测变量与其所对应的潜在变量的相关性较强,测量模型具有良好的收敛效度。

区别效度是指不同构念之间低度相关或有显著的差异性。通常情况下,区别效度通过对比变量的相关关系矩阵的平均变异抽取量(Average Variance Extracted,AVE)的平方根和变量间的相关系数的大小来判断。矩阵中的对角线数值代表每个潜变量的平均变异抽取量平方根,判断标准是各变量 AVE 值的平方根均大于它与其他变量间相关系数的绝对值,则认为变量间具有良好的区别效度。

表 5-12　区别效度分析结果

潜变量	创新绩效	文化沟通	知识执行	知识类型	组织需求	联结机制
创新绩效	0.900					
文化沟通	0.753	0.886				
知识执行	0.778	0.822	0.939			
知识类型	0.793	0.849	0.817	0.888		
组织需求	0.800	0.845	0.799	0.843	0.893	
联结机制	0.752	0.782	0.791	0.766	0.769	0.848

由表 5-12 可以看出潜变量的 AVE 的平方根均明显高于其他变量相关系数的绝对值,说明模型变量间具有较好的区别效度。

(二)结构模型显著性检验结果

结构模型的检验主要是为了评价概念模型的因果关系是否成立,利用 Smart PLS 3.0 软件中的 Bootstrapping 算法中的 T 值检验来验证上文中的研究模型的路径系数是否显著,以此来验证假设检验的因果关系是否能够得到支持。

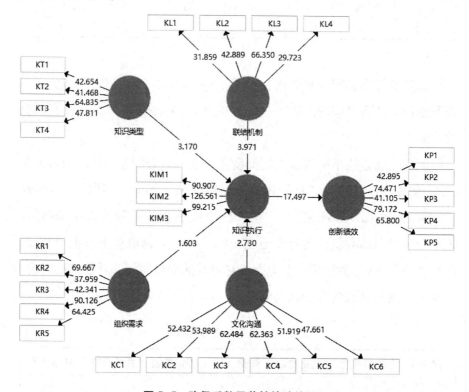

图 5-5　路径系数显著性检验结果图

利用 Smart PLS 3.0 软件中的 Bootstrapping 运算(见图 5-5),样本数"Cases"为 248,次数"Samples"为 1000,在 95% 的置信区间下,一般情况下,检验结果的 T 值大于 1.96,表明结构模型通过显著性检验。其检验标准见表 5-13。

表 5-13　T 检验标准

T 值	显著性
T>1.96	表示在 0.05 的水平上显著
T>2.58	表示在 0.01 的水平上显著
T>3.29	表示在 0.001 的水平上显著

根据 Smart PLS 3.0 软件 Bootstrapping 操作后整理的 T 值结果见表 5-14。

表 5-14　T 值结果表

	Original Sample(O)	Sample Mean(M)	Standard Deviation (STDEV)	T Statistics (｜O/ STDEV｜)	P Values
文化沟通→知识执行	0.262	0.260	0.096	2.730	0.006
知识执行→创新绩效	0.778	0.779	0.044	17.497	0.000
知识类型→知识执行	0.263	0.260	0.083	3.170	0.002
组织需求→知识执行	0.147	0.153	0.092	1.603	0.109
联结机制→知识执行	0.271	0.270	0.068	3.971	0.000

从表 5-14 中可以看出,文化沟通、知识执行、知识类型和联结机制对知识执行路径系数的 T 值均大于 1.96。但是组织需求对知识执行这条路径系数的 T 值没有通过显著性检验。

（三）结构模型假设关系检验结果

根据前两节的内容汇总结构模型的路径系数、显著程度以及 R^2 值模型图,如图 5-6 所示。

对于 R^2 值并没有统一明确的界限值,一般情况下,截面数据的 R^2 值大于 0.5,则认为研究的结构模型达到了较高水平。[①] 本文结构模型中的 R^2 值大于 0.5(见表 5-15),由此可知,本文的结构模型有较好的拟合效果。

---

① 参见 Fang Y., Chiu C., Wang E. T. G., " Understanding customers' satisfaction and repurchase intentions", *Internet Research*, 2011, 21(4), pp.479-503。

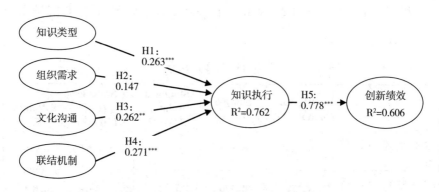

图 5-6　初始结构模型路径系数结果图

注:*** 表示显著性检验时 p 值小于 0.001;** 表示显著性检验时 p 值小于 0.01;* 表示显著性检验时 p 值小于 0.05。

表 5-15　模型 R Square 评价

	R Square
创新绩效	0.606
知识执行	0.762

　　基于前文数据分析,汇总结构模型的假设关系检验的情况如表 5-16 所示。

表 5-16　结构模型的假设关系检验

假设关系	路径	路径系数	T 值	检验结果
H1	知识类型→知识执行	0.263 ***	3.170	支持
H2	组织需求→知识执行	0.147	1.603	不支持
H3	文化沟通→知识执行	0.262 **	2.730	支持
H4	联结机制→知识执行	0.271 ***	3.971	支持
H5	知识执行→创新绩效	0.778 ***	17.497	支持

注:*** 表示显著性检验时 p 值小于 0.001;** 表示显著性检验时 p 值小于 0.01;* 表示显著性检验时 p 值小于 0.05。

　　H1:外部知识自身的特性尤其是知识类型会显著影响企业知识执行。

根据结构方程模型的路径系数分析结果,从表5-16可知,知识类型对知识执行的标准化路径系数为0.263,T值为3.170,模型通过了显著性检验,路径系数在0.001的水平上显著。因此,假设H1得到了支持,即外部知识自身的特性尤其是知识类型对企业知识执行的影响显著。

H2:知识满足组织利益的需求程度正向影响企业知识实施(执行)行为。

从表5-16可以看出,组织需求对知识执行的标准化路径系数为0.147,T值为1.603,模型没有通过显著性检验。因此,假设H2没有得到支持,即知识满足组织利益的需求程度对企业知识实施(执行)行为的影响不显著。

组织需求对企业知识执行行为影响不显著的原因,我们将在后面予以讨论。

H3:通过文化沟通降低知识生产者和知识使用者之间的文化差异正向影响企业知识实施(执行)行为。

从表5-16可以看出,文化沟通对知识执行的标准化路径系数为0.262,T值为2.730,模型通过了显著性检验,路径系数在0.01的水平上显著。因此,假设H3得到了支持,即通过文化沟通降低知识生产者和知识使用者之间的文化差异正向影响企业知识实施(执行)行为。

H4:良好的社会联结机制正向影响企业知识实施(执行)行为。

从表5-16可以看出,联结机制对知识执行的标准化路径系数为0.271,T值为3.971,模型通过了显著性检验,路径系数在0.001的水平上显著。因此,假设H4得到了支持,即良好的社会联结机制对企业知识实施(执行)行为有正向影响。

H5:知识实施(执行)行为对企业绩效具有正向影响。

从表5-16可以看出,知识执行对创新绩效的标准化路径系数为0.778,T值为17.497,模型通过了显著性检验,路径系数在0.001的水平上显著。因此,假设H5得到了支持,即知识实施(执行)行为对企业绩效有正向影响。

（四）调节变量的效应检验

王济川等人在研究时提出，不能在修正模型时盲目地去使用与研究相关的模型达到系数的修正，而是要在实践的经验与理论知识相结合的基础上进一步地对重新设定的模型或是修正的模型进行调整。根据前文的推导，企业的知识吸收能力会调节其他重要的前因变量对结果变量的影响。利用 Smart PLS 3.0 软件中的 Bootstrapping 算法中的 T 值检验来验证知识吸收能力作为调节变量的研究模型的路径系数是否显著，以此来验证假设检验的因果关系是否能够得到支持。Smart PLS 3.0 软件运行 Bootstrapping 算法后得到图 5-7。

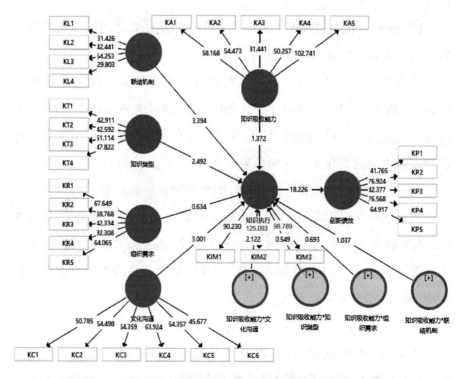

图 5-7　知识吸收能力作为调节变量的路径系数显著性检验结果图

Smart PLS 3.0 软件中的 Bootstrapping 算法操作后整理的 T 值结果见表 5-17。

表 5-17　T 值结果表

	Original Sample（O）	Sample Mean（M）	Standard Deviation（STDEV）	T Statistics（|O/STDEV|）	P Values
知识类型→知识执行	0.211	0.219	0.085	2.492	0.013
组织需求→知识执行	0.065	0.067	0.102	0.634	0.526
文化沟通→知识执行	0.290	0.273	0.097	3.001	0.003
联结机制→知识执行	0.233	0.237	0.069	3.394	0.001
知识执行→创新绩效	0.778	0.778	0.043	18.226	0.000
知识吸收能力→知识执行	0.128	0.131	0.094	1.372	0.170
知识吸收能力＊知识类型→知识执行	−0.050	−0.067	0.091	0.549	0.583
知识吸收能力＊组织需求→知识执行	−0.077	−0.053	0.110	0.693	0.489
知识吸收能力＊文化沟通→知识执行	0.196	0.189	0.092	2.122	0.034
知识吸收能力＊联结机制→知识执行	−0.091	−0.093	0.087	1.037	0.300

由表 5-17 显示,知识吸收能力＊文化沟通→知识执行这条路径的 T 值大于 1.96,表示知识吸收能力对文化沟通的调节作用通过显著性检验。

利用 Smart PLS 3.0 软件中 PLS Algorithm 运算得出知识吸收能力作为调节变量的路径系数结果图,见图 5-8。

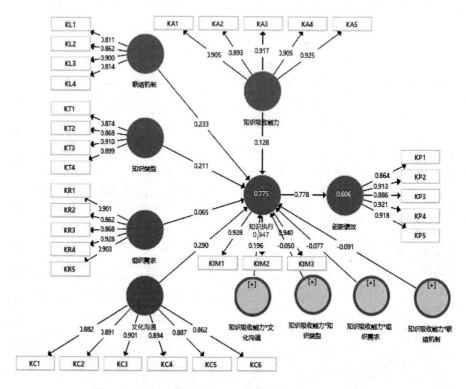

图 5-8　知识吸收能力作为调节变量的路径系数结果图

由图 5-8 得出调节模型中的 R^2 值大于 0.5（见表 5-18），由此可知，调节模型有较好的拟合效果。

表 5-18　模型 R Square 评价

	R Square
创新绩效	0.606
知识执行	0.775

汇总知识吸收能力作为调节变量的结构模型的路径系数、显著程度以及 R^2 值模型图，如图 5-9 所示。

根据上文内容汇总知识吸收能力作为调节变量模型的路径系数显著性检验、T 值和假设因果关系检验情况整理如下，如表 5-19 所示。

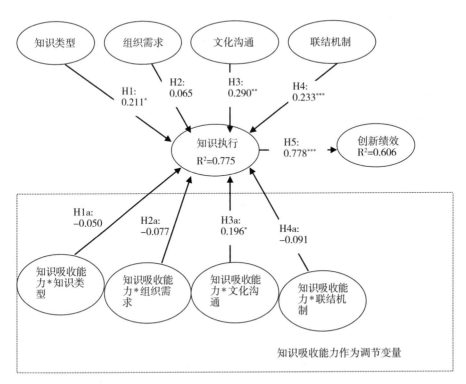

图 5-9　知识吸收能力作为调节变量的路径系数检验结果图

注：*** 表示显著性检验时 p 值小于 0.001；** 表示显著性检验时 p 值小于 0.01；* 表示显著性检验时 p 值小于 0.05。

表 5-19　结构模型的路径系数、T 值及假设检验

假设关系	路径	路径系数	T 值	检验结果
H1a	知识吸收能力 * 知识类型→知识执行	-0.050	0.549	不支持
H2a	知识吸收能力 * 组织需求→知识执行	-0.077	0.693	不支持
H3a	知识吸收能力 * 文化沟通→知识执行	0.196*	2.122	支持
H4a	知识吸收能力 * 联结机制→知识执行	-0.091	1.037	不支持

注：*** 表示显著性检验时 p 值小于 0.001；** 表示显著性检验时 p 值小于 0.01；* 表示显著性检验时 p 值小于 0.05。

H1a：知识吸收能力对外部知识类型与知识执行的关系具有调节作用。

根据结构方程模型的路径系数分析结果,从表5-19可知,知识吸收能力对知识类型与知识执行的调节作用的路径系数为-0.050,T值为0.549,模型没有通过显著性检验。因此,假设H1a没有得到支持,即知识吸收能力对外部知识类型与知识执行的调节作用不显著。

H2a:知识吸收能力对组织需求与知识执行的正向关系具有调节作用。

从表5-19可以看出,知识吸收能力对组织需求与知识执行的调节作用的路径系数为-0.077,T值为0.693,模型没有通过显著性检验。因此,假设H2a没有得到支持,即知识吸收能力对组织需求与知识执行的调节作用不显著。

H3a:知识吸收能力对文化沟通与知识执行的正向关系具有调节作用。

从表5-19可以看出,知识吸收能力对文化沟通与知识执行的调节作用的路径系数为0.196,T值为2.122,模型通过了显著性检验,路径系数在0.05的水平上显著。因此,假设H3a得到了支持,即知识吸收能力对文化沟通与知识执行具有调节作用。

H4a:知识吸收能力对联结机制与知识执行的正向关系具有调节作用。

从表5-19可以看出,知识吸收能力对联结机制与知识执行的调节作用的路径系数为-0.091,T值为1.037,模型没有通过显著性检验。因此,假设H4a没有得到支持,即知识吸收能力对联结机制与知识执行的调节作用不显著。

假设H1a、H2a、H4a未通过显著性检验的原因,我们将在下一节予以分析。

(五)结果讨论

本研究将知识类型、组织需求、文化沟通和联结机制作为影响驱动企业知识实施(执行)行为的因素,将知识吸收能力作为知识类型、组织需求、文化沟通和联结机制对知识执行的调节变量,基于创新扩散理论和两团体文化差异理论,建立了理论模型。通过实证分析,可以确认知识类型、文化沟通和联结机制对知识执行有显著的正向影响;组织需求对知识执行的影响不显著,知识吸收能力作为调节变量,对文化沟通与知识执行正向关系的调节作用显著。即假设 H1、H3、H4、H5 和 H3a 得到了支持,假设 H2、H1a、H2a 和 H4a 没有得到支持。

为了进一步探讨研究结论的普适性和研究模型的可预测性,我们从探讨组织需求变量的不显著性原因,知识吸收能力变量的多重反应性特征和个案企业的佐证三个环节开展进一步的研究。

1. 关于假设 H2 检验结果的探讨和分析

利用潜变量分层检验的方法进一步探讨假设 H2 没有得到支持,即组织需求对企业的知识执行(实施)行为的影响不显著的原因。检验方法是利用 Smart PLS 3.0 软件 Bootstrapping 操作,在组织需求对知识执行(实施)行为的路径系数显著性检验的基础上,依次添加上知识类型、文化沟通、联结机制三个潜变量对知识执行(实施)行为的路径系数显著性检验,分别得出各自路径系数相对应的 T 值,如图 5-10 至图 5-17 所示。

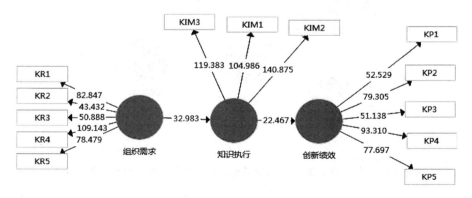

图 5-10 组织需求变量与知识执行变量之间的 T 值结果图

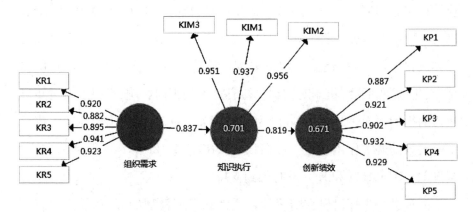

图 5-11　组织需求变量与知识执行变量之间的路径系数结果图

图 5-10 显示,当只选取组织需求对知识执行的影响显著性检验时,T 值远大于 1.96 的阈值标准,说明组织需求对知识执行的相关关系假设结果成立。图 5-11 显示,在 T 值通过的前提下,组织需求潜变量对知识执行潜变量的直接效应系数为 0.837,这说明当其他条件不变时,组织需求潜变量每提升 1 个单位,知识执行潜变量将提升 0.837 个单位。

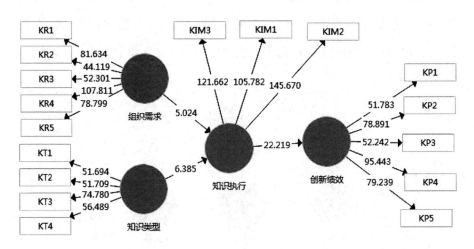

图 5-12　组织需求变量、知识类型变量与知识执行变量之间的 T 值结果图

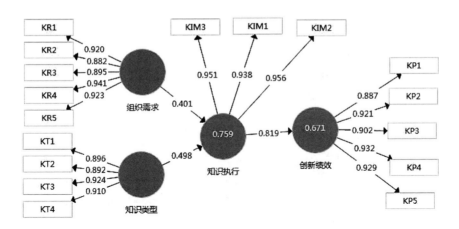

图5-13　组织需求变量、知识类型变量与知识执行变量间的 T 值结果图

图 5-12 显示,当在组织需求变量基础上添加知识类型变量再对知识执行的影响显著性检验时,两个变量与知识执行之间的 T 值也都大于 1.96 的阈值标准,说明组织需求、知识类型对知识执行的相关关系假设结果成立。图 5-13 显示,在 T 值通过的前提下,组织需求和知识类型潜变量对知识执行潜变量的直接效应系数分别为 0.401 和 0.498,这说明当其他条件不变时,组织需求潜变量每提升 1 个单位,知识执行潜变量将提升 0.401 个单位;同理,当其他条件不变时,知识类型潜变量每提升 1 个单位,知识执行潜变量将提升 0.498 个单位。

图 5-14 显示,当在组织需求变量基础上添加知识类型、文化沟通变量再对知识执行的影响显著性检验时,三个变量与知识执行之间的 T 值也都大于 1.96 的阈值标准,说明组织需求、知识类型、文化沟通对知识执行的相关关系假设结果成立。图 5-15 显示,在 T 值通过的前提下,组织需求、知识类型、文化沟通潜变量对知识执行潜变量的直接效应系数分别为 0.243、0.334 和 0.347,这说明当其他条件不变时,组织需求潜变量每提升 1 个单位,知识执行潜变量将提升 0.243 个单位;当其他条件不变时,知识类型潜变量每提升 1 个单位,知识执行潜变量将提升 0.334 个单位;当其他条件不变时,文化沟通潜变量每提升 1 个单位,知识执行潜变量将提升 0.347 个单位。

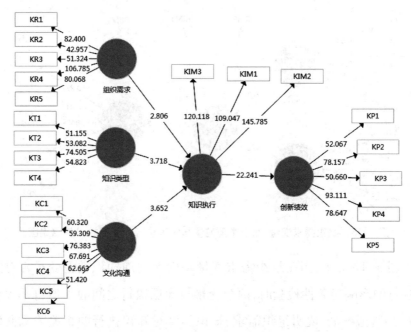

图 5-14　组织需求、知识类型、文化沟通三个变量与
知识执行变量间的 T 值结果图

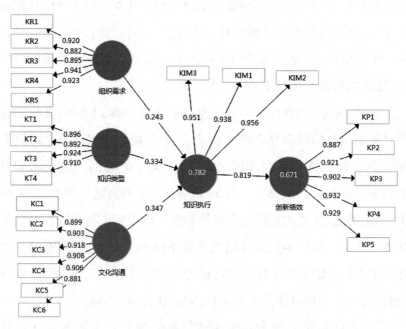

图 5-15　组织需求、知识类型、文化沟通三个变量与
知识执行变量间的路径系数结果图

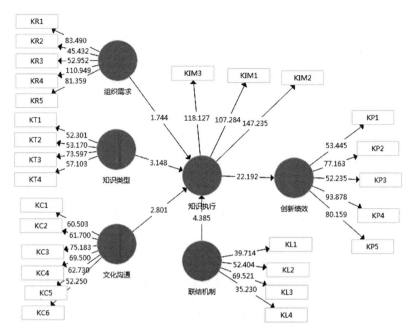

图 5-16　组织需求、知识类型、文化沟通、联结机制
四个变量与知识执行之间的 T 值结果图

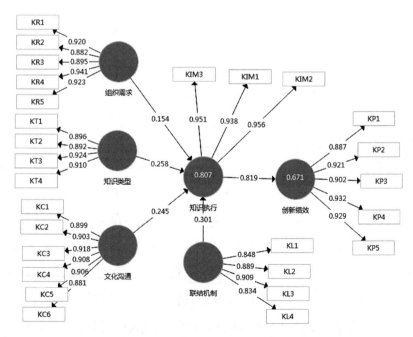

图 5-17　组织需求、知识类型、文化沟通、联结机制四个变量与
知识执行变量之间的路径系数结果图

图 5-16 显示,当在组织需求变量基础上添加知识类型、文化沟通、联结机制变量再对知识执行的影响显著性检验时,组织需求变量与知识执行之间的 T 值都小于 1.96 的阈值标准,其他变量的 T 值通过了阈值标准。这一结果说明,组织需求对知识执行的影响作用被联结机制的作用弱化了。图 5-17 显示,在 T 值通过和不通过的前提下,组织需求、知识类型、文化沟通、联结机制潜变量对知识执行潜变量的直接效应系数分别为 0.154、0.258、0.245 和 0.301,其中组织需求的直接效应系数变小。

总结图 5-10 至图 5-17 的分析结果,得到变量间的分层分析数据见表 5-20。

表 5-20　变量分层分析结果表

	Original Sample(O)	T Statistics(｜O/STDEV｜)	P Values
组织需求→知识执行	0.837	32.983	0
知识类型→知识执行	0.498	6.385	0
组织需求→知识执行	0.401	5.024	0
文化沟通→知识执行	0.347	3.652	0
知识类型→知识执行	0.334	3.718	0
组织需求→知识执行	0.243	2.806	0.004
文化沟通→知识执行	0.245	2.801	0.006
知识类型→知识执行	0.258	3.148	0.002
组织需求→知识执行	0.154	1.744	0.084
联结机制→知识执行	0.301	4.385	0

由表 5-20 可以看出,在组织需求的基础上添加其他变量过程中的模型假定的 T 值变化,当添加联结机制变量时,组织需求对知识执行(实施)的 T 值小于 1.96,模型没有通过显著性检验。由此可见,组织需求变量对知识执行(实施)变量的正向影响的解释力被联结机制分担了。

这个结果说明,组织需求和联结机制两个潜在变量有较大的信息重合部分,从回归分析的角度解释,主要是这两个潜变量之间存在较高程度的相关性,出现了多重共线性问题。而从本研究的设计看,最终的结果是联结机制变量分担了组织需求变量的信息解释,成为影响知识执行(实施)的重要影响因素之一。

2.关于假设 H1a、H2a 和 H4a 检验结果的探讨和分析

根据学术界已有研究成果,我们提出知识吸收能力对外部知识类型、组织需求、文化沟通、联结机制四个因素与知识执行的正向关系具有调节作用。经过实证分析,发现只有知识吸收能力对文化沟通与知识执行的正向关系具有调节作用,通过了显著性检验,而知识吸收能力对其余三个因素与知识执行的调节作用不显著。

正如本研究第二章 2.2.4 所述,知识吸收能力是一种多维度能力,其内涵、外延比较宽泛,目前学术界比较有代表性的知识吸收能力概念就有 8 种之多,其中多数将知识吸收能力视为知识评价、获取、消化、转换、应用的全过程,则与知识利用的知识接受(采纳)、知识执行(实施)两个过程具有部分重合之处,这可能是导致知识吸收能力未能在知识类型、组织需求、联结机制对知识执行的正向关系中发挥调节作用的重要原因。此外,对于知识吸收能力的影响因素、测量指标也是众说纷纭、莫衷一是;在知识吸收能力的作用机制方面,Cohen、Lane、Zahra、Todorova 等分别基于对知识吸收能力的概念界定提出了知识吸收能力作用过程模型,其内容与重点各有所长,存在较大差异[1][2][3][4][5];在知识吸收能力与组织绩效的关系方面,如本研究第六章第二节第二目所述,学术界存在三种不同的认识:一是认为知识吸收能力对企业创新绩效直接产生影响;二是认为知识

---

① 参见侯广辉、张键国:《国外知识吸收能力研究脉络梳理:理论演进与分析框架》,《情报理论与实践》2013 年第 3 期。

② 参见张小兵:《知识吸收能力研究评述》,《技术经济与管理研究》2010 年第 3 期。

③ 参见宁东玲:《知识吸收能力的维度测量研究》,《科技管理研究》2013 年第 21 期。

④ 参见叶春森、梁雯:《知识吸收能力的要素延异和维度研究》,《情报理论与实践》2015 年第 1 期。

⑤ 参见刘璐:《知识吸收能力研究述评与展望》,《图书情报工作》2010 年第 18 期。

吸收能力作为中介变量对企业绩效产生影响；三是认为知识吸收能力作为调节变量影响企业绩效。三种观点在不同的研究环境下都得到了验证。但多数学者认为吸收能力通过调节作用间接影响企业绩效。如 Tsai（2001）、Escribano（2008）、Rothaermel & Alexandre（2009）、Tsai（2009）、Sofka & Grimpe（2010）等均通过对欧洲、美国和中国台湾地区企业的实证研究发现，知识吸收能力在知识（创新）搜寻和创新绩效之间起着调节作用；而郑华良（2012）发现在吸收能力的调节作用下，外地搜寻宽度和外地搜寻深度对集群企业创新绩效有正向影响；缪根红等（2014）通过实证研究结果证实了知识吸收能力在知识扩散路径与员工创新绩效关系中起调节作用；禹献云等（2018）的研究表明，知识吸收能力正向调节了搜索广度对企业技术创新绩效的影响、知识吸收能力调节了搜索深度对技术创新绩效的影响；刘泽双等（2018）的实证研究表明，知识吸收能力在知识分享对员工创新绩效的影响关系中具有正向调节作用；姜照君等（2018）通过对江苏国家级广告产业园内 634 家文化企业的实证研究，发现知识吸收能力对网络联结强度与创新绩效有显著的正向调节作用①。解学梅等（2013）发现，知识吸收能力与企业创新绩效之间呈正相关关系，知识吸收能力在协同创新网络特征与企业创新绩效之间存在着部分中介效应②；朱建民等（2017）的实证研究结果表明，知识吸收能力对企业创新绩效的影响呈正相关关系，吸收能力在社会资本与创新绩效之间起到中介作用③。可见，知识吸收能力的内涵、外延、影响因素、测量指标、作用过程模型以及其与组织绩效的关系都比较复杂，存在学术争议。在本研究中，知识吸收能力对外部知识类型、组织需求、联结机制三个因素

---

① 参见姜照君、吴志斌：《网络联结强度、知识吸收能力与文化企业创新绩效——基于江苏省国家级广告产业园的实证分析》，《福建论坛（人文社会科学版）》2018 年第 8 期。
② 参见解学梅、左蕾蕾：《企业协同创新网络特征与创新绩效：基于知识吸收能力的中介效应研究》，《南开管理评论》2013 年第 3 期。
③ 参见朱建民、王红燕：《企业社会资本对创新绩效的影响研究——基于知识吸收能力的中介效应》，《科技管理研究》2017 年第 16 期。

与知识执行的正向关系中调节作用不明显。其原因为何？需要在后续研究中进一步深入探讨。

3.研究结果的普适性验证

作为理论驱动的实证研究,我们根据已有的文献和相关理论,建立了面向全样本(即所有企业)的研究模型和理论假设,收集的数据用于验证研究模型和理论假设。此外,一般应考虑样本特性,也就是考虑不同的企业有无个性区别。为此,我们从两个视角开展验证性研究:一是将企业类型作为控制变量与企业创新绩效相关联,查看控制变量的显著性检验,若表现显著则表明模型的总体假设受企业类别的个性特征影响,研究结果不具备普适性;若是表现不显著,则结果相反,说明我们的总体假设是面向全样本的。二是限制所有样本来自同类企业,若是支持我们的研究假设,说明我们在初始结构方程模型的基础上,将企业的分类作为控制变量,利用初次广泛调查的数据验证控制变量的显著性;第二步是大规模的调查数据收集限制在一家大型企业进行,以此来验证该模型中的假设,若假设依然成立,则说明研究结果具有普适性,具有预测功能。

第一步控制变量的验证,我们采用先前调查的 248 个有效样本数据,将企业分类作为控制变量指向企业创新绩效,我们在调查过程中,将企业分为 6 类:IT、科技;生物医药;金融服务;教育、培训、咨询;生产、加工、制造;冶金、能源、化工。模型设计及数据分析如下:

图 5-18 结果显示,当把企业类型作为控制变量对原模型进行假设检验时,企业类型对知识创新绩效的 T 值检验小于 1.96 的阈值,说明企业类型对基础模型的影响不显著。同时,组织需求变量的 T 值依然不通过,其他变量的 T 值依然通过,说明了原始模型的稳健性较好。

为了使基础模型有更好的稳健性和预测性,下面的分析中,去掉组织需求变量来检验基础模型的特性。图 5-19 和图 5-20 的分析结果显示,在知识类型、文化沟通、联结机制三个知识执行前置影响因素的模型假设中,当把企业类型作为控制变量时,模型依然通过假设显著性 T 值检验,各个前置变量的路径系数表明它们对知识执行的效应依然明显。这充分说明基础模型的稳健性和可预测性。

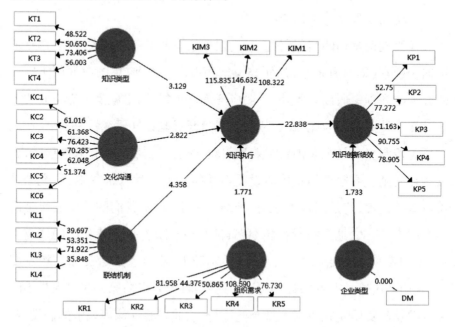

图 5-18　添加控制变量(企业类型)后初始模型的显著性检验结果图

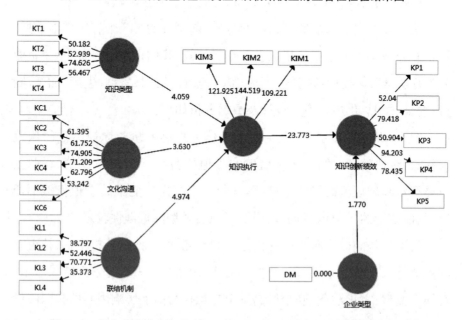

图 5-19　添加控制变量但去掉组织需求变量后的模型显著性检验结果图

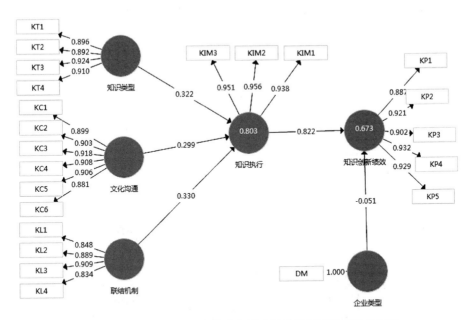

图 5-20　添加控制变量去掉组织需求后的模型路径系数结果图

第二步,将样本限制在一家企业内获取。结构方程模型分析软件 PLS 对样本数量的要求依然是常规的统计学意义规则,有效样本是统计变量的 5—10 倍,该研究设计中,统计变量有 32 项,样本数据应该在 160—320 个之间。我们选择国内金融行业一家大中型保险企业。保险企业是典型的学习型企业,知识利用是常规性行为,保险企业的业务遍及全国,该企业的分支机构遍及国内大部分省份,全国的代理外勤员工与公司的内勤员工合计超过 15000 人。我们采用扎根理论,由本项目负责人在该企业总部挂职工作三年多,利用最近一次公司召开的半年峰会机会,在有 600 多人参会的会场重点就本章的概念模型、理论假设和量表再次做了随机抽样调查,调查问卷通过问卷星平台和微信链接推送渠道发放,收集有效问卷 210 份。

模型验证依然是在本研究设计的初始结构方程模型中进行,初步的验证结果表明,在萃取的知识类型、组织需求、文化沟通、联结机制四个前置变量中,组织需求变量的显著性依然未通过检验。结合前期的研究,模型的验证结果选择去掉组织需求的变量验证结果,报道和展示其他三个变量的验证结果。验证结果见图 5-21 和图 5-22。

图 5-21 表明,知识类型、文化沟通、联结机制与知识执行之间的 T 值均大于 1.96,初始结构方程模型通过显著性检验。

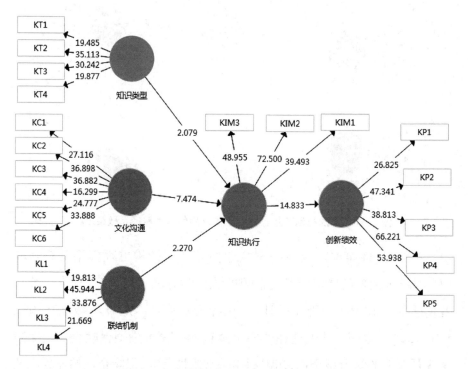

图 5-21 知识类型、文化沟通、联结机制三个变量与
知识执行之间的 T 值结果图

图 5-22 显示,在 T 值通过的前提下,知识类型、文化沟通、联结机制潜变量对知识执行潜变量的直接效应系数分别为 0.140、0.560 和 0.176,这说明当其他条件不变时,知识类型潜变量每提升 1 个单位,知识执行潜变量将提升 0.140 个单位;当其他条件不变时,文化沟通潜变量每提升 1 个单位,知识执行潜变量将提升 0.560 个单位;当其他条件不变时,联结机制潜变量每提升 1 个单位,知识执行潜变量将提升 0.176 个单位。这一研究结果表明,一方面在保险企业领域,文化沟通是影响知识执行的最

重要因素,更为重要的是佐证了本研究所建立的理论模型的稳健性和可预测性。

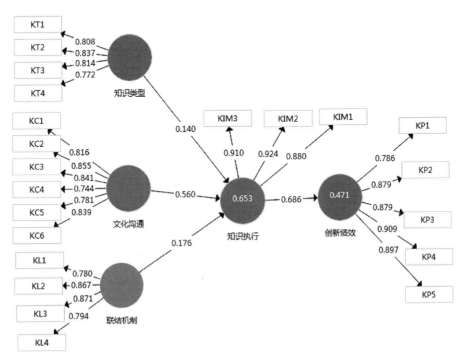

图 5-22 知识类型、文化沟通、联结机制三个变量与
知识执行变量之间的路径系数结果图

第六章　研究结论与展望

一、研究结论

　　科学研究产生了大量的研究成果,这些研究成果已经成为当今社会最重要的知识资源,如何有效利用这些知识资源解决社会问题,促进更有效的创新产出,是知识经济时代的焦点问题。为了揭开知识利用导致知识创新的作用机理,本研究围绕"以知识创新为目标的企业知识利用行为"这一基本命题,综合运用文献分析、结构方程建模分析、结构化问卷调查等一套基于理论驱动的科学研究方法及 PLS 分析工具,结合定性、定量分析,通过三个子研究逐层深入展开论述,依次解答了三个研究问题:一是揭示了企业外部知识引入与企业知识创新过程和知识利用过程之间的逻辑关系;二是考察了企业知识接受行为的前置影响因素和以知识创新行为为结果变量之间的因果路径;三是考察了企业知识执行行为的前置影响因素和以知识创新绩效为结果变量之间的因果路径。通过全文的论证分析,形成如下的研究结论。

(一) 知识创新与知识利用解决的是知识的生产与利用的平衡问题

　　在开放式创新环境下,企业的创新过程始于对外部知识的搜寻,这些外部知识经由与企业创新目标的匹配,会被企业消化吸收从而导致知识转化行为的发生,即创新行为的发生,创新行为的结果表现为企业的各种创新绩效。但无论是知识搜寻还是知识吸收都需要通过知识利用环节才能实现企业创新行为的发生和创新绩效的取得。知识利用通过企业的"守门人"知识接受的决策行为将搜寻的外部知识引入企业内部,企业员工通过在解决问题的情境中实施知识利用行为,从而为企业带来创新绩效。企业在知识创新与知识利用的相互交融过程中不断产生核心竞争能力。

（二）　知识的有用性影响企业的知识接受行为

有用性是指企业在接受外部知识后,感受到的工作绩效或学习效率的提升。当企业接受的新知识可以使得企业更快速地获取工作需要的相关信息、使得企业更快速地完成工作、使企业节约解决问题或疑虑的时间、使企业提高知识创新能力时,外部知识会被接受而引进企业,参与企业的创新过程。

（三）　知识的易用性影响企业的知识接受行为

易用性是指企业对知识接受过程中所需要耗费的时间、精力等成本的多少。当企业认为接受新知识比较容易,当企业认为掌握这些新知识是件容易的事,当企业认为接受的新知识是容易应用的,当接受的新知识操作起来对企业而言是简单易懂时,会提高企业的知识接受效率。

（四）　自我效能显著影响企业的知识接受行为

知识接受中的自我效能是指企业根据企业已经存在的知识结构以及以往经验对自身接受新知识能力做出的评价和判断。企业自我效能的高低影响企业知识接受效率的高低,当企业有信心能够完成新知识的接受任务时,当企业能识别出有价值的新知识信息时,当企业具备接受新知识所必需的条件时,当企业能够克服接受新知识过程中出现的众多挑战时,企业具有较高水平的这种感知自己能够顺利完成接受知识这一行为的能力,相应知识接受行为容易发生。研究还表明,知识搜寻能力对企业自我效能与企业知识接受和知识创新行为具有正向调节作用,知识搜寻能力的高低会影响企业自我效能通过知识接受行为而影响知识创新行为的水平。

(五) 企业创新氛围显著影响企业的知识接受行为

企业创新氛围是指企业成员对其所在的企业是否具有创新环境的主观体验,比如,企业经常举办专题论坛和技术研讨等活动,推动员工深入学习新知识;企业能够对员工的创新成果给予公正的评价以及物质奖励;企业的愿景明确且富有开拓性,能激发大家的创新动力;在企业里,同事们愿意和他人分享自己的经验和技术;企业高层管理者支持并鼓励创造和创新活动等。企业创新氛围的本质是企业成员对企业内部的管理模式、领导风格、人际关系等环境特征的知觉,以及在此基础上所形成的企业成员的态度、信念、价值观和动机,企业创新氛围影响员工的知识接受行为,从而影响企业员工的创新行为。上述研究还表明,知识搜寻能力对企业创新氛围与知识接受和知识创新之间的关系具有正向调节作用,知识搜寻能力对企业创新氛围与知识接受行为的正向关系具有显著性调节作用。

上述的研究结论表明,外部知识的有用性、易用性、自我效能、企业创新氛围四大因素是企业接受外部知识的重要影响因素,这些因素会改变企业解决问题的思维模式和行为方式,从而导致企业的创新行为。比如,提出用于改进企业工作的新想法;寻找新的工作方法、技术和工具;提出原创性的问题解决方案;将创新想法转化为实际应用,对已有的技术技能进行改良,以适应当前需要;提高已有的技术技能在多个相关业务领域的适用性等。

（六）知识的类型显著影响企业的知识执行行为

学术研究成果本身的特点,比如定量研究成果、定性研究成果、理论性研究成果、研究成果的前沿性等特点会显著影响企业在创新决策过程中采用哪种利用方式,包括工具性利用、概念性利用和符号性利用三种方式,这三种知识实施(执行)方式所决定的创新决策是不一样的。

（七）文化沟通——企业与科研工作者之间的价值取向显著影响企业的知识执行行为

企业希望获得的外部研究报告是易于理解的,其结论或建议是具体、可操作的,获得的外部知识来源机构的信誉和声望是良好的,获得的外部知识与工作中追求的创新目标是有针对性和适用性的……尽管企业获取外部知识的渠道有多种,但现代社会中知识的生产者多数来自大学、科研机构以及组织中的研发部门,因此企业作为知识的使用者与知识的生产者是两个不同的群体,两个群体之间持有不同的信念和价值观,研究者更加关注研究成果的先进性而忽视使用者的需求,而使用者更偏爱通俗易懂的研究报告而非晦涩难懂的科技论文,两个不同的团体之间需要加强沟通,建立信任机制,才能使知识的生产充分满足企业的需求。

（八）社会联结机制——企业与研究机构之间的互动强度和沟通渠道的顺畅显著影响企业的知识执行行为

研究者与使用者之间的互动是研究成果利用的重要影响因素,研究者与使用者之间连续高密度的互动越多,沟通渠道多样和畅通都会提高研究成果的利用效率。这个联结机制包括同行研讨会、专业学术大会、研究者科学沙龙、国会代表大会、邮件、网络联系等等。企业可以通过参加各种学术会议、论坛、行业峰会,或通过电子邮件、互联网与研究者保持联系。社会联结机制为企业知识利用提供了保障机制。

上述的研究结果表明,知识类型、文化沟通、联结机制是企业知识利用实施阶段的重要影响因素,这些因素决定了企业对知识的工具性、概念性和符号性利用方式的选择,比如企业利用外部知识直接解决了工作中的具体问题;企业利用外部知识揭示了工作中的情境和问题;企业利用外部知识确认了工作中已经做出的选择。知识实施(执行)后的产出表现为企业的管理创新、产品创新、市场创新等方面的绩效,比如企业会优化工作流程;与主要竞争对手相比,本企业推出新产品速度较快;与主要竞争对手相化,本企业的新产品开发项目的成功率高;企业会提升新产品市场占有率;企业开创了新市场或新的业务领域等。

二、对策建议

根据本书的实证研究,影响知识利用效率的因素可概括为三大类:第一类是针对知识利用的客体——知识,包括知识的类型、有用性、易用性;第二类是针对知识利用的主体——企业,包括企业的自我效能、创新氛围;第三类是针对知识利用的主体与客体之间的沟通问题,包括文化沟通、社会联结机制。基于此,我们从以下三个方面提出相应的对策建议。

(一) 建立和完善科研工作者的社会接触机制

本研究表明,外部知识的类型、企业感知这些知识的有用性和易用性是影响企业知识利用行为的重要因素,是企业判断外部知识质量的一个重要标准,作为知识供应方的科研工作者必须了解企业的这种知识需求并生产这样的知识。社会接触顾名思义是指科研工作者走出实验室、走出象牙塔、走出书本和理论,接触真实的社会,目的是将自己的研究与社会的实践相结合,使自己的研究成果能够有用和被利用,践行知识从实践中来到实践中去的准则。科学研究成果犹如知识的蓄水池,是企业创新发展的源泉,企业从中挖掘满足需求的知识。为了保证蓄水池中水的质量,提高企业的挖掘效率,科研工作者需要掌握企业的真实想法和需求。通过社会接触是架起企业和研究者之间文化沟通的桥梁,是研究者了解企业的最好方式。

社会接触机制就是将研究者的社会接触行为形成一种常态化的制度加以鼓励和保护。社会接触机制不是研究者偶尔与企业接触的零星、分散事件,而是反映研究者与企业之间相互影响的结构关系和运行方式,因此只有建立和完善科研工作者的社会接触机制,才能真正实现科研成果的实践指导作用。包含以下几个方面:

1. 以扎根企业的实践保证科学研究成果的质量

研究成果的质量至少包括研究成果的类型、企业感知研究成果的有用性和易用性等要素。无论是定性研究成果还是定量研究成果,抑或是基础性研究成果还是应用性研究成果,研究方法和数据获取都要有高度的可信性,能真实反映企业日常的运行环境和管理者的日常管理实践。为此,扎根理论和行动实践是研究者需要身体力行地开展研究的方法。通过参与企业的日常工作实践,通过与企业员工的接触,通过与企业管理层面的交流,通过自身的体验,感受到企业的真实需求,取得第一手的数据资料,提炼研究结论,用生动的案例证实精妙的理论分析,用简单的语言揭示深奥的道理。这样的研究成果才具有可移植性、可预测性,才能被企业感知到有用和易用。

2. 通过校企合作建立长期的实习、实验、研究基地,为研究者“走出去”创造条件

高校和科研机构是企业获取知识的重要渠道。因此,高校、科研机构与企业建立长期的合作机制是提高研究成果使用效率的必要条件。可以通过与企业建立高校学生、教师、科研人员的实习基地、实验基地、研究基地等合作方式,让知识的生产者与需求者之间相互了解、增加互信,最终实现研究者的社会接触目标。

3. 通过科研与教学的融合将企业的问题"带回来",营造科学研究的氛围

社会接触机制不仅是鼓励研究者单向"走出去",还鼓励研究者把研究成果带到课堂中去,教师将企业的需求对学生进行案例教学,不仅可以提高教学的质量,而且可以让学生间接接触企业,了解企业需求,为培养高质量人才打下基础,同时也提高教师从事科学研究、解决现实问题的兴趣。

4. 改革高校研究成果的评价机制,激励教师社会接触的热情

目前高校研究成果的评价机制基本上是在学术期刊、国际会议、出版社发表或出版成果的数量和级别,但由于学术期刊、国际会议、出版社的受众基本上以研究者本身为主,文章的语言风格和内容结构学理性太强,不太适合企业管理者的阅读和接受习惯,因此不利于研究成果的扩散。为此,高校、科研管理部门应采取措施鼓励教师主动面对社会、满足社会需求。教师针对企业研究而完成的研究报告类科研成果,如果被企业采用并取得了经营效果,高校、科研管理部门要予以承认和鼓励。

(二) 提高企业知识利用水平

作为知识利用的主体,企业在知识利用体系中具有举足轻重的地位和作用。本研究结果表明,企业自我效能和创新氛围是影响企业知识利用行为的重要因素,而以创新为目标的企业知识利用行为中,自我效能是企业判断接受新知识的能力,创新氛围是接受新知识的环境条件。此外,知识的有用性、易用性影响企业的知识接受行为,知识的类型、文化沟通、社会联结机制影响企业的知识执行行为,知识搜寻能力对企业自我效能、创新氛围与企业的知识接受行为具有显著调节作用,知识吸收能力对文化沟通与知识执行行为具有显著调节作用。为此,企业应从以下几个方面着力提升知识利用能力、促进知识创新。

1. 提高企业自我效能

企业的自我效能来自于其员工的自我效能感,后者的形成主要依靠从事该项任务的经验、示范、社会说服、当前身心状态四个方面。① 以往成功或失败的经历、榜样的示范性作用或对榜样行为的模仿和替代、鼓励、生理或情绪等都可以提高员工的自我效能感,情景的可控制性、绩效反馈、归因、任务要求等对员工的自我效能感也有正向影响。企业应当从以上方面入手,提升员工的自我效能感,进而提高企业的自我效能。其中,企业高层的自我效能感对企业的自我效能具有最为直接、密切的关系。企业高层必须培树积极向上的人格特征,勇于创新,积极接受新知识、运用新知识,敢于直面困难和挑战,不惧失败,重视知识、重视人才,为人才脱颖而出创造条件。

2. 营造企业创新氛围

营造创新氛围,企业首先应形成共同的清晰愿景,倡导勇于创新、不断开拓、自我超越的理念;第二,要积极关注市场需求,培育良好的市场竞争意识,力求做到"人无我有、人有我新、人新我特",强调以创新求发展、御风险;第三,对员工的创新给予正确的评价以及物质奖励、精神奖励,提拔、重用具有创新精神和做出创新业绩的员工;第四,为员工提供进修的机会,定期对员工进行培训,经常举办专题论坛和技术研讨等活动,鼓励员工在学中干、干中学;第五,建立畅通的内部沟通渠道,鼓励员工直接交流沟通实现头脑风暴,鼓励员工分享经验和技术,支持员工的创新活动,合理分工、真诚合作推进创新活动;第六,为创新提供资金、人力、信息资源、设施设备、实验场地等方面的支持和保障;第七,表彰创新个人和团队,树立创新典型,及时宣传其事迹与经验,扩大创新榜样的影响力;第八,企业高层努力成为革新性领导,鼓励、支持员工发表不同意见和建议,即使员工的想法不成熟也不予指责,充分信任员工,放手让员工大胆开拓

---

① 参见刘小平:《自我效能感在企业情景中的应用》,《外国经济与管理》1999 年第 9 期。

新局面,容忍员工创新失败带来的损失。唯有如此,企业才能营造良好的创新氛围,进而影响其知识接受行为。

3. 加强与知识生产方的文化沟通和社会联结机制

企业作为知识的使用方,应主动加强与高校、科研机构、客户、政府部门、媒体机构、知识产权机构等知识生产方和提供方的联系沟通,主动上门阐明知识和技术需求,寻求合作机会,采取与高校、科研机构合办博士后流动站、科研基地、教学实习基地,双向派员挂职、授课,设立面向科研工作者解决企业难题的科研基金、课题,联合举办研讨会、培训班等方式密切与知识生产方的关系,尽力缩小两团体文化差异、强化社会联结机制。

4. 提高知识搜寻能力,拓宽外部知识来源渠道

知识搜寻能力在企业自我效能、创新氛围对知识接受行为的正向关系上具有显著性调节作用。根据本研究第五章5.3.2、第六章6.3.2的调查样本分析,高校和科研机构、用户、政府部门、媒体出版物、知识产权机构、竞争对手在企业外部知识源中居于前六位,且两者数据不尽完全相同,从一个侧面反映出企业外部知识来源的复杂性与广泛性。因此,企业应大力提高知识搜寻能力,提升知识搜寻广度和深度,拓宽知识搜寻范围和渠道,尽可能从各种渠道搜寻对自身有用的知识和信息,提升市场核心竞争力。

5. 建立和完善企业知识主管(CKO)岗位制度[①]

通过建立和完善企业 CKO 岗位制度,充分发挥企业 CKO 的职务功能作用,可以提高企业自我效能和充分营造创新氛围。建立和完善企业 CKO 岗位制度,从企业开放式创新环境中 CKO 的功能再定位开始。

首先,CKO 是企业的知识守门人。

知识是企业创新的源泉,CKO 的工作重点在激发企业创新和集体的

---

① 参见秦铁辉:《企业信息资源管理》,北京大学出版社 2006 年版,第 292—328 页。

创造力上。在开放式创新环境下,企业的创新过程,始于外部知识的输入。CKO 具有开放性和创新性特质,通过外部知识的引入,盘活企业内部的知识存量,带领企业开创一种新活动和培养一种新能力,保持企业知识的更新以适应企业发展战略要求。

其次,CKO 是企业竞争情报工作者。

企业竞争情报的概念源于战争情报的和平演变。20 世纪 60—80 年代,日本企业率先在经营中引入战争情报的理念,对美国传统优势产业及全球企业霸主地位形成了严重挑战,使美国政府、企业及学术界意识到商业情报的重要作用。1986 年,美国率先成立了竞争情报专业人员协会(Society of Competitive Intelligence Professionals,SCPI),标志着有组织的专业化的竞争情报活动和学术交流开始诞生。

竞争情报对于企业的作用,正如著名的英国情报学家布鲁克斯(Brookes BC)阐明的情报与知识之间关系的知识方程那样,情报改变企业的知识方程结构,催化企业的知识创新,提高企业的竞争能力。

正是基于竞争情报对于企业知识创新的独特作用,企业 CKO 特别重视收集外部竞争环境、竞争对手的动态信息,提炼有利于企业知识创新的经济情报,为企业创新决策提供智囊支持。

最后,CKO 是企业创建学习型组织的引领者。

知识可以通过学习而获取,创建学习型组织可以保证企业知识的可持续获取。CKO 要创造条件、增加员工沟通交流环境,调动员工知识进行知识交流、知识共享和知识创新的积极性。例如,把平时极少接触、分属不同部门但分别掌握着目标顾客重要信息的员工集结起来,通过会议、团体活动、网上社区等方式进行知识交流。

综上分析,建立和完善企业 CKO 岗位制度,就是要明确知识主管的职责和任务:了解公司的环境和公司本身,理解公司内的知识需求;用好内部知识,鼓励知识分享;建立和造就一个能够促进学习、积累知识和共享知识的环境,使每个人都可以认识到知识共享的好处,并为公司的知识库做贡献;监督保证知识库内容的质量、深度和风格并使之与公司的发展一致;保证企业的知识库适应企业的发展战略要求,根据企业发展战略要求,保持企业知识的更新。

(三) 完善商会和行业协会的社会服务机制

本研究表明,社会联结机制,也就是知识的生产者和知识使用者之间的沟通强度和沟通方式是影响企业知识利用的重要因素之一。因此,为企业的知识需求和科研机构的研究成果搭建沟通桥梁就显得尤为重要。商会和行业协会作为企业与市场和政府之间的沟通桥梁和纽带,具有解决知识的生产者和知识使用者之间沟通问题的天然优势。通过完善商会和行业协会的社会服务机制,有望解决这一问题。其中,商会和行业协会需要重点突出的社会服务包括以下几个方面。

1. 搭建科研成果的宣传和发布平台

加强与高校、科研机构的联系,积极为高校、科研机构的研究成果寻找出口。通过市场调研报告专刊和网站开辟科研成果宣传发布版块,将高校、科研机构的研究成果重点向企业公布宣传,对于被企业采用的科研成果,给予奖励和鼓励,并通过协商将其纳入高校、研究机构的科研评价标准中去,以促进科研成果的多渠道发布与广泛利用。

2. 搭建企业研究项目的招标平台

提高商会和行业协会的公信力,争取为企业的科学研究项目寻找竞标者,重点促进高校、科研机构对企业项目的投标。通过项目合作的方式,增加企业和高校、科研机构之间的联系和沟通,提高科学研究成果的转化率。商会和行业协会可以将"为高校寻找企业实习、实验、研究基地"纳入日常的工作议程中去,为企业和高校、科研机构之间的联络穿针引线,也为校企合作开展研究项目创造条件。

3. 积极为国家的知识创新政策决策建言献策

通过上述对企业需求和高校、科研机构研究成果的了解和支持,商会和行业协会在行使政府政策咨询功能时就能提出建设性建议,在向行业所属企业提供政策宣传和解读时也会更有的放矢,真正起到了上传下达的沟通作用,自身的公信力就会提高,企业、市场、政府之间的沟通也会良性循环。

三、理论贡献

本研究对企业知识利用实践的贡献在于通过量化分析找到影响知识利用的因素,进而提出针对性建议。理论贡献主要有以下三点。

(一) 以知识采纳(接受)和知识实施(执行)两类行为为抓手,从宏观上把握了知识利用的过程

企业知识利用是一个复杂的过程,以往的研究主要集中于知识的采纳(接受)阶段,主要通过理性行为理论,研究知识采纳(接受)过程中的阶段和影响因素,而对采纳后的实施行为研究不足,实际上是将知识利用过程中的接受阶段当作知识利用的整个过程。本研究通过探讨政府公共组织在公共政策决策过程中利用社会研究成果辅助决策时的特点,总结出公共政策决策领域知识实施(执行)的三种方式:工具性利用、符号性利用和概念性利用,将这三种利用方式作为知识利用过程中知识实施(执行)阶段的主要活动,与采纳(接受)阶段的决策行动对比区分,从而从宏观上把握了知识利用的过程。确定知识利用的过程主要包括知识接受和知识执行两个阶段,两个阶段有不同的前置影响因素,也会产生不同的创新结果。

因此,本研究区分了知识利用过程中知识接受和知识执行两类不同的行为,并发现其受到不同的前置影响因素的影响、产生不同的影响结果,这一研究补充了过往研究偏重知识接受阶段研究的不足。

（二）将公共组织的知识利用理论迁移至企业知识利用环境中并加以深化

由于企业知识利用研究主要侧重于理性行为理论指导下的知识接受决策过程研究，而公共组织中知识利用研究侧重于以两团体文化差异理论为指导的知识执行方式的研究。在本研究中，参考国内外学者的研究成果和相关理论，将公共组织中的两团体文化差异理论和知识执行方式移植到企业组织中去应用，在探讨企业知识执行行为前置影响因素的同时，与企业创新绩效目标相结合，进行了深化研究。

（三）通过对知识利用与知识创新过程的剖析揭示了知识利用促进知识创新的机理

过往的研究很少探讨企业知识利用如何产生知识创新，基本上都把知识利用看作知识创新的必然选择，事实并非如此。本研究将目标瞄准于重点揭示知识利用促进知识创新的机理。为此，我们既分析了知识利用的过程，也剖析了知识创新的过程，以创新绩效为最终结果，厘清了两个过程的交互作用和交互时点，并由此构建研究的思路。结合知识利用过程的两个阶段的定性研究，设计每个阶段知识利用的量化因素研究，分别检验了知识接受的前置影响因素和知识创新行为结果变量，知识执行的前置影响因素和知识创新绩效之间的因果关系和程度，从而揭示了知识利用促进知识创新的机理。

四、研究局限与未来展望

不可否认，本研究还存在一些局限和不足之处，有待在后续的研究中进一步加以完善和解决。

首先，研究设计中有关知识搜寻对知识接受的调节作用、知识吸收对知识执行的调节作用没有得到很好的论证和解释。其中一个重要原因可能是学术界对知识搜寻、知识吸收的概念与内涵存在歧义,我们在设计变量测量时对题项的表述未能与其他变量区分开来,造成数据采集时的不准确。为此,今后的研究将在进一步细化变量测量题项的基础上,再次以结构化问卷调查方式进行取样,实证研究上述两方面的调节作用是否存在、效果如何,以使研究更加细化。

其次,在取样过程中,本研究主要针对企业的管理层和研发部门人员,这种分类能否代表企业知识利用的全部还有待于进一步斟酌。下一步,计划细化样本采集分类,重点从寻找企业的意见领袖来挖掘企业知识接受决策阶段的影响因素,从企业员工层面寻找知识执行阶段的影响因素。

最后,在数据采样上,本研究测量主要针对企业层面的横截面数据,而事实上,企业知识利用不仅与组织层面变量有关,与团队层面和个体层面的变量也会有一定的关联;而且知识利用在各个层面的影响,可能会随着时间的变化而发生改变。因此,后续研究将考虑纳入其他层面的变量,同时进行跟踪分析。

参考文献

一、著作

[美]彼得·德鲁克等:《〈哈佛商业评论〉精粹译丛——知识管理》,杨开峰译,中国人民大学出版社1999年版。

[美]查尔斯·德普雷、丹尼尔·肖维尔:《知识管理的现在与未来》,刘庆林译,人民邮电出版社2004年版。

[美]达文波特·普鲁萨克:《营运知识:工商企业的知识管理》,王者译,江西教育出版社1999年版。

[美]戴布拉·艾米顿:《知识经济的创新战略:智慧的觉醒》,金周英等译,新华出版社1998年版。

[美]多萝西·伦纳德·巴顿:《知识与创新》,孟庆国、侯世昌译校,新华出版社2000年版。

[美]弗里茨·马克卢普:《美国的知识生产与分配》,孙耀君译,中国人民大学出版社2007年版。

[美]E.M.罗杰斯:《创新的扩散》(第五版),唐兴通、郑常青、张延臣译,电子工业出版社2016年版。

[英]卡尔·波普尔:《客观知识:一个进化论的研究》,舒炜光等译,上海译文出版社1987年版。

黄恒学:《市场创新》,清华大学出版社1998年版。

刘颖:《复杂网络视角下的知识传播》,中国人民大学出版社2012

年版。

马费成、宋恩梅、张勤:《IRM—KM范式与情报学发展研究》,武汉大学出版社2008年版。

马费成:《数字信息资源规划、管理和利用研究》,经济科学出版社2012年版。

马费成:《网络信息序化原理——Web 2.0机制》,科学出版社2012年版。

[英]马克斯·博伊索特:《知识资产——在信息经济中赢得竞争优势》,张群群、陈北译,上海人民出版社2005年版。

[德]马克斯·韦伯:《社会科学方法论》,杨富斌译,华夏出版社1999年版。

荣泰生:《AMOS与研究方法》,重庆大学出版2009年版。

唐五湘编著:《创新论》,中国盲文出版社1999年版。

王济川、王小倩、姜宝法:《结构方程模型:方法与应用》,高等教育出版社2011年版。

吴明隆:《问卷统计分析实务——SPSS操作与应用》,重庆大学出版社2009年版。

吴晓波、许冠男、杜健:《网络嵌入性:组织学习与创新》,科学出版社2011年版。

[日]野中郁次郎、竹内弘高:《创造知识的企业:领先企业持续创新的动力》,吴庆海译,人民邮电出版社2019年版。

[日]野中郁次郎、纣野登:《创造知识的方法论》,马奈译,人民邮电出版社2019年版。

[日]野中郁次郎、西原文乃:《创造知识的实践》,刘会祯、马奈译,人民邮电出版社2020年版。

[日]野中郁次郎、胜见明:《创新的本质》,林忠鹏、鲍永辉、韩金玉译,人民邮电出版社2020年版。

［日］野中郁次郎、绀野登：《知识创造管理：适应未来组织发展的管理新模式》，马奈、刘会祯译，人民邮电出版社2020年版。

［英］伊姆雷·拉卡托斯：《科学研究纲领方法论》，兰征译，上海译文出版社2005年版。

［美］约瑟夫·熊彼特：《经济发展理论》，何畏等译，商务印书馆1990年版。

张庆林主编：《创造性研究手册》，四川教育出版社2002年版。

Allen T. J., *Managing the Flow of Technology: Technology Transfer and the Dissemination of Technological Information within the R & D Organization*, Cambridge, MA: MIT Press, 1977.

Amabile T. M., & Gryskiewicz N., *Creativity in the R & D laboratory*, Technical Report No. 30, Center for Creative Leadership, Greensboro NC, 1987.

Beyer J. M., & Trice H. M., *Implementing Change: Alcoholism Policies in Work Organizations*, New York: Free Press, 1978.

Buckley W., *Sociology and Modern Systems Theory*, Englewood Cliffs, NJ: Prentice-Hall, 1967.

Chandler A. D., *Strategy and Structure: Chapters in the History of the American Industrial Enterprise*, Cambridge, MA: MIT Press, 1962.

Chesbrough H., *Open Innovation: The New Imperative for Creating and Profiting from Technology*, Boston, MA: Harvard Business School Press, 2003.

Creswell J. W., *Research Design: Qualitative & Quantitative Approaches*, Thousand Oaks, CA: Sage Publication, 2014.

Creswell J. W., & Clark V. P., *Designing and Conducting Mixed Methods Research*, Thousand Oaks, CA: Sage Publication, 2017.

Cyert R. M., & March J. G., *A Behavioral Theory of the Firm*, Englewood Cliffs, NJ: Prentice-Hall, 1963.

Galbraith J. , *Designing Complex Organizations Reading*, Reading, MA: Addison−Wesley, 1973.

George D. , & Christine M. , *Strategy from the outside in: How to Profit from Customer Value*, New York: McGraw Hill, 2010.

Gibbons M. ,& Limoges C. ,& Nowotny H. , *et al.* , *The New Production of Knowledge*, London: Sage Publication, 1994.

Glaser E. M. , & Abelson H. H. , & Garrison K. N. , *Putting Knowledge to Use: Facilitating the Diffusion of Knowledge and the Implementation of Planned Change*, San Francisco, SA: Jossey−Bass, 1983.

Havelock R. G. (ed.) , "Planning for Innovation through Dissemination and Utilization of Knowledge", Ann Arbor: Center for Research on Utilization of Scientific Knowledge, University of Michigan, 1979.

Lindblom C.E. , & Cohen D.K. , *Usable Knowledge: Social Science and Social Problem Solving*, New Haven, CT: Yale University Press, 1979.

Machlup F. , *Knowledge and Knowledge Production*, Princeton: Princeton University Press, 1980.

Mansfield E. , *Industrial Research and Technological Innovation: An Econometric Analysis*, New York: W.W.Norton, 1968.

Mansfield E. , *The Economics of Technological Change*, New York: W.W. Norton, 1968.

Merton R. K. , *Social Theory and Social Structure*, New York: Free Press, 1957.

Merton R.K. , & Fiske M. , & Kendall P.L. , *The Focused Interview: A Manual of Problems and Procedures*, New York: Free Press, 1990.

Mintzberg H. , *The Nature of Managerial Work*, New York: Harper & Row, 1973.

Mitroff Ian I. , *The Subjective Side of Science: A Philosophical Inquiry into the Psychology of the Apollo Moon Scientists*, New York: Elsevier, 1974.

Nelson P., & Winter S., *An Evolutionary Theory of Economic Change*, Cambridge, MA: Harvard University Press, 1982.

Nonaka I., & Takeuchi H., *The Knowledge Creating Company: How Japanese Companies Create the Dynamics of Innovation*, New York: Oxford University Press, 1995.

Parsons T., *The Social System*, New York: Free Press, 1951.

Polyani M., *The Tacit Dimension*, London: Routledge & Kegan Paul, 1966.

Rogers E. M., *Diffusion of Innovations*, New Yorks: Free Press, 5th ed., 2003.

Roth B.K., & Michael D.N., & Fuller T.D., et al., "Factors affecting utilization of technology assessment studies in policy-making", Ann Arbor: Institute for Social Research, 1978.

Thompson J.D., *Organizations in Action*, New York: McGraw-Hill, 1967.

Weick K., *The Social Psychology of Organizing Reading*, Reading, MA: Addison-Wesley, 1969.

Weiss C.H., *Social Science Research in Decision Making*, New York: Columbia University Press, 1980.

Wiig K.M., *Knowledge Management Foundations: Thinking about Thinking: How People and Organizations Create, Represent and Use Knowledge*, Arlington TX: Schema Press, 1993.

Yin R. K., *Changing Urban Bureaucracies: How New Practices Become Routinized*, Santa Monica: Rand Corp, 1978.

二、期刊

毕玉:《知识创新理论分析及企业知识创新"房屋模型"》,《中国轻工教育》2005 年第 2 期。

陈复强:《管理创新是企业持续发展的动力》,《经济问题探索》2009 年第 2 期。

陈劲、蒋子军、陈钰芬:《开放式创新视角下企业知识吸收能力影响因素研究》,《浙江大学学报(人文社会科学版)》2011 年第 5 期。

陈君达、邬爱其:《国外创新搜寻研究综述》,《外国经济与管理》2011 年第 2 期。

陈力田、许庆瑞:《知识搜寻跨边界协同对自主创新能力结果类型影响的实证研究》,《科学学与科学技术管理》2014 年第 10 期。

陈文波:《基于知识视角的组织复杂信息技术吸收研究》,复旦大学博士学位论文,2006 年。

陈衍泰:《企业利用外部知识能力与企业绩效的关系研究——基于知识平台与知识资产经营的视角》,复旦大学博士学位论文,2007 年。

褚建勋、汤书昆:《基于顿悟学习的 Q-SECI 模型及其应用研究》,《科研管理》2007 年第 4 期。

崔淼、肖咪咪、王淑娟:《组织创新氛围研究的元分析》,《南开管理评论》2019 年第 1 期。

崔志、于渤、崔崑:《企业知识吸收能力影响因素的实证研究》,《哈尔滨工业大学学报(社会科学版)》2008 年第 1 期。

杜丹丽、何杨、赵洪岩:《供应链知识创新过程演化模型研究——基于服务型制造模式下的分析》,《情报科学》2015 年第 5 期。

杜建耀:《市场创新与我国产业结构的调整》,《科学管理研究》2002 年第 4 期。

范道津、郭瑜桥:《对 SECI 知识创造模型的改进研究》,《西北农林科技大学学报(社会科学版)》2008 年第 4 期。

冯蛟、卢强、李辉:《消费者移动支付工具使用意愿的模型构建与实证:基于理性行为理论的拓展》,《宁夏社会科学》2019 年第 3 期。

奉小斌、陈丽琼:《外部知识搜索能提升中小微企业协同创新能力吗?——互补性与辅助性知识整合的中介作用》,《科学学与科学技术管理》2015 年第 8 期。

冯务中:《管理创新:企业创新体系的神经》,《科学管理研究》2001 年第 2 期。

付敬、朱桂龙:《知识源化战略、吸收能力对企业创新绩效产出的影响研究》,《科研管理》2014 年第 3 期。

耿新:《知识创造的 IDE-SECI 模型——对野中郁次郎"自我超越"模型的一个扩展》,《南开管理评论》2003 年第 5 期。

耿新、彭留英:《企业知识的分类、分布与转化机制研究——系统化视角下对 SECI 模型的一个扩展》,《管理科学》2004 年第 4 期。

顾远东、彭纪生:《组织创新氛围对员工创新行为的影响:创新自我效能感的中介作用》,《南开管理评论》2010 年第 1 期。

郭美轩:《跨国技术联盟特征对合作创新绩效的影响研究》,吉林大学博士学位论文,2014 年。

郭英之、李小民:《消费者使用移动支付购买旅游产品意愿的实证研究——基于技术接受模型与计划行为理论模型》,《四川大学学报(哲学社会科学版)》2018 年第 6 期。

韩艺荷、薛云珍:《计划行为理论的发展及应用》,《心理月刊》2019 年第 7 期。

黄本新:《关于企业吸收能力的国外研究文献述评》,《科技进步与对策》2007 年第 8 期。

胡延平、刘晓敏:《基于 SECI 模型的知识创新过程的再认识》,《企业经济》2009 年第 3 期。

金辉:《个体认知、社会影响与教育博客知识共享——基于社会认知理论》,《远程教育杂志》2015 年第 5 期。

金辉、杨忠:《从"心动"到"行为":基于多模型对比的知识共享行为研究》,《科学学与科学技术管理》2013年第7期。

金丽:《知识吸收能力影响因素分析》,《合作经济与科技》2016年第10期。

李久平、陈忠林、顾新:《学习型组织中的知识共享模型》,《图书情报工作》2004年第7期。

李军、程馨梅:《科技型企业项目团队知识创新过程研究》,《东岳论丛》2015年第1期。

李全喜、张鹏、王楠:《供应链企业知识协同过程研究》,《情报科学》2015年第7期。

李庆东:《技术创新能力评价指标体系与评价方法研究》,《现代情报》2005年第9期。

李伟、聂鸣、李顺才:《组织文化、外部知识管理能力与网络嵌入性收益》,《管理科学》2010年第3期。

李贞、杨洪涛:《吸收能力、关系学习及知识整合对企业创新绩效的影响研究——来自科技型中小企业的实证研究》,《科研管理》2012年第1期。

梁镇:《关于企业管理创新的思考与探索》,《管理世界》1998年第6期。

林新奇、郑海涛:《组织创新氛围内涵、前因与影响效应研究述评》,《现代管理科学》2018年第12期。

刘常勇、谢洪明:《企业知识吸收能力的主要影响因素》,《科学学研究》2003年第3期。

刘红勤:《论企业知识转化的实现策略》,《情报科学》2004年第5期。

刘建青:《关于企业技术创新和管理创新的辩证思考》,《甘肃社会科学》2000年第1期。

刘璐:《知识吸收能力研究述评与展望》,《图书情报工作》2010年第18期。

刘小平:《企业知识创新体系研究》,《管理观察》2004 年第 9 期。

刘云、石金涛、张文勤:《创新氛围的概念界定与量表验证》,《科学学研究》2009 年第 2 期。

刘泽双、薛建欣:《组织创新氛围、知识分享和知识型员工创新绩效——知识吸收能力的调节作用》,《未来与发展》2018 年第 2 期。

罗芳:《外部知识搜索策略影响因素研究——产品创新和工艺创新比较分析》,浙江大学硕士学位论文,2010 年。

罗洪云、林向义、高翠娟等:《虚拟科研团队知识共享影响因素的实证研究》,《现代情报》2014 年第 11 期。

卢中华、李岳云:《企业技术创新系统的构成、演化与优化分析》,《科技进步与对策》2010 年第 24 期。

吕世生、张诚:《当地企业吸收能力与 FDI 溢出效应的实证分析——以天津为例》,《南开经济研究》2004 年第 6 期。

吕翊菲、程珂、孙美玲:《创新扩散理论的研究与发展》,《信息技术与信息化》2017 年第 3 期。

马宁、官建成:《企业技术创新能力审计内容及审计基准》,《中国软科学》2000 年第 5 期。

梅姝娥、仲伟俊:《企业管理创新及其过程模型研究》,《科技与经济》2013 年第 4 期。

缪根红、陈万明、唐朝永:《外部创新搜寻、知识整合与创新绩效关系研究》,《科技进步与对策》2014 年第 1 期。

缪根红等:《知识扩散路径与员工创新绩效关系的实证研究——考虑知识吸收能力与主动遗忘能力的调节作用》,《研究与发展管理》2014 年第 3 期。

倪自银、熊伟:《企业外部知识搜索能力影响因素研究——一个交互效应模型》,《科技进步与对策》2016 年第 4 期。

戚永红:《多角化过程中的知识利用与知识开发及其对企业绩效的

影响——以我国信息技术类上市公司为例》，浙江大学博士学位论文，2004年。

钱白云、苏倩倩、郑全全：《组织创新氛围与中小企业员工创新行为：工作投入的中介作用》，《人类工效学》2011年第2期。

秦丹：《社会认知理论视角下网络学习空间知识共享影响因素的实证研究》，《现代远程教育研究》2016年第6期。

秦佳良、张玉臣：《个人知识吸收能力与双元创新关系研究》，《科技进步与对策》2018年第8期。

邱江、张庆林：《创新思维中原型激活促发顿悟的认知神经机制》，《心理科学进展》2011年第3期。

芮明杰、李鑫、任红波：《高技术企业知识创新模式研究——对野中郁次郎知识创造模型的修正与扩展》，《外国经济与管理》2004年第5期。

芮正云、罗瑾琏：《企业创新搜寻策略的作用机理及其平衡——一个中国情境下的分析框架与经验证据》，《科学学研究》2016年第5期。

单雪韩：《知识共享的影响因素分析与实现对策研究》，浙江大学硕士学位论文，2003年。

尚永辉、艾时钟、王凤艳：《基于社会认知理论的虚拟社区成员知识共享行为实证研究》，《科技进步与对策》2012年第7期。

史丽萍、唐书林：《基于玻尔原子模型的知识创新新解》，《科学学研究》2011年第12期。

宋宝林：《企业技术创新过程中的技术知识流动研究》，东北大学博士学位论文，2011年。

孙婧、沈志渔：《权变视角下外部搜索对产品创新绩效的影响：组织冗余的调节作用》，《南方经济》2014年第9期。

孙耀吾、秦毓、贺石中：《高技术中小企业知识搜索对创新能力的影响》，《科学学研究》2018年第3期。

谭狄溪：《基于组织学习视角对知识搜寻与创新绩效关系的研究》，

《科技管理研究》2011 年第 22 期。

唐朝永、陈万明、彭灿:《外部创新搜寻、失败学习与组织创新绩效》,《研究与发展管理》2014 年第 5 期。

陶锋:《吸收能力、价值链类型与创新绩效——基于国际代工联盟知识溢出的视角》,《中国工业经济》2011 年第 1 期。

田加坤:《虚拟社区用户对付费知识接受意愿的影响因素研究》,山西财经大学硕士学位论文,2018 年。

田庆锋、郭建民:《知识密集型企业创新能力影响因素实证研究》,《生产力研究》2008 年第 7 期。

王东武:《知识创新、技术创新与管理创新的协同互动模式研究》,《华中农业大学学报(社会科学版)》2007 年第 3 期。

王端旭、洪雁:《组织氛围影响员工创造力的中介机制研究》,《浙江大学学报(人文社会科学版)》2011 年第 2 期。

王国顺、李清:《基于吸收能力的跨国公司知识转移过程研究》,《武汉大学学报(哲学社会科学版)》2006 年第 6 期。

王国顺、杨昆:《社会资本、吸收能力对创新绩效影响的实证研究》,《管理科学》2011 年第 5 期。

王雷、姚洪心:《全球价值链嵌入对集群企业创新类型的影响——知识搜寻的中介效应》,《科学学与科学技术管理》2014 年第 1 期。

王立生、胡隆基:《吸收能力及其在跨国公司子公司知识获取过程中的作用分析》,《科技管理研究》2007 年第 5 期。

王文婷:《2008—2017 年我国知识创新领域研究现状分析》,《情报探索》2019 年第 3 期。

王馨:《跨学科团队协同知识创造中的知识类型和互动过程研究——来自重大科技工程创新团队的案例分析》,《图书情报工作》2014 年第 3 期。

王勇:《市场创新的三个视角》,《企业管理》2011 年第 3 期。

王玉梅:《基于技术创新过程的知识创新运行机理分析与网络模型的构建》,《科学学与科学技术管理》2010 年第 9 期。

魏文欢:《罗杰斯"创新扩散"理论评析》,《传播与版权》2018 年第 10 期。

韦影:《企业社会资本对技术创新绩效的影响:基于吸收能力的视角》,浙江大学博士学位论文,2006 年。

邬爱其、方仙成:《国外创新搜寻模式研究述评》,《科学学与科学技术管理》2012 年第 4 期。

邬爱其、李生校:《外部创新搜寻战略与新创集群企业产品创新》,《科研管理》2012 年第 7 期。

吴航、陈劲:《企业外部知识搜索与创新绩效:一个新的理论框架》,《科学学与科学技术管理》2015 年第 4 期。

吴真真、邱江、张庆林:《顿悟脑机制的实验范式探索》,《心理科学》2009 年第 1 期。

肖艳红:《知识导向 IT 能力、外部知识搜寻与创新绩效关系研究》,吉林大学博士学位论文,2018 年。

肖志雄:《知识距离对知识吸收能力影响的实证研究——以服务外包企业为例》,《情报科学》2014 年第 10 期。

肖志雄、秦远建:《知识冗余对外包服务企业知识吸收能力的影响》,《图书情报工作》2011 年第 10 期。

解学梅、左蕾蕾:《企业协同创新网络特征与创新绩效:基于知识吸收能力的中介效应研究》,《南开管理评论》2013 年第 3 期。

徐进:《对企业市场创新的几点思考》,《经济体制改革》2002 年第 6 期。

许可、肖冰、贺宁馨:《技术转移理论演进与前沿——由中美贸易战引发的思考》,《财经论丛》2019 年第 1 期。

徐璞、戴昌钧:《企业内知识创新活动的过程研究》,《科技进步与对策》2012 年第 3 期。

徐琴:《试论布鲁克斯结构方程在企业知识创新中的应用》,《情报探索》2013 年第 2 期。

薛晶晶:《国内外知识创新比较研究》,南京航空航天大学硕士学位论文,2011 年。

杨百寅、连欣、马月婷:《中国企业组织创新氛围的结构和测量》,《科学学与科学技术管理》2013 年第 8 期。

杨国梁、刘文斌、徐芳等:《知识创新过程中知识转化与科技政策学研究》,《科学学与科学技术管理》2013 年第 12 期。

杨慧军、杨建君:《外部搜寻、联结强度、吸收能力与创新绩效的关系》,《管理科学》2016 年第 3 期。

杨颖:《民营企业组织创新气氛与员工创新行为的关系:创新自我效能感的中介作用》,安徽师范大学硕士学位论文,2013 年。

姚哲晖、胡汉辉:《知识演化和创新的 SECI 模型之改进研究》,《中国软科学》2007 年第 9 期。

叶春森、梁雯:《知识吸收能力的要素延异和维度研究》,《情报理论与实践》2015 年第 1 期。

叶江峰、任浩、郝斌:《企业内外部知识异质度对创新绩效的影响——战略柔性的调节作用》,《科学学研究》2015 年第 4 期。

叶明、李君亮:《企业技术创新评价指标体系研究》,《科学管理研究》2001 年第 6 期。

于双、陈智高:《个体层面先验知识对知识吸收能力的影响研究》,《科学学与科学技术管理》2008 年第 9 期。

禹献云、周青:《外部搜索策略、知识吸收能力与技术创新绩效》,《科研管理》2018 年第 8 期。

詹慧佳、刘昌、沈汪兵:《创造性思维四阶段的神经基础》,《心理科学进展》2015 年第 2 期。

张德茗、李艳:《科技型中小企业潜在知识吸收能力和实现知识吸收能力与企业创新绩效的关系研究》,《研究与发展管理》2011 年第 3 期。

张峰、刘侠:《外部知识搜寻对创新绩效的作用机理研究》,《管理科学》2014 年第 1 期。

张洁、戚安邦、熊琴琴:《吸收能力形成的前因变量及其对企业创新绩效的影响分析——吸收能力作为中介变量的实证研究》,《科学学与科学技术管理》2012 年第 5 期。

张竞文:《从接纳到再传播:网络社交媒体下创新扩散理论的继承与发展》,《新闻春秋》2013 年第 2 期。

张克:《西方公共政策创新扩散:理论谱系与方法演进》,《国外理论动态》2017 年第 4 期。

张鹏、李全喜、刘岩等:《基于 SECI 模型的供应链企业知识转化模型研究》,《科技管理研究》2017 年第 2 期。

张文红、唐彬、赵亚普:《地理跨界搜索对企业创新影响的实证研究》,《科学学与科学技术管理》2014 年第 11 期。

张晓棠、安立仁:《双元创新搜索、情境分离与创新绩效》,《科学学研究》2015 年第 8 期。

张玉珍、包虹:《基于知识创新的知识运动机制研究》,《现代情报》2006 年第 7 期。

张振刚、陈蕾:《知识型企业吸收能力的识别和发展研究》,《科技进步与对策》2003 年第 5 期。

张振刚、张小娟:《企业市场创新概念框架及其基本过程》,《科技进步与对策》2014 年第 1 期。

赵晨、田贵华、张晓雨等:《循证医学向循证科学发展的内涵和思考》,《中国循证医学杂志》2019 年第 5 期。

赵呈领、梁云真、刘丽丽等:《基于社会认知理论的网络学习空间知识共享行为研究》,《电化教育研究》2016 年第 10 期。

赵立雨:《基于知识搜寻的开放式创新绩效研究》,《中国科技论坛》2016 年第 3 期。

郑浩:《情景双元视角下知识搜寻协同对创新绩效的影响——一个有中介的调节模型》,《科技进步与对策》2018 年第 17 期。

郑华良:《地理搜寻对集群企业创新绩效的影响:吸收能力的调节作用》,《科学学与科学技术管理》2012 年第 5 期。

中国科学院"国家创新体系"课题组:《迎接知识经济时代 建设国家创新体系》,《中国科学院院刊》1998 年第 3 期。

钟皓、田青、白敬伊:《基于社会认知理论的员工帮助行为对伦理型领导的作用机制研究》,《管理学报》2019 年第 1 期。

周劲波、黄胜:《SECI 框架下的多层次组织知识转化机制研究》,《科技管理研究》2009 年第 6 期。

朱建民、王红燕:《企业社会资本对创新绩效的影响研究——基于知识吸收能力的中介效应》,《科技管理研究》2017 年第 16 期。

朱雪梅:《知识溢出、吸收能力对高技术产业集群创新的影响研究》,吉林大学博士学位论文,2006 年。

朱哲慧、袁勤俭:《技术接受模型及其在信息系统研究中的应用与展望》,《情报科学》2018 年第 12 期。

Ahuja G. , & Katila R. , "Where do Resources Come From? The Role of Idiosyncratic Situations" , *Strategic Management Journal* , 25 , No.8-9(2004).

Albarqouni L. , & Hoffmann T. , & Straus S. , et al. , "Core Competencies in Evidence - Based Practice for Health Professionals Consensus Statement Based on a Systematic Review and Delphi Survey" , *JAMA Network Open* , 1 , No.2(2018).

Albaek E. , "Between Knowledge and Power: Utilization of Social Science in Public Policy Making" , *Policy Sciences* , Vol.28 , No.1(1995).

Allen T. J. , & Cohen S. I. , " Information Flow in Research and

Development Laboratories", *Administrative Science Quarterly*, Vol. 14, No. 1 (1969).

Allen T.J., & Hyman D.B., & Pinckney D.L., "Transferring Technology to the Small Manufacturing Firm: A Study of Technology Transfer in Three Countries", *Research Policy*, Vol.12, No.4(1983).

Alia M., & Park K., "The Mediating Role of an Innovative Culture in the Relationship Between Absorptive Capacity and Technical and Nontechnical Innovation", *Business Research*, Vol.69, No.5(2016).

Amabile T.M., & Gryskiewicz N., "The Creative Environment Scales: The Work Environment Inventory", *Creativity Research Journal*, Vol. 2, No. 4 (1989).

Amrar N., & Ouimet M., & Landry R., "New Evidence on Instrumental, Conceptual, and Symbolic Utilization of University Research in Government Agencies", *Science Communication*, Vol.26, No.1(2004).

Anderson C. D., & Ciarlo J. A., & Brodie S. F., "Measuring Evaluation-Induced Change in Mental Health Programs", in *Utilizing Evaluation: Concepts and Measurement Techniques*, Ciarlo J.A.(ed.), Beverly Hills: Sage Publications, 1981.

Anderson N.R., & West M.A., "Measuring Climate for Work Group Innovation: Development and Validation of the Team Climate Inventory", *Journal of Organization Behavior*, Vol.19, No.3(1998).

Anderson M., & Cosby J., & Swan B., et al., "The Use of Research in Local Health Service Agencies", *Social Science & Medicine*, Vol. 49, No. 8 (1999).

Andrawina L., & Govindaraju R., & Samadhi T., et al., "Absorptive Capacity Moderates the Relationship Between Knowledge Sharing Capability and Innovation Capability", 2008 *IEEE International Conference on Industrial En-*

gineering and Engineering Management.

Backer T.E., "Knowledge Utilization: The Third Wave", *Knowledge: Creation, Diffusion, Utilization*, Vol.12, No.3(1991).

Bell G. G., " Clusters, Networks, and Firm Innovativeness", *Strategic Management Journal*, Vol.26, No.3(2005).

Bergen M., & Haas J., & Von Kortzfleisch H., "Knowledge and Research Utilization in Public and Private Sectors: A Conceptual Model", *Asia Pacific Journal of Innovation and Entrepreneurship*, Vol.9, No.1(2015).

Beyer J. M., & Trice H. M., " The Utilization Process: A Conceptual Framework and Synthesis of Empirical Findings", *Administrative Science Quarterly*, Vol.27, No.4(1982).

Beyer J.M., "Research Utilization: Bridging the Gap Between Communities", *Journal of Management Inquiry*, Vol.6, No.1(1997).

Blackman A.W., "The Market Dynamics of Technological Substitutions", *Technological Forecasting and Social Change*, Vol.6, No.none(1974).

Bosch F., & Volberda H., & Boer M., "Co−Evolution of Firm Absorptive Capacity and Knowledge Environment: Organizational Forms and Combinative Capabilities", *Organization Science*, Vol.10, No.5(1999).

Booth T., "Researching Policy Research: Issues of Utilization in Decision Making", *Knowledge: Creation, Diffusion, Utilization*, Vol.12, No.1(1990).

Brooks S., & Funk S., & Young S., et al., "The Role of Working Memory for Cognitive Control in Anorexia Nervosa Versus Substance Use Disorder", *Frontiers in Psychology*, Vol.8, No.none(2017).

Brown S., & Eisenhardt K., " Product Development: Past Research, Present Findings, and Future Directions", *Academy Management Review*, Vol.20, No.2(1995).

" The Art of Continuous Change: Linking Complexity Theory and

Time-Paced Evolution in Relentlessly Shifting Organizations", *Administrative Science Quarterly*, Vol.42, No.1(1997).

Caplan N., & Morrison A., & Stambaugh R., "The Use of Social Science Knowledge in Public Policy Decisions at the National Level: A Report to Respondents", Ann Arbor, Michigan: Institute for Social Research, University of Michigan, (1975).

Caplan N., "The Two-Communities Theory and Knowledge Utilization", *American Behavioral Scientist*, Vol.22, No.3(1979).

Braskamp L. A., & Brown R. D. (eds.), "What do We Know About Knowledge Utilization?", in *Utilization of Evaluative Information*, San Francisco: Jossey-Bass, 1980.

Capron L., "The Long Term Performance of Horizontal Acquisitions", *Strategic Management Jomual*, Vol.20, No.11(1999).

Castaner J., "Diversification As Learning: The Role of Corporate Exploitation and Exploration Under Different Environmental Condition in the United State Phone Industry, 1979-2002", Ph.D. dissertation of University of Minnesota, 2002.

Chemlinsky E., "The Coming Transformation of Evaluation", in *Evaluation for the 21st Century*, Chelimsky E., & Shadish W.R. (eds.), Thousand Oaks, CA: Sage Publications, 1997.

Cherney A., & McGee T.R., "Utilization of Social Science Research: Results of a Pilot Study Among Australian Sociologists and Criminologists", *Journal of Sociology*, Vol.47, No.2(2011).

Cherney A., & Head B.W., & Boreham P., et al., "Perspectives of Academic Social Scientists on Knowledge Transfer and Research Collaborations: A Cross-Sectional Survey of Australian Academics", *Evidence and Policy*, Vol.8, No.4(2012).

Cherney A., & Head B.W., & Povey J., et al., "The Utilisation of Social Science Research—The Perspectives of Academic Researchers in Australia", *Journal of Sociology*, Vol.51, No.2(2013).

Chen J., & Chen Y., & Vanhaverbeke W., "The Influence of Scope, Depth, and Orientation of External Technology Sources on the Innovative Performance of Chinese Firms", *Technovation*, Vol.31, No.8(2011).

Chou S.W., & He M.Y., "Facilitating Knowledge Creation by Knowledge Assets", *Proceedings of the 37th Annual Hawaii International Conference on System Sciences*, 2004.

Cockburn I.M., & Henderson R.M., "Absorptive Capacity, Coauthoring Behavior, and the Organization of Research in Drug Discovery", *Journal of Industrial Economics*, Vol.46, No.2(2010).

Cohen W.M., & Levinthal D.A., "Innovation and Learning: The two faces of R & D", *Economic Journal*, Vol.99, No.397(1989).

"Absorptive Capacity: A New Perspective on Learning and Innovation", *Administrative Science Quarterly*, Vol.35, No.1(1990).

Compeau D.R., & Higgins C.A., "Computer Self−Efficacy Development of a Measure and Initial Test", *MIS Quarterly*, Vol.19, No.2(1995).

Conner R.F., "Measuring Evaluation Utilization: A Critique of Different Techniques", in *Utilizing Evaluation: Concepts and Measurement Techniques*, Ciarlo J.A.(ed.), Beverly Hills: Sage Publications, 1981.

Conner M., & McMillan B., "Interaction Effects in the Theory of Planned Behavior: Studying Cannabis use", *British Journal of Social Psychology*, Vol. 38, No.2(1999).

Cooney S., & Allen T.J., "The Technological Gatekeeper and Policies for National and International Transfer of Information", *R & D Management*, Vol. 5, No.1(1974).

Cummings G., & Hewko S., & Wang M., et al., "Impact of Managers' Coaching Conversations on Staff Knowledge Use and Performance in Long-Term Care Settings", *Worldviews on Evidence-Based Nursing*, Vol.15, No.1(2018).

Daft R. L., "A Dual-Core Model of Organizational Innovation", *The Academy of Management Journal*, Vol.21, No.2(1978).

Dahlin K.B., & Behrens D.M., "When is an Invention Really Radical? Defining and Measuring Technological Radicalness", *Research Policy*, Vol.34, No.5(2005).

Darroch J., & McNaughton R., "Beyond Market Orientation: Knowledge Management and the Innovativeness of New Zealand Firms", *European Journal of Marketing*, Vol.37, No.3-4(2003).

Davis E.D., "Perceived Usefulness, Perceived Ease of Use and User Acceptance of Information Technology", *MIS Quarterly*, Vol.13, No.3(1989).

Dearing J.W., & Meyer G., & Kazmierczak J., "Portraying the New: Communication Between University Innovators and Potential Users", *Science Communication*, Vol.16, No.1(1994).

Deshpande R., & Kohli A.K., "Knowledge Disavowal: Structural Determinants of Information-Processing Breakdown in Organizations", *Science Communication Linking Theory & Practice*, Vol.11, No.2(1989).

Dess G., & Picken J., "Changing Roles: Leadership in the 21st Century", *Organizational Dynamics*, Vol.28, No.3(2000).

Dill W. R., "The Impact of Environment on Organizational Development", in *Readings in Organization Theory: Open-System Approaches*, John G.M.(ed.), New York: Random House, 1971.

Dobbins M., & Traynor R.L., & Workentine S., et al., "Impact of an Organization-Wide Knowledge Translation Strategy to Support Evidence-Informed Public Health Decision Making", *BMC Public Health*, Vol.8, No.1(2018).

Dosi G., & Malerba F., & Teece D., "Twenty Years After Nelson and Winter's An Evolutionary Theory of Economic Change: A Preface on Knowledge, The Nature of Organizations and the Patterns of Organizational Changes", *Industrial and Corporate Change*, Vol.12, No.2(2003).

Dunn W., "The Two-Communities Metaphor and Models of Knowledge Use: An Exploratory Case Survey", *Science Communication*, Vol. 1, No. 4 (1980).

Dunn W.N., & Holzner B., & Zaltman G., "Knowledge Utilization", in *International Encyclopedia of Education*, Husen T., & Postlewaite T.N.(eds.), Oxford: Pergamon, 1985.

Dyer J.H., & Singh H., "The Relational View: Cooperative Strategy and Sources of Interorganizational Competitive Advantage", *Academy of Management Review*, Vol.23, No.4(1998).

Edwards L.A., "Using Knowledge and Technology to Improve the Quality of Life of People Who Have Disabilities: A Prosumer Approach", Ph.D.dissertation of the Union Institute & University, 1991.

Escribano A., & Fosfurib A., & Tribó J., "Managing External Knowledge Flows: The Moderating Role of Absorptive Capacity", *Research Policy*, Vol.38, No.1(2009).

Estabrooks C.A., "Research Utilization in Nursing: An Examination of Formal Structure and Influencing Factors", Ph.D.dissertation of University of Alberta, 1997.

"Will Evidence-Based Nursing Practice Make Practice Perfect?", *Canadian Journal of Nursing Research*, Vol.30, No.1(1998).

"The Conceptual Structure of Research Utilization", *Research in Nursing & Health*, Vol.22, No.3(1999).

"Estabrooks CA.Modeling the Individual Determinants of Research Utilization", *Western Journal of Nursing Research*, Vol.21, No.6(1999).

Estabrooks C.A., & Floyd J.A., & Scott-Findlay S., et al., "Individual Determinants of Research Utilization: A Systematic Review", *Journal of Advanced Nursing*, Vol.43, No.5(2003).

Estabrooks C.A., & Derkson L., & Winther C., et al., "The Intellectual Structure and Substance of the Knowledge Utilization Field: A longitudinal Author Co-Citation Analysis, 1945 to 2004 ", *Implementation Science*, Vol.3, No. 1(2008).

Ertmer P., & Koehler A., "Facilitated Versus Non-Facilitated Online Case Discussions: Comparing Differences in Problem Space Coverage", *Journal of Computing in Higher Education*, Vol.27, No.2(2015).

Evans J., & Curtis-Holmes J., "Rapid Responding Increases Belief Bias: Evidence for the Dual-Process Theory of Reasoning", *Thinking & Reasoning*, Vol.11, No.4(2005).

Fagerberg J., & Fosaas M., & Sapprasert K., "Innovation: Exploring the Knowledge Base", *Research Policy*, Vol.41, No.7(2012).

Fang Y., & Chiu C., & Wang E.T.G., "Understanding Customers' Satisfaction and Repurchase Intentions: An Integration of is Success Model, Trust, and Justice", *Internet Research*, Vol.21, No.4(2011).

Feldman M.S., & March J.G., "Information in Organizations As Signal and Symbol", *Administrative Science Quarterly*, Vol.26, No.2(1981).

Foss N.J., & Lyngsie J., & Zahra S., "The Role of External Knowledge Sources and Organizational Design in the Process of Opportunity Exploitation", *Strategic Management Journal*, Vol.34, No.12(2013).

Frenk J., "Balancing Relevance and Excellence: Organizational Response to Link Research With Decision Making", *Social Science Medicine*, Vol.35, No. 11(1992).

Gavetti G., & Greve H.R., & Levinthal D.A., et al., "The Behavioral Theory of the Firm: Assessment and Prospects", *Academy of Management Annals*, Vol.6, No.1(2012).

Gemtinden H.G., & Ritter T., & Heydebrek P., "Network Configuration and Innovation Success: An Empirical Analysis in German High-Tech Industries", *Journal of Research in Marketing*, Vol.13, No.5(1996).

Greenhalgh T., & Howick J., & Maskrey N., "Evidence Based Medicine: a Movement in Crisis?", *British Medical Journal*, Vol.348, No.none(2014).

Greenhalgh T., & Papoutsi C., "Spreading and Scaling Up Innovation and Improvement", *British Medical Journal*, Vol.365, No.none(2019).

Griffith R., & Blundell R., "Dynamic Count Data Models of Technological Innovation", *Economic Journal*, Vol.105, No.429(1995).

Gulati N.R., "Is Slack Good or Bad for Innovation?", *The Academy of Management Journal*, Vol.39, No.5(1996).

Guo B., & Wang Y., & Xie X.Y., et al., "Search More Deeply or Search More Broadly? An Empirical Study of External Knowledge Search Strategy in Manufacturing SMEs", *Asian Journal of Technology Innovation*, Vol.23, No.1 (2015).

Guston D. H, & Keniston K., "Updating the Social Contract for Science", *Technology Review*, Vol.97, No.8(1994).

Halilem N., & Amara N., & Landry R., "Exploring the Relationships Between Innovation and Internationalization of Small and Medium-Sized Enterprises: A Nonrecursive Structural Equation Model", *Canadian Journal of Administrative Sciences*, Vol.31, No.1(2014).

Hall G., & Loucks S., & Rutherford W., et al., "Levels of Use of The Innovation: A Framework for Analyzing Innovation Adoption", *Journal of Teacher Education*, Vol.26, No.1(1975).

Harrington S. J., & Guimaraes T., "Corporate Culture, Absorptive Capacity and IT Success", *Information & Organization*, Vol.15, No.1(2005).

Herriott S.R., & Levinthal D.A., & March J.G., "Learning From Experience in Organizations", *American Economic Review*, Vol.75, No.2(1985).

Hoben M., & Estabrooks C., & Squires J., et al., "Factor Structure, Reliability and Measurement Invariance of the Alberta Context Tool and The Conceptual Research Utilization Scale, for German Residential Long Term Care", *Frontiers in Psychology*, Vol.7, No.none(2016).

Holi M.T., & Wickramasinghe R., "Metrics for The Evaluation of Knowledge Transfer Activities at Universities", 2013 年 4 月 13 日, 见 https://ec. europa. eu/invest − in − research/pdf/download _ en/library _ house _ 2008 _ unico.pdf。

Hsu M.H., & Ju T.L., & Yen C.H., et al., "Knowledge Sharing Behavior in Virtual Communities: The Relationship Between Trust, Self−Efficacy, and Outcome Expectation", *International Journal of Human − Computer Studies*, Vol.65, No.2(2007).

Huberman M., "The Mind is Its Own Place: The Influence of Sustained Interactivity With Practioners on Educational Researchers", *Harvard Educational Review*, Vol.69, No.3(1999).

Inkpen A. C., & Tsang E. W. K., "Social Capital, Networks, and Knowledge Transfer", *Academy of Management Review*, Vol.30, No.1(2005).

Innvaer S., & Vist G., & Trommald M., et al.. "Health Policy−Makers' Perceptions of Their Use of Evidence: A Systematic Review", *Journal of Health Services Research and Policy*, Vol.7, No.4(2002).

Jacobson N., "Social Epistemology: Theory For The 'Fourth Wave' of Knowledge Transfer and Exchange Research", *Science Communication*, Vol. 29, No.1(2007).

Jansen J., & Van Den Bosch F., & Volberda H., "Managing Potential and Realized Absorptive Capacity: How Do Organizational Antecedents Matter?", *Academy of Management Journal*, Vol.48, No.6(2005).

"Exploratory Innovation, Exploitative Innovation, and Performance: Effects of Organizational Antecedents and Environmental Moderators", *Management Science*, Vol.52, No.11(2006).

Jerry W., & Mahajan V., "Issues and Opportunities in New Product Development: An Introduction to The Special Issue", *Journal of Marketing Research*, Vol.34, No.1(1997).

Johne A., "Using Market Vision to Steer Innovation", *Technovation*, Vol.19, No.4(1999).

Jones G.K., & Lanctot J.A., "Determinants and Performance Impacts of External Technology Acquisition", *Journal of Business Venturing*, Vol.16, No.3(2001).

Johnson K., "Stimulating Evaluation Use By Integrating Academia and Practice", *Science Communication*, Vol.2, No.2(1980).

Kajermo K., & Alinaghizadeh H., & Falk U., et al., "Psychometric Evaluation of a Questionnaire and Primary Healthcare Nurses' Attitudes Towards Research and Use of Research Findings", *Scandinavian Journal of Caring Sciences*, Vol.28, No.1(2014).

Katila R., "New Product Search Over Time: Past Ideas in Their Prime?", *Academy of Management Journal*, Vol.45, No.5(2002).

Katila R., & Ahuja G., "Something Old, Something New: A Longitudinal Study of Search Behavior and New Product Introduction", *Academy of Management Journal*, Vol.45, No.6(2002).

Kim L., "The Dynamics of Samsung's Technological Learning in Semiconductors", *California Management Review*, Vol.39, No.3(1997).

Kim S., & Ecoff L., & Brown C., et al., "Benefits of a Regional Evidence-Based Practice Fellowship Program: A Test of The ARCC Model", *Worldviews on Evidence-Based Nursing*, Vol.14, No.2(2017).

Kitson A., & Brook A., & Harvey G., et al., "Using Complexity and Network Concepts to Inform Healthcare Knowledge Translation", *International Journal of Health Policy and Management*, Vol.7, No.3(2018).

Knott J., & Wildavsky A., "If Dissemination is The Solution, What is The Problem?", *Knowledge: Creation, Diffusion, Utilization*, Vol.1, No.4(1980).

Knorr K. D., "Policymaker's Use of Social Sciences Knowledge: Symbolic or Instrumental?", in *Using Social Research in Public Policy Making*, Weiss C.H.(ed.), Lexington, MA: Lexington Books, 1977.

Kohler C., & Sofka W., & Grimpe C., "Selective Search, Sectoral Patterns and The Impact on Product Innovation Performance", *Research Policy*, Vol.41, No.8(2012).

Landry R., & Amara N., & Lamari M., "Utilization of Social Science Research Knowledge in Canada", *Research Policy*, Vol.30, No.2(2001).

Landry R., & Lamari M., & Amara N., "The Extent and Determinants of The Utilization of University Research in Government Agencies", *Public Administration Review*, Vol.63, No.2(2003).

Landry R., & Amara N., & Cloutier J., et al., "Technology Transfer Organizations: Services and Business Models", *Technovation*, Vol.33, No.12(2013).

Lane P.J., & Lubatkin M., "Relative Absorptive Capacity and Inter-Organizational Learning", *Strategic Management Journal*, Vol.19, No.5(1998).

Lane P.J., & Koka B.R., & Pathak S., "The Reification of Absorptive Capacity: A Critical Review and Rejuvenation of the Construct", *Academy of Management Review*, Vol.31, No.4(2006).

Larsen J.K., & Werner P., "Measuring Utilization of Mental Health Program Consultation", in *Utilizing Evaluation : Concepts and Measurement Techniques*, *Ciarlo J.A. (ed.)*, *Beverly Hills : Sage Publications*, 1981.

Larsson R., & Fiknelstein S., "Integrating Strategic, Organizational, and Human Resource Perspective on Mergers and Acquisitions : A Case Survey of Synergy Realization", *Organization Science*, Vol.10, No.1 (1999).

Laursen K., & Salter A., "Open For Innovation : The Role of Openness in Explaining Innovation Performance Among U. K. Manufacturing Firms", *Strategic Management Journal*, Vol.27, No.2 (2010).

Lavis J. N., & Robertson D., & Woodside J. M., et al., "How Can Research Organizations More Effectively Transfer Research Knowledge to Decision Makers?", *Milbank Quarterly*, Vol.81, No.2 (2003).

Lee R.D., & Staffeldt R.J., "Executive and Legislative Use of Policy Analysis in The State Budgetary Process : Survey Results", *Policy Analysis*, Vol. 3, No.3 (1977).

Lester J.P., & Wilds L.J., "The Utilization of Public Policy Analysis : A Conceptual Framework", *Evaluation and Program Planning*, Vol. 13, No. 3 (1990).

Lester J.P., "The Utilization of Policy Analysis By State Agency Officials", *Knowledge : Creation, Diffusion, Utilization*, Vol.14, No.3 (1993).

Litterer J.A., "Elements of Control in Organizations", in *Organizations by Design : Theory and Practice*, Jelinek M., & Litterer J.A., & Miles R.E. (eds.), Plano, TX : Business Publications, 1980.

Li Y. J., & Wang Y., & Salomo S., "An Inquiry on Dimensions of External Technology Search and Their Influence on Technological Innovations : Evidence From Chinese Firms", *R & D Management*, Vol.44, No.1 (2014).

Lomas J., "Diffusion, Dissemination, and Implementation : Who Should Do What?", *Annals of The New York Academy of Sciences*, Vol.703, No.1 (1993).

"Research and Evidence-Based Decision Making", *Australian and New Zealand Journal of Public Health*, Vol.21, No.5(1997).

"Using 'linkage and Exchange' to Move Research Into Policy At a Canadian Foundation", *Health Affairs*, Vol.19, No.3(2000).

Lu L. H., & Fang S. C., "Problematic Search, Slack Search and Institutional Logic in Corporate R&D Strategy: An Empirical Analysis of Taiwanese Electronics Firms", *Journal of Technology and Organization*, Vol.19, No.6(2013).

Lynch J., & West D.C., "Agency Creativity: Teams and Performance-A Conceptual Model Links Agency Teams' Knowledge", *Journal of Advertising Research*, Vol.57, No.1(2017).

Mahajan V., & Peterson R.A., "Integrating Time and Space in Technological Substitution Models", *Technological Forecasting and Social Change*, Vol.14, No.3(1979).

Malinowsky C., & Nygard L., & Tanemur R., et al., "Everyday Technology Use Among Older Adults in Sweden and Japan: A Comparative Study", *Scandinavian Journal of Occupational Therapy*, Vol.25, No.6(2018).

Mandell M.B., & Sauter V.L., "Approaches to The Study of Information Utilization in Public Agencies: Problems and Pitfalls ", *Science Communication*, Vol.6, No.2(1984).

Mansfield E., " Technical Change and The Rate of Imitation ", *Econometrica*, Vol.29, No.4(1961).

March J.G., "Exploration and Exploitation in Organizational Learning", *Organization Science*, Vol.2, No.1(1991).

Martin B.R., "The Changing Social Contract For Science and The Evolution of The University", in *Science and Innovation: Rethinking the Rationales for Funding and Governance*, Geuna A., & Salter A.J., & Steinmueller W.E.

(eds.), Cheltenham: Edward Elgar, 2003.

Martin S., & Nutley S., & Downe J., et al., "Analysing Performance Assessment in Public Services: How Useful Is the Concept of A Performace Regime?", *Public Administration*, Vol.94, No.1(2016).

McGuire W.J., "Theoretical Foundations of Campaigns", in *Public Communication Campaigns* (2nd ed.), Rice R.E.& Atkin C.K.(eds.), Newbury Park: Sage Publications, 1989.

Menon A., & Varadarajan R., "A model of Marketing Knowledge Use Within Firms", *Journal of Marketing*, Vol.56, No.4(1991).

Merton R.K., "The Role of Applied Social Science in The Formation of Policy: A Research Memorandum", *Philosophy of Science*, Vol.16, No.3(1949).

Miller D.J., "The Use of Knowledge For Technological Innovation Within Diversified Firms", *Academy of Management Journal*, Vol.50, No.2(2007).

Mone M., & McKinley W., & Barker V., "Organizational Decline and Innovation: A Contingency Framework", *Academy Management Review*, Vol.23, No.1(1998).

Moore G., & Redman S., & Rudge S., et al., "Do Policy–Makers Find Commissioned Rapid Reviews Useful?", *Health Research Policy and Systems*, Vol.16, No.1(2018).

Morgan R.E., & Berthon P., "Market Orientation, Generative Learning, Innovation Strategy and Business Performance Inter–Relationships in Bioscience Firms", *Journal of Management Studies*, Vol.45, No.8(2008).

Mowery D.C., & Oxley J.E., "Inward Technology Transfer and Competitiveness: The Role of National Innovation Systems", *Cambridge Journal of Economics*, Vol.19, No.1(1995).

Newman J., & Cherney A., & Head B.W., "Do Policy Makers Use Academic Research? Reexamining The 'Two Communities' Theory of Research

Utilization", *Public Administration Review*, Vol.76, No.1(2016).

Nicholls-Nixon C.L., & Woo C.Y., "Technology Sourcing and Output of Established Firms in a Regime of Encompassing Technological Change", *Strategic Management Journal*, Vol.24, No.7(2003).

Nieto M., & Quevedo P., "Absorptive Capacity, Technological Opportunity, Knowledge Spillovers, and Innovative Effort", *Technovation*, Vol.25, No.10 (2005).

Nigam A., & Huising R., & Golder B., "Explaining the Selection of Routines For Change During Organizational Search", *Administrative Science Quarterly*, Vol.61, No.4(2016).

Nonaka I., & Takeuchi H., "The Knowledge – Creating Company", *Harvard Business Review*, Vol.69, No.6(2007).

Nutley S., & Morton S., & Jung T., et al., "Evidence and Policy in Six European Countries: Diverse Approaches and Common Challenges", *Evidence & Policy*, Vol.6, No.2(2010).

Nyden P., & Wiewel W., "Collaborative Research: Harnessing The Tensions Between Researchers and Practitioners", *American Sociologist*, Vol.23, No.4(1992).

Oh C.H., & Rich R.F., "Explaining Use of Information in Public Policy Making", *Knowledge & Policy: The International Journal of Knowledge Transfer and Utilization*, Vol.9, No.1(1996).

Oh C.H., "Issues for New Thinking of Knowledge Utilization: Introductory Remarks, Knowledge and Policy", *Knowledge & Policy: The International Journal of Knowledge Transfer and Utilization*, Vol.10, No.3(1997).

Olson E.M., & Walker O.C., & Ruekert R.W., "Organizing For Effective New Product Development: The Moderating Role of Product Innovativeness", *Journal of Marketing*, Vol.59, No.1(1995).

Oliver K. ,& Innvar S. ,& Lorenc T. ,et al. ,"A Systematic Review of Barriers to and Facilitators of The Use of Evidence By Policymakers", *BMC Health Services Research*, Vol.14, No.none(2014).

Oliver K. , & Lorenc T. , & Innvaer S. , "New Directions in Evidence – Based Policy Research: A Critical Analysis of The Literature", *Health Research Policy and Systems*, Vol.12, No.1(2014).

Oliver K. ,& Cairney P. ,"The Dos and Don'ts of Influencing Policy: A Systematic Review of Advice to Academics", *Palgrave Communications*, Vol. 5, No.1(2019).

Orlandi M. A. , "Health Promotion Technology Transfer: Organizational Perspectives", *Canadian Journal of Public Health*, Vol.87, No.2(1996).

Orlikowski W. , "The Duality of Technology: Rethinking the Concept of Technology in Organizations", *Organization Science*, Vol.3, No.3(1992).

Orlikowski W. ,& Scott S. ,"What Happens When Evaluation Goes Online? Exploring Apparatuses of Valuation in the Travel Sector", *Organization Science*, Vol.25, No.3(2014).

Cheung P.K. ,& Chau P.Y.K. ,& Au A.K.K. ,"Does Knowledge Reuse Make a Creative Person More Creative?", *Decision Support Systems*, Vol.45, No.2(2008).

Patton M. ,"Evaluative Research Methods: Managing The Complexities of Judgment in The Field", *American Journal of Evaluation*, Vol. 39, No. 3 (2018).

Parahoo K. ,& McKenna S. ,& Prue G. ,et al. ,"Facilitators' Delivery of a Psychosocial Intervention in a Controlled Trial For Men With Prostate Cancer and Their Partners: A Process Evaluation", *Journal of Advance Nursing*, Vol. 73, No.7(2017).

Peltz D. C. , & Horsley J. A. , " Measuring Utilization of Nursing

Research", in *Utilizing Evaluation*, Ciarlo J.A. (ed.) , Beverly Hills, CA : Sage Publications, 1981.

Pelz D.C., "Some Expanded Perspectives on Use of Social Science in Public Policy", in *Major Social Issues : A Multidisciplinary View*, Yinger J.M.& Cutler S.J. (eds.) , New York : Free Press, 1978.

Petrash G., "Dow's Journey to a Knowledge Value Management Culture", *European Management Journal*, Vol.14, No.4(1996).

Prochaska J.O., & Carlo C.D., & John C.N., "In Search of How People Change : Applications to Addictive Behaviors", *American Psychologist*, Vol.47, No.9(1992).

Rice R. E., "Influences, Usage, and Outcomes of Internet Health Information Searching : Multivariate Results From The Pew Surveys", *International Journal of Medical Informatics*, Vol.75, No.1(2006).

Rice R.E., & Hoffmann Z., "Attention in Business Press to the Diffusion of Attention Technologies, 1990−2017", *International Journal of Communication*, Vol.75, No.none(2018).

Rich R.F., "Selective Utilization of Social Science Related Information By Federal Policy Makers", *Inquiry*, Vol.12, No.3(1975).

"Uses of Social Science Information By Federal Bureaucrats : Knowledge For Action Versus Knowledge For Understanding", in *Using Social Research in Public Policy Making*, Weiss C.H. (ed.) , Lexington : DC Heath, 1977.

"The Pursuit of Knowledge", *Knowledge : Creation, Diffusion, Utilization*, Vol.1, No.1(1979).

"Knowledge Creation, Diffusion, and Utilization : Perspectives of The Founding Editor of Knowledge", *Knowledge : Creation, Diffusion, Utilization*, Vol.12, No.3(1991).

"Measuring Knowledge Utilization Process and Outcomes", *Knowledge &*

Policy：*The International Journal of Knowledge Transfer and Utilization*，Vol. 10，No.3（1997）.

Rich R.F.，& Oh C.H.，"The Utilization of Policy Research"，in *Encyclopedia of Policy Studies*，Nagel S.（ed.），New York：Marcel Dekkar inc.，1993.

Rindfleisch A.，& Moorman C.，"The Acquisition and Utilization of Information in New Product Alliances：A Strength-of-Ties Perspective"，*Journal of Marketing*，Vol.65，No.2（2001）.

Rothaerme F.T.，& Alexandre M.T.，"Ambidexterity in Technology Sourcing：The Moderating Role of Absorptive Capacity"，*Organization Science*，Vol. 20，No.4（2009）.

Ryan B.，& Gross N.C.，"The Diffusion of Hybrid Corn Seed in Two Lowa Communities"，*Rural Sociology*，Vol.8，No.1（1943）.

Rycroft-Malone J.，& Seers K.，& Eldh A.，et al.，"A Realist Process Evaluation Within The Facilitating Implementation of Research Evidence （FIRE）Cluster Randomised Controlled International Trial：An Exemplar"，*Implementation Science*，Vol.13，No.1（2018）.

Sabatier P.，"The Acquisition and Utilization of Technical Information By Administrative Agencies"，*Administrative Science Quarterly*，Vol. 23，No. 3 （1978）.

Saggi k.，"Trade，Foreign Direct Investment，and International Technology Transfer：A Survey"，*World Bank Research Observer*，Vol.17，No.2 （2002）.

Schumpeter J.A.，"The Theory of Economic Development：An Inquiry Into Profits，Capital，Credit，Interest，and The Business Cycle"，*Social Science Electronic Publishing*，Vol.3，No.1（2012）.

Shearer J.，& Lavis J.，& Abelson J.，et al.，"Evidence-Informed Policy-making and Policy Innovation in a Low-Income Country：Does Policy Network

Structure Matter?", *Evidence & Policy*, Vol.14, No.3(2018).

Silverside A., "Dissemination of Research Results to Clinicians an Art in Itself", *Canadian Medical Association Journal*, Vol.156, No.12(1997).

Sofka W., & Grimpe C., "Specialized Search and Innovation Performance: Evidence Across Europe", *R & D Management*, Vol.40, No.3(2010).

Souchon A.L., & Dianmantopoulos A., "A Conceptual Framework of Export Marketing Information Use: Key Issues and Research Propositions", *Journal of International Marketing*, Vol.4, No.3(1994).

Squires J.E., & Estabrooks C.A., & Gusstavsson P., et al., "Individual Determinants of Research Utilization By Nurses: A Systematic Review Update", *Implementation Science*, Vol.6, No.1(2011).

Squires J.E., & Aloisio L., & Grimshaw J., et al., "Attributes of Context Relevant to Healthcare Professionals' Use of Research Evidence in Clinical Practice: A Multi – Study Analysis", *Implementation Science*, Vol. 14, No. 1 (2019).

Strandberg E., & Eldh A., & Forsman H., et al., "The Concept of Research Utilization As Understood By Swedish Nurses: Demarcations of Instrumental, Conceptual, and Persuasive Research Utilization", *Worldviews on Evidence-Based Nursing*, Vol.11, No.1(2014).

Starbuck W., "Congealing oil: Inventing Ideologies to Justify Acting Ideologies Out", *Journal of Management Studies*, Vol.19, No.1(1982).

"Organizations as Action Generators", *American Sociological Review*, Vol. 48, No.1(1983).

Stock G.N., & Greis N.P., & Fischer W.A., "Absorptive Capacity and New Product Development", *Journal of High Technology Management Research*, Vol.12, No.1(2001).

Sun Y., & Wang N., & Yin C., et al., "Understanding The Relationships

Between Motivators and Effort in Crowdsourcing Marketplaces: A nonlinear Analysis", *International Journal of Information Management*, Vol. 35, No. 3 (2015).

Su Z., & Ahlstrom D., & Jia L., et al., "Knowledge Creation Capability, Absorptive Capacity, and Product Innovativeness", *R & D Management*, Vol. 43, No.5(2013).

Tingley K., & Coyle D., & Graham I., et al., "Using a Meta-Narrative Literature Review and Focus Groups With Key Stakeholders to Identify Perceived Challenges and Solutions For Generating Robust Evidence on The Effectiveness of Treatments For Rare Diseases", *Orphanet Journal of Rare Diseases*, Vol.13, No.1(2018).

Todorova G., Durisin B., "Absorptive Capacity: Valuing a Reconceptualization", *The Academy of Management Review*, Vol.32, No.3(2007).

Tsai W., "Knowledge Transfer in Intra-Organizational Networks: Effects of Network Position and Absorptive Capacity on Business Unit Innovation and Performance", *Academy of Management Journal*, Vol.44, No.5(2001).

"Collaborative Networks and Product Innovation Performance: Toward a Contingency Perspective", *Research Policy*, Vol.38, No.5(2009).

Ullrich P., & Sahay A., & Stetler C., "Use of Implementation Theory: A Focus on PARIHS", *Worldviews on Evidence-Based Nursing*, Vol. 11, No. 1 (2014).

Vall M., "Utilization and Methodology of Applied Social Research: Four Complementary Models", *The Journal of Applied Behavioral Science*, Vol.11, No.1(1975).

Vall M., & Bolas C., & Kang T. S., "Applied Social Research in Industrial Organizations: An Evaluation of Functions, Theory, and Methods", *The Journal of Applied Behavioral Science*, Vol.12, No.2(1976).

Vall M. ,& Bolas C. ,"Using Social Policy Research For Reducing Social Problems: An Empirical Analysis of Structure and Function", *Journal of Applied Behavioral Scientist* , Vol.18 , No.1(1982).

Vegt G.S. ,& Janssen O. , "Joint Impact of Interdependence and Group Diversity on Innovation" , *Journal of Management* , Vol.29 , No.5(2003).

Venkatesh V. ,& Davis F. , "A theoretical Extension of The Technology Acceptance Model: Four longitudinal field studies" , *Management Science* , Vol. 46 , No.2(2000).

Venkatesh V. ,& Rai A. ,& Maruping L. , "Information Systems Projects and Individual Developer Outcomes: Role of Project Managers and Process Control" , *Information Systems Research* , Vol.29 , No.1(2018).

Wang H. ,& Li J. , "Untangling The Effects of Overexploration and Over-exploitation on Organizational Performance: The moderating Role of Environmental Dynamism" , *Journal of Management* , Vol.34 , No.5(2008).

Wang L.P. ,& Jiang X.L. ,& Wang L. , et al. , "Barriers to and Facilitators of Research Utilization: A Survey of Registered Nurses in China" , *PLoS ONE* , Vol.8 , No.11(2013).

Webber D.J. , "Political Conditions Motivating Legislators' Use of Policy Information" , *Review of Policy Research* , Vol.4 , No.1(1984).

"Legislators' Use of Policy Information" , *American Behavioral Scientist* , Vol.30 , No.6(1987).

Weick K. , "Enactment Processes in Organizations" , in *New Directions in Organizational Behavior* , Staw B.M. ,& Salancik G.R. (eds.) , New York: John Wiley , 1977.

Weiss C.H. , "The Politics of Impact Measurement" , *Policy Studies Journal* , Vol.1 , No.3(1973).

"The Many Meaning of Research Utilization" , *Public Administration Re-*

view, Vol.39, No.5(1979).

"Knowledge Creep and Decision Accretion", *Knowledge: Creation, Diffusion, Utilization*, Vol.2, No.1(1980).

"Research and Policy-Making: A Limited Partnership", in *The Use and Abuse of Social Science*, Heller F.(ed.), London: Sage Publications, 1986.

"Have We Learned Anything New About The Use of Evaluation?", *The American Journal of Evaluation*, Vol.19, No.1(1998).

"Theory-Based Evaluation: Past, Present, and Future", *New Directions for Evaluation*, Vol.none, No.76(2007).

Weiss C. H., & Bucuvalas M. J., "Truth Tests and Utility Tests: Decision - Makers' Frames of Reference For Social Science Research", *American Sociological Review*, Vol.45, No.2(1980).

Weiss J.A., & Weiss C.H., "Social Scientists and Decision Makers Look At The Usefulness of Mental Health Research", *American Psychologist*, Vol. 36, No.8(1981).

Weiss C.H., Marabini V., "Merging Mind-Sets: Training As a Traditional Chinese Scroll Mounter Within the British Museum, London, UK", *Studies in Conservation*, Vol.59, No.S1(2014).

West J., & Bogers M., "Leveraging External Sources of Innovation: A Review of Research on Open Innovation", *Social Science Electronic Publishing*, Vol.31, No.4(2014).

Williams R.M., "Application of Research to Practice in Intergroup Relations", *American Sociological Review*, Vol., 18, No.1(1953).

Whiteman D., "The Fate of Policy Analysis in Congressional Decision Makin: Three Types of Use in Committees", *Western Political Quarterly*, Vol. 38, No.2(1985).

Yin R.K., & Gwaltney M.K., "Knowledge Utilization As a Networking

Process", *Science Communication*, Vol.2, No.4(1981).

Yin R.K., & Moore G.B., "Lessons on The Utilization of Research From Nine Case Experiences in The Natural Hazards Field", *Knowledge in Society: The International Journal of Knowledge Transfer*, Vol.1, No.3(1988).

Yin R.K., "Validity and Generalization in Future Case Study Evaluations", *Evaluation: The International Journal of Theory, Research and Practice*, Vol.19, No.3(2013).

Yli-Renko H., & Autio E., & Sapienza H.J., "Social Capital, Knowledge Acquisition, and Knowledge Exploitation in Young Technology-Based Firms", *Strategic Management Journal*, Vol.22, No.6-7(2001).

Zahra S.A., & George G., "Absorptive Capacity: A Review, Reconceptualization, and Extension", *Academy of Management Review*, Vol.27, No.2 (2002).

Zaltman G., "Knowledge Utilization As Planned Social Change", *Knowledge: Creation, Diffusion, Utilization*, Vol.1, No.1(1979).

Zang J., & Zhang C., & Yang P., et al., "How Open Search Strategies Align With Firms' Radical and Incremental Innovation: Evidence From China", *Technology Analysis & Strategic Management*, Vol.26, No.7(2014).

Zavalkoff S., & Shemie S., & Grimshaw J., et al., "Potential Organ Donor Identification and System Accountability: Expert Guidance From a Canadian Consensus Conference", *Canadian Journal of Anesthesia*, Vol.66, No.4 (2019).

Ziam S., & Landry R., & Amara N., "How Knowledge Brokers Promote Research Findings: Theory and Evidence From Canadian Health Services", *Proceedings of the 13th European Conference on Knowledge Management ECKM*, 2012.

附录　调查问卷

创新驱动下企业采纳(接受)和实施(执行)

外部知识的影响因素分析调查问卷

尊敬的女士/先生：

您好！非常感谢您在百忙之中抽出时间填写这份问卷！

本问卷旨在调查创新驱动下企业利用外部知识的行为特点,包括采纳(接受)外部知识的决策行为和实施(执行)行为。外部知识主要指来自企业外部的各类研究成果,包括行业调查报告、高校科研机构的研究成果、政府政策报告、期刊论文、会议报告、有关企业利益相关者的研究报告、市场分析报告、媒体出版物等等。

本项调查的数据资料仅限学术研究之用,不记名、不外泄、不用于任何商业活动。

您的真实想法决定了我们研究结果的可靠性,请您根据您的经验客观、完整填写这份支持我们学术研究的调查问卷。

真诚感谢您的支持与合作！

填写说明：

1.问卷第一、二部分为企业知识利用行为的评判指标李克特五分量表:其中1表示"完全不符合",2表示"部分不符合",3表示"适中",4表示"部分符合",5表示"完全符合",若没有特殊说明则该题为单选,请您用"√"标出您认为合适的数字；

2.问卷第三部分基本信息直接填写或选择,其他部分请在相应的框内打"√"作为标记。

一、企业知识接受行为的评判指标

题　　项	符合程度				
相关陈述	完全不符合—完全符合5级				
一、自我效能					
1.我们有自信能够完成新知识的接受任务	1	2	3	4	5
2.我们能识别出有价值的新知识信息	1	2	3	4	5
3.我们具备接受新知识所必需的条件	1	2	3	4	5
4.我们能够克服接受新知识过程中出现的众多挑战	1	2	3	4	5
二、结果预期					
5.接受新知识可以使我们获得经济收益	1	2	3	4	5
6.接受新知识可能会帮助我们获得更好的工作绩效	1	2	3	4	5
7.接受新知识可以使我们改善工作程序,创造新的商业契机	1	2	3	4	5
三、感知有用性					
8.接受新知识可以使得我们更快速地获取工作需要的相关信息	1	2	3	4	5
9.接受新知识可以使我们更快速地完成工作	1	2	3	4	5
10.接受新知识可以使我们提高创新能力	1	2	3	4	5
11.接受新知识可以使我们节约解决问题或疑虑的时间	1	2	3	4	5
四、感知易用性					
12.接受新知识对我们来说很容易	1	2	3	4	5
13.掌握这些新知识对我们来说是件容易的事	1	2	3	4	5
14.应用这些新知识是容易的	1	2	3	4	5
15.接受的新知识操作程序上对我们而言是简单易懂的	1	2	3	4	5
五、企业创新氛围					
16.我们经常举办专题论坛和技术研讨等活动,推动员工深入学习新知识	1	2	3	4	5

题 项	符合程度				
17. 企业能够对员工的创新成果给予公正的评价以及物质奖励	1	2	3	4	5
18. 企业的愿景(理想)明确且富有开拓性,能激发大家的创新动力	1	2	3	4	5
19. 在企业里,同事们愿意和他人分享自己的经验和技术	1	2	3	4	5
20. 企业高层管理者支持并鼓励创造和创新活动	1	2	3	4	5
六、知识搜寻能力					
21. 企业能密切跟踪新产品或新服务的市场需求变化	1	2	3	4	5
22. 企业能快速识别外部新知识对企业是否有用	1	2	3	4	5
23. 企业在识别到技术、市场环境变化后,能够快速地分析解释变化的原因和趋势	1	2	3	4	5
24. 企业能够与外部专家、专业技术人员、标杆企业保持联系	1	2	3	4	5
25. 企业重视从组织外部吸收有关改进当前产品新的知识	1	2	3	4	5
七、知识接受行为					
26. 我们接收过与工作相关的知识创新成果	1	2	3	4	5
27. 我们能够阅读和理解所接收的知识创新成果	1	2	3	4	5
28. 我们经常参加会议讨论和推广上述提到的知识创新成果	1	2	3	4	5
29. 我们的专业报告和文件中经常参考引用知识创新成果	1	2	3	4	5
30. 我们努力支持知识创新成果的利用	1	2	3	4	5
31. 知识创新成果影响了企业员工的工作决策	1	2	3	4	5
八、知识创新行为					
32. 我们能提出用于改进企业工作的新想法	1	2	3	4	5
33. 我们乐于寻找新的工作方法、技术和工具	1	2	3	4	5
34. 我们能提出原创性的问题解决方案	1	2	3	4	5
35. 我们能将创新想法转化为实际应用,能对已有的技术、技能进行改良,以适应需要	1	2	3	4	5
36. 我们能系统化地将创新想法引入工作环境,提高已有的技术技能在多个相关业务领域的适用性	1	2	3	4	5

二、企业知识执行行为的评判指标

题　　项	符合程度				
相关陈述	完全不符合— 完全符合 5 级				
一、知识类型					
1. 我们利用的外部知识是基于量化分析的定量研究结果	1	2	3	4	5
2. 我们利用的外部知识是基于案例分析的定性研究结果	1	2	3	4	5
3. 我们利用的外部知识聚焦知识的前沿性	1	2	3	4	5
4. 我们利用的外部知识是理论研究结果	1	2	3	4	5
二、组织需求					
5. 我们利用的外部知识被同事们认为是恰当的	1	2	3	4	5
6. 我们利用的外部知识能在适当的时候送达我们以供使用	1	2	3	4	5
7. 与知识的前沿性相比,我们更关注外部知识能够满足工作创新的需求	1	2	3	4	5
8. 我们利用外部知识能帮助我们更好地理解工作创新的运作	1	2	3	4	5
9. 我们利用外部知识是为了能够提高我们的工作创新	1	2	3	4	5
三、文化沟通					
10. 我们获得的外部研究报告是易于理解的	1	2	3	4	5
11. 我们获得的外部研究报告的结论或建议具体、可操作	1	2	3	4	5
12. 我们获得的外部知识来源的信誉和声望	1	2	3	4	5
13. 我们获得的外部知识与我们工作中追求的创新目标的针对性和适用性	1	2	3	4	5
14. 我们努力与外部知识源建立联系	1	2	3	4	5
15. 我们有足够的手段来获取外部的创新的信息	1	2	3	4	5
四、联结机制					
16. 与同事们开会讨论工作	1	2	3	4	5
17. 参加各种学术会议、论坛、行业峰会	1	2	3	4	5
18. 通过电子邮件、互联网与研究者保持联系	1	2	3	4	5
19. 企业内部的参考书阅览室、小型图书馆	1	2	3	4	5

题　　项	符合程度				
五、知识执行					
20. 我们利用外部知识直接解决了工作中的具体问题	1	2	3	4	5
21. 我们利用外部知识揭示了工作中的情境和问题	1	2	3	4	5
22. 我们利用外部知识确认了工作中已经做出的选择	1	2	3	4	5
六、知识创新绩效					
23. 为了达到目标,我们会优化工作流程	1	2	3	4	5
24. 与主要竞争对手相比,我们推出新产品速度较快	1	2	3	4	5
25. 与主要竞争对手相比,我们的新产品开发项目的成功率高	1	2	3	4	5
26. 我们提升了新产品市场占有率	1	2	3	4	5
27. 我们开创了新市场或新的业务领域	1	2	3	4	5
七、知识吸收能力	1	2	3	4	5
28. 企业能够利用新知识开发新技术机会或商业机会,推出新产品、新服务	1	2	3	4	5
29. 企业能较快地分析、理解所获得的新知识、新技术	1	2	3	4	5
30. 企业能掌握外部知识的来源、快速地引进外部知识、快速识别外部知识用途	1	2	3	4	5
31. 企业能快速有效地将新知识提供给有需要的员工	1	2	3	4	5
32. 企业能够根据新知识改造现有工作流程、产品和技术	1	2	3	4	5

三、基本情况

填写人信息:

1. 您的性别:

①男　②女

2. 您的学历:

①本科以下　②本科　③硕士研究生　④博士研究生

3. 您的工作岗位:

①生产人员　②技术人员　③基层员工　④中层管理者　⑤高层管

理者

4. 您所在的部门是：

①研发部门 ②销售部门 ③ 生产运营部门 ④人力资源部门 ⑤财务部门 ⑥服务部门 ⑦其他

企业信息：

1. 您所在企业性质：

①国有 ②民营 ③三资

2. 您企业所属的领域：

①IT、科技 ②生物医药 ③金融服务 ④教育、培训、咨询 ⑤生产、加工、制造 ⑥冶金、能源、化工 ⑦其他

3. 你所在企业成立的年限：

①5 年以下 ②5—10 年 ③10 年以上

4. 企业的员工数：

①100 人以下 ②100—300 人 ③300 人以上

5. 企业设立研发部门的情况：

①没有设立 ②设立有独立的研发部门 ③与科研院所联合设立研发部门

6. 在创新驱动下,企业主要的外部知识源有：

①用户 ②供应商 ③高校和科研机构 ④竞争对手 ⑤知识产权机构 ⑥政府部门 ⑦媒体出版物 ⑧其他(请填写)_____
_____

后　记

敲完最后一行字,我并未感到"白日放歌须纵酒,青春作伴好还乡"的喜悦,恰恰相反,一种"两句三年得,一吟双泪流"的情愫不禁涌上心头,久久不能散去!

本书是在国家社会科学基金项目"面向知识创新的企业知识利用行为研究"(项目编号:13CTQ044)结项报告的基础上修改完成的。2013年,我有幸获批主持这个国家级科研项目,并逐渐形成了由本人和武淑平、赵培、杨向然等组成的科研团队,对此进行了艰苦卓绝的探索,历经6年时间先后两次提交结题报告,终于以良好等次得以结项。本书能够最终得以付梓,凝聚着上述科研团队成员的心血和汗水,在此表示诚挚的感谢!

衷心感谢我的博士研究生导师、武汉大学人文社会科学资深教授马费成先生和师母石晓英女士对我的谆谆教诲和悉心帮助。他们不仅在我攻读博士学位期间关心、帮助我,在我毕业后依然关心关注我的成长、及时给予指点和鼓励。马费成先生渊博的知识、博大的胸襟、宽广的学术视野、独到的学术眼光、孜孜不倦的学术追求、一丝不苟的治学态度、精益求精的治学风格、甘为人梯的高风亮节,是点亮我治学道路的一盏明灯;石晓英师母从生活、学业、工作等方面都给予了我慈母般的关爱,令我永生难忘。感谢我的博士后合作导师徐绪松教授、硕士研究生导师徐德宽教授对我的栽培和教育。我天性愚钝,能够得以跻身学术圈并取得一定的

— 244 —

科研成果,是上述三位武汉大学教授"点石成金""化腐朽为神奇"的结果。

感谢李刚、杨列勋、查先进、唐晓波、夏义堃、陆伟、宋恩梅等师兄师姐师妹的关心和帮助,感谢严亚兰、侯经川、乔冬梅、赵蓉英等博士研究生同窗在朝夕相处时的交流探讨、切磋沟通,留下了很多的思想火花和难忘的珞珈情谊。特别是武汉科技大学严亚兰教授,总能主动与我分享最新学术动态和相关文献,在我最苦闷时鼓励安慰我,向我传授结构方程模型等研究方法。

感谢我工作单位北京物资学院刘永胜、魏国辰、吕波、陈娟等校、院领导的大力支持,感谢孙艳泽、兰凤云、许海晏、曹键、陈喜波、张军、李敬强、邹燕、孟浩、潘虹等同事多年来在生活、工作诸方面给予的关照、提点,使我在科研的路上总能感受到力量。

本书在写作过程中,还广泛吸取了国内外有关研究成果,参考和引用了大量文献资料,可谓站在巨人的肩膀上取得了新的进展。在此谨向这些本领域研究的先行者表示最诚挚的谢意!

最后,要衷心感谢所有曾给予我关心、指导、支持和帮助的人!

"衣带渐宽终不悔,为伊消得人憔悴。"教书育人、科学研究给予了我无数的获得感和幸福感、满足感和成就感,我也将继续深耕于斯,奉献于斯!"雄关漫道真如铁,而今迈步从头越。""物来顺应,未来不迎,当时不杂,既过不恋。"谨以此自勉、自省,未来将进一步自律、自强!

张　勤

2023 年 11 月 1 日

于北京物资学院

责任编辑：曹　歌
封面设计：王欢欢
版式设计：王　婷
责任校对：东昌公司

图书在版编目（CIP）数据

面向知识创新的企业知识利用行为研究/张勤 著. —北京：人民出版社，
　2024.3
ISBN 978 - 7 - 01 - 024264 - 4

Ⅰ.①面…　Ⅱ.①张…　Ⅲ.①知识创新-影响-企业-创新-研究-中国
　Ⅳ.①F279.23

中国版本图书馆 CIP 数据核字（2021）第 262577 号

面向知识创新的企业知识利用行为研究

MIANXIANG ZHISHI CHUANGXIN DE QIYE ZHISHI LIYONG XINGWEI YANJIU

张　勤　著

人民出版社 出版发行
（100706　北京市东城区隆福寺街 99 号）

北京新华印刷有限公司印刷　新华书店经销

2024 年 3 月第 1 版　2024 年 3 月北京第 1 次印刷
开本：710 毫米×1000 毫米 1/16　印张：17
字数：236 千字

ISBN 978 - 7 - 01 - 024264 - 4　定价：98.00 元

邮购地址 100706　北京市东城区隆福寺街 99 号
人民东方图书销售中心　电话（010）65250042　65289539